Fernando Amaral

INTRODUÇÃO À CIÊNCIA DE DADOS

MINERAÇÃO DE DADOS E BIG DATA

ALTA BOOKS
EDITORA
Rio de Janeiro, 2016

Introdução à Ciência de Dados
Copyright © 2016 da Starlin Alta Editora e Consultoria Eireli. ISBN: 978-85-7608-934-6

Todos os direitos estão reservados e protegidos por Lei. Nenhuma parte deste livro, sem autorização prévia por escrito da editora, poderá ser reproduzida ou transmitida. A violação dos Direitos Autorais é crime estabelecido na Lei nº 9.610/98 e com punição de acordo com o artigo 184 do Código Penal.

A editora não se responsabiliza pelo conteúdo da obra, formulada exclusivamente pelo(s) autor(es).

Marcas Registradas: Todos os termos mencionados e reconhecidos como Marca Registrada e/ou Comercial são de responsabilidade de seus proprietários. A editora informa não estar associada a nenhum produto e/ou fornecedor apresentado no livro.

Impresso no Brasil — 1ª Edição, 2016 - Edição revisada conforme o Acordo Ortográfico da Língua Portuguesa de 2009.

Obra disponível para venda corporativa e/ou personalizada. Para mais informações, fale com projetos@altabooks.com.br

Produção Editorial Editora Alta Books	**Gerência Editorial** Anderson Vieira	**Marketing Editorial** Silas Amaro marketing@altabooks.com.br	**Gerência de Captação e Contratação de Obras** J. A. Rugeri autoria@altabooks.com.br	**Vendas Atacado e Varejo** Daniele Fonseca Viviane Paiva comercial@altabooks.com.br
Produtor Editorial Claudia Braga	**Supervisão de Qualidade Editorial** Sergio de Souza			**Ouvidoria** ouvidoria@altabooks.com.br
Produtor Editorial (Design) Aurélio Corrêa				
Equipe Editorial	Bianca Teodoro Christian Danniel	Juliana de Oliveira Renan Castro	Thiê Alves	
Revisão Gramatical Priscila Gurgel	**Layout e Diagramação** Daniel Vargas	**Capa** Aurélio Corrêa		

Erratas e arquivos de apoio: No site da editora relatamos, com a devida correção, qualquer erro encontrado em nossos livros, bem como disponibilizamos arquivos de apoio se aplicáveis à obra em questão.

Acesse o site www.altabooks.com.br e procure pelo título do livro desejado para ter acesso às erratas, aos arquivos de apoio e/ou a outros conteúdos aplicáveis à obra.

Suporte Técnico: A obra é comercializada na forma em que está, sem direito a suporte técnico ou orientação pessoal/exclusiva ao leitor.

Dados Internacionais de Catalogação na Publicação (CIP)
Vagner Rodolfo CRB-8/9410

A485i   Amaral, Fernando

Introdução a ciência de dados: mineração de dados e Big Data / Fernando Amaral. - Rio de Janeiro : Alta Books, 2016.
320 p. : il. ; 17cm x 24cm.

Inclui índice.
ISBN: 978-85-7608-934-6

1. Mineração de dados. 2. Big Data. 3. Análise de dados. I. Título.

CDD 005.13
CDU 004.62

Rua Viúva Cláudio, 291 — Bairro Industrial do Jacaré
CEP: 20970-031 — Rio de Janeiro - RJ
Tels.: (21) 3278-8069 / 3278-8419
www.altabooks.com.br — altabooks@altabooks.com.br
www.facebook.com/altabooks

À minha família pelo apoio e paciência.

*"Toda a nossa ciência, comparada com a re-
alidade, é primitiva e infantil – e, no entanto, é a coisa mais preciosa que temos".*
(Albert Einstein)

SUMÁRIO

PREFÁCIO...XIII

Para Quem é esta Obra?...XIV

Como esta Obra está Estruturada?...XIV

Como Ler esta Obra? XV

Site da Obra XV

PARTE 1: CONCEITOS   1

1. INTRODUÇÃO 3

A Ciência de Dados...4

Big Data 7

A Nova Onda 12

A Internet das Coisas..12

O Cientista de Dados..13

Competências Relacionadas..15

O Ciclo de Vida do Dado 17

Antes de Continuar...18

2. PRODUÇÃO DE DADOS...19

Produção 19

Outros Meios de Entrada de Dados 20

Produção por Processamento e Análise 20

Produção por Transformação..21

Sensores por Toda Parte 21

Ciência e Produção de Dados 22

3. ARMAZENAMENTO...23

Um Breve Resumo 24

Modelos Pré-Relacionais...24

O Modelo Relacional 25
Como Funciona o Modelo Relacional 26
Inconvenientes no Modelo Relacional..29
Banco de Dados Orientado a Objetos 30
NoSQL...31
Relacional e NoSQL...32
Dados Não Estruturados e Semiestruturados 33
Além do Armazenamento..34
Transformação...35
ETL..35
Conclusão...37

4. ARMAZENAMENTO ANALÍTICO...39

Data Warehouse e OLAP 39
Data Marts 41
Fatos, Dimensões e Medidas...42
Granularidade 46
OLAP...47
Por que Data Warehouse?..48
Business Intelligence 49
Relatórios...49
Cubos 50
Dashboards..51
Monitoramento em Tempo Real...52
Infográficos..54
BSC..54
OLAP versus OLTP...56
MapReduce 57
HDFS...58
Hadoop..59
Ecossistema Hadoop...59
Desvantagens do Modelo MapReduce..60
Data Warehouse versus MapReduce 60

5. ANÁLISE DE DADOS...61

Exploratório, Implícito e Explícito..61
Por que Categorias?..63
Análise Exploratória de Dados...64
Técnicas Quantitativas 64
Diagrama de Dispersão..64
Diagrama de Caixa 68
Histogramas 69

Nuvem de Palavras 70
Caras de Chernoff 70
Case: Além de Prever, Fazer Acontecer 71

6. ANÁLISES EXPLÍCITAS 73
Junções e Antijunções 73
Predicados 76
Resumos 76
Estratificação 76
Dados Semelhantes ou Duplicados 77
Padrões e Lacunas 78
Distorções 78
Simulação Paralela 78
Case: Analisando o Ponto Eletrônico 78

7. ANÁLISES IMPLÍCITAS 81
Aprendizado de Máquina Computacional 81
Conceitos Elementares 83
Processos de Mineração de Dados 84
Tarefas de Aprendizado de Máquina 86
Classificação 88
O Processo de Aprendizado 91
Superajuste de Modelos 95
Classe Rara 95
Custo 96
Aprendizado Baseado em Instância 96
Seleção de Atributos 97
Os Limites do Aprendizado 98
Técnicas e Algoritmos 98
Árvores de Decisão 99
Classificadores Bayesianos 101
Redes Neurais Artificiais 101
Máquina de Vetores de Suporte 102
Métodos de Grupos 104
Correlação e Regressão 104
Regressão Logística 107
Correlação não é Causa 108
Agrupamentos 108
K-means e K-medoid 109
DBSCAN 110

Hierárquico 111

Regras de Associação 113

Case Fraude em Telefonia 114

8. OUTRAS TÉCNICAS 117

Mineração de Texto 117

Distância Levenshtein 118

Teoria dos Grafos 118

Lei de Benford 122

Case: Grafos para Cartéis 125

9. VISUALIZAÇÃO DE DADOS 127

Percepção 127

Uso do Elemento Adequado 130

Abuso de Tinta 132

Case: BAM em Folha de Pagamento 133

10. ASPECTOS DIVERSOS 135

Governança de Dados 135

Qualidade de Dados 136

Análise de Dados para Auditorias 137

Segurança e Privacidade 139

Projetos de Dados 142

Case: Produção e Auditoria e
Obrigações Acessórias 144

PARTE 1: PRÁTICA   147

11. CURSO DE R 149

Instruções Gerais 149

Introdução ao R 149

Usando R com RGui 150

Entendendo a Linha de Comando 151

Limpando a Tela 152

Histórico 152

Pacotes 152

Gerenciando Pacotes pelo Console 155

Obtendo Ajuda 159

Arquivos e Diretórios 160

Opções de Configuração 160

Encerrando o R 161

Tipos de Dados 162

Conhecendo Valores não Disponíveis 166

Comentários 166

Operadores 167

Operadores Diversos 169

Fórmulas 170

Datas 170

Estruturas de Objetos 172

Conjuntos de Dados Nativos do R 172

Vetores 174

Matrizes e Arrays 180

Listas 183

Data Frame 185

Séries Temporais 189

Fatores 190

Outras Funções 190

Attach, Detach e With 190

Criando Sequências 192

Length 192

Scan 193

Conversões de Tipos 194

Importando Dados 195

Lendo e Salvando Dados em Disco 197

Head e Tail 199

Sumarizando Dados 200

Visualizando Nomes de Linhas e Colunas 200

Funções Cumulativas 201

Aplicando Funções Sobre Linhas ou Colunas 203

Tabelas de Contingência 204

Números Aleatórios 205

Estruturas de Programação 206

Estruturas Condicionais 206

Laços 207

Criando Funções 209

12. CURSO DE WEKA 213

Weka Explorer 214

Pré-processamento 214

Classificação 216

Agrupamento 217

Regras de Associação 218

Seleção de Atributos 219

Weka KnowledgeFlow 220

13. ANÁLISES EXPLORATÓRIAS 221

Medidas de Dispersão e de Centro 221

Diagrama de Dispersão 222

Diagrama de Setor 225

Gráfico de Barras 227

Diagrama de Caixa 228

Histograma 230

Nuvem de Palavras 231

Caras de Chernoff 234

14. ANÁLISES EXPLÍCITAS NA PRÁTICA 237

Recalculando Sub_Total 238

Recalculando Total 240

15. REGRESSÃO 243

Correlação 243

Regressão Linear Simples 243

Regressão Linear Múltipla 247

Regressão Logística 248

16. CLASSIFICAÇÃO 251

Naïve Bayes 251

Árvore de Decisão com Rpart 254

Árvore de Decisão para Regressão 256

Árvore de Decisão com Party 258

Máquina de Vetor de Suporte 260

Seleção de Atributos 260

Aprendizado Baseado em Instância:

Vizinho mais Próximo 263

Métodos de Grupos 264

Redes Neurais Artificias 265

Regras de Classificação 266

17. AGRUPAMENTOS 271

K-means 271

Fuzzi C-Means 273

K-medoids 274

DBScan 276

Hierárquico.. 277

18. REGRAS DE ASSOCIAÇÃO 279

Apriori 279

FP-Grow 285

19. BENFORD, GRAFOS E MINERAÇÃO DE TEXTO 287

Lei de Benford 287

Grafos 288

Mineração de Texto 292

REFERÊNCIAS 295

ÍNDICE 299

PREFÁCIO

Embora a história da ciência da computação possa ser dividida em pré-mecânica, mecânica e eletrônica, existe um consenso que o primeiro computador do mundo foi o ENIAC, acrônimo para Electronic Numerical Integrator Analyzer and Computer, algo como Computador Integrador Numérico Eletrônico, um megaequipamento que começou a ser desenvolvido na década de 1940. Era capaz de executar extraordinárias cinco mil operações por segundo, ocupava o espaço de um grande galpão e consumia a energia de um bairro inteiro. Tudo isso a um custo de meio milhão de dólares. Na época, foi revolucionário, mas hoje, passaria vergonha diante de uma calculadora de bolso. E só se passaram 70 anos! Hoje, vivemos cercados de sensores, câmeras, veículos, relógios inteligentes e TVs, todos conectados a sistemas que armazenam toda informação que podem produzir e capturar. O mundo está passando por uma transformação sem precedentes! Mas o que mudou nestas poucas décadas, que separam o primeiro computador e o mundo atual? A "profecia" de Moore sobre o exponencial aumento da capacidade de funcionamento de processadores, de certa forma, aplica-se a todos os componentes que formam tudo o que nos cerca e é capaz de produzir, armazenar ou analisar dados. Uma CPU moderna consegue executar não apenas 5 mil, mas bilhões de operações por segundo. Enquanto na década de 1980 armazenar 1 MB custaria 200 dólares, hoje um 1 GB pode custar menos de 3 centavos de dólar[1]. Os componentes que formam qualquer tipo de dispositivo estão cada vez mais miniaturizados, permitindo que, o que há algumas décadas seriam supercomputadores, caibam em nosso bolso. Sim, o mundo está passando por uma revolução sem precedentes e essa revolução está só começando.

O protagonista dessa mudança é o dado. Se há poucas décadas, produzi-lo, armazená-lo e analisá-lo era privilégio para raros e gigantescos equipamentos,

---

1 - http://www.mkomo.com/cost-per-gigabyte-update

hoje, a abundância de produção e armazenamento estão tornando esta matéria-prima igualmente farta. No mundo empresarial, na sociedade, na medicina, na nossa vida, o dado é a nova onda, o mundo nunca mais será o mesmo. Porém, ele vem em quantidades nunca antes imaginadas, nos mais diversos formatos, caótico, rápido, extremamente valioso. Uma miríade de padrões, tecnologias, sistemas, modelos, algoritmos, conceitos e equipamentos são necessários para produzi-lo, armazená-lo, tratá-lo, analisá-lo, visualizá-lo e mantê-lo íntegro e seguro. Chegamos então a uma nova ciência, a Ciência de Dados, a fim de estudar este elemento que está se tornando o protagonista de uma nova era da história humana.

Para Quem é esta Obra?

Não existe um pré-requisito para o estudo aqui proposto. A obra pode ser lida por qualquer um que trabalhe, direta ou indiretamente com áreas relacionadas à análise de dados, ou mesmo para quem está simplesmente curioso e quer aprender mais sobre o assunto.

Da mesma forma, a obra pode ser utilizada como um guia de estudos para quem quer ter uma visão geral e ampla da ciência de dados.

A Parte II é composta por atividades práticas que devem ser feitas pelo leitor, e vão lhe trazer um entendimento mais profundo e prático dos conceitos estudados na Parte I.

Como esta Obra está Estruturada?

A obra está organizada em 19 capítulos, que estão divididos em duas partes. Na Parte I, estão dispostos os conceitos. A Parte II é uma seção prática.

A Parte I é composta por capítulos que vão do 1 ao 10 e trata de conceitos relacionados à Ciência de Dados, além de trazer alguns cases. A Parte II é um complemento para a Parte I, composta dos capítulos 11 ao 19, e traz propostas de implementações práticas, utilizando ferramentas Open Source R e Weka. Especificamente, o Capítulo 11 traz um curso de R, que deve ser estudado por aqueles que têm pouca ou nenhuma familiaridade com a linguagem, e o Capítulo 12 traz um curso de Weka, que também deve ser estudado como um pré-requisito para a Parte II, por aqueles que não conhecem o produto.

Como Ler esta Obra?

Não existem pré-requisitos para a leitura e compreensão, mas é aconselhável que você leia os capítulos na sequência em que estão apresentados.

Sugere-se que a obra seja lida da seguinte forma:

- Parte I, seguindo os capítulos em sua sequência natural;
- Parte II, iniciando com as instruções no Capítulo 12;
- Capítulos 11 e 23 destinados a quem não tem proficiência em R e Weka, respectivamente;
- Demais capítulos em sua sequência proposta.

Os dados utilizados nos exemplos acompanham as ferramentas de análise de dados utilizadas. Os mesmos constam na referência bibliográfica ou foram desenvolvidos pelo autor.

Site da Obra

O autor mantém um site no endereço www.livrocienciadedados.com.br[2], onde o leitor poderá:

- Baixar conjuntos de dados exemplificados na obra;
- Baixar código fonte dos exemplos;
- Consultar material complementar;
- Entrar em contato com o autor.

OBS: Os gráficos coloridos referenciados no texto estarão disponíveis para download no site da editora (acesse www.altabooks.com.br e busque pelo nome do livro).

---

2 - N.E.: A Editora Alta Books não se responsabiliza pelo funcionamento deste site e seus links

PARTE I

CONCEITOS

1. INTRODUÇÃO

Antes de entender Ciência de Dados e mesmo Big Data, precisamos compreender sua matéria-prima: o dado, a informação e o conhecimento.

Dados são fatos coletados e normalmente armazenados. Informação é o dado analisado e com algum significado. O conhecimento é a informação interpretada, entendida e aplicada para um fim.

O Boeing 787, uma das mais modernas aeronaves comerciais desenvolvidas, produz meio terabytes de dados durante um voo.[1] A maioria destes dados são gerados por sensores espalhados pela aeronave. Por exemplo, existem alguns sensores nos *flaps*. *Flaps* são extensões das asas que aumentam a sustentação da aeronave, usados, por exemplo, em procedimentos de pouso. Um sensor em um *flap* emite sinais de vibração: isso é um dado. Os sinais são gerados durante o procedimento de pouso da aeronave: isso é informação. É natural um *flap* vibrar durante o pouso: isso é conhecimento.

O dado pode estar em formato eletrônico analógico ou digital. Ele ainda pode existir em um formato não eletrônico. O dado não eletrônico é aquele que normalmente está impresso em papel, mas poderia estar até em uma pedra esculpida por um homem de Neandertal. A informação não eletrônica, impressa em papel é, sem dúvida, de grande abundância no mundo. Só na Biblioteca do Congresso Americano, em Washington, D.C.[2], existem mais de 150 milhões de exemplares de livros armazenados: dados não eletrônicos.

---

[1] http://www.computerworlduk.com/news/infrastructure/3433595/boeing-787s-to-create-half-a-terabyte-of-data-per--flight-says-virgin-atlantic

[2] http://pt.wikipedia.org/wiki/Biblioteca_do_Congresso

O dado analógico é transmitido por ondas e pode sofrer interferência eletromagnética. Já o dado digital é transmitido em pacotes de bits, mais eficientes e sofrendo menos interferências.

Embora a ciência de dados trate do estudo do dado em qualquer forma, eletrônica ou não, analógica ou digital, este livro trata do dado eletrônico em formato digital: quando nos referirmos a dados, estamos nos referindo a dados neste formato, exceto se especificado em contrário. Aqui, cabe uma observação. O dado digital é todo aquele armazenado na forma de "zeros e uns", independente de sua estrutura. Em outras palavras, a informação estruturada em uma planilha eletrônica é dado. Vídeos digitais, postagens em redes sociais, dados de acelerômetros em um celular, e-mails, documentos produzidos por um editor de textos etc. são dados digitais, os quais nos referiremos simplesmente como dados.

A Ciência de Dados

Embora a expressão "Data Science" venha dos anos 1960, a ciência de dados é uma ciência nova, e por isso, por vezes controversa e mal compreendida. Uma ciência trata de obter conhecimento e informação, de forma sistemática, bem como normalizar e organizar esse conhecimento. Da mesma forma, a ciência de dados trata de estudar o dado em todo o seu ciclo de vida, da produção ao descarte.

Normalmente, a ciência de dados é associada de forma equivocada apenas aos processos de análise dos dados, onde com o uso de estatística, aprendizado de máquina ou a simples aplicação de um filtro se produz informação e conhecimento. Nessa visão "míope", a ciência de dados passa a ser vista apenas como um nome mais elegante para a estatística. Antes de tentarmos entender o porquê da ciência de dados não ser a mesma coisa que estatística, precisamos compreender o ciclo de vida do dado.

O dado em sua forma digital é produzido por algum dispositivo, como por exemplo, um computador, enquanto digitamos um texto, um sensor em um veículo, quando o freio é acionado ou uma câmera digital, quando tiramos uma foto. Produzido, o dado deve ser preservado em um dispositivo eletrônico para utilização futura. Exceto em alguns casos atípicos, como câmeras de segurança,

I. INTRODUÇÃO

que não armazenam o vídeo, e que é utilizada apenas para um monitoramento em tempo real, a produção do dado só fará sentido se o mesmo for mantido em algum tipo de mídia. Ao ser persistido, o dado terá uma estrutura específica: um XML, texto plano, registros em um banco de dados relacional, entre outros. Depois de conservado, o dado passará por processos de transformação. Estes processos são necessários porque existe uma diferença na estrutura do dado, entre o modelo em que ele foi armazenado e o modelo ideal para seu consumo. Um exemplo clássico de transformação são os processos de ETL – *Extract, Transform and Load* ou extração, transformação e carga para a construção de data warehouses, depósitos de dados corporativos voltados ao apoio à decisão. Mas este é um exemplo extremo e de alto custo computacional: uma simples formatação de um XML de uma nota fiscal eletrônica, para exibi-la de forma amigável em um formulário, já representa um processo de transformar dados. Dados produzidos, armazenados e transformados estão, agora, prontos para serem analisados. A etapa de análise de dados consiste na execução de qualquer operação para extrair informação e conhecimento dos dados. A simples execução de uma consulta SQL para visualizar as vendas do dia ou a criação de um modelo de classificação usando redes neurais artificiais são exemplos extremos de processos de análise de dados. Outra etapa importante na vida do dado é sua visualização: esta etapa normalmente não vai alterar a estrutura como ele está armazenado, aliás, existem processos de transformação que são executados exclusivamente para adequá-los às ferramentas de visualização, mas vai propiciar ao consumidor do dado a chance de compreendê-lo de forma mais clara e intuitiva. Por fim, em algum momento, o dado vai passar por um processo de descarte. Em um data warehouse, ele poderá ser descartado entre três e dez anos. Mas estes não são os únicos elementos presentes no seu ciclo de vida: o dado, enquanto existente, terá a ele associado questões de segurança, privacidade e qualidade. Ainda, dados dentro de uma organização são governados por políticas e procedimentos, mesmo que informais. Entendido um pouco sobre o ciclo de vida, fica fácil compreendermos porque ciência de dados e estatística não são sinônimos. Enquanto a estatística, tanto a descritiva como a inferencial, está associada à etapa do processo de análise de dados, a ciência de dados é mais abrangente, envolve todo ciclo de vida do dado, da produção ao descarte. A ciência de dados é composta por várias outras ciências, modelos, tecnologias, processos e procedimentos relacionados ao dado.

Podemos então, nesse momento, definir ciência de dados como os processos, modelos e tecnologias que estudam os dados durante todo o seu ciclo de vida: da produção ao descarte, conforme figura 1.1

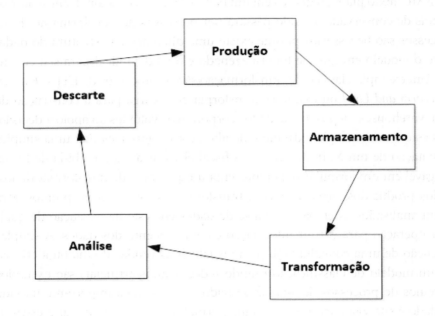

Figura 1.1: Ciclo de Vida do Dado

A figura 1.2 traz uma visão panorâmica mais didática e em alto nível da ciência de dados e do ciclo de vida do dado. A Produção de Dados será tratada no Capítulo 2; Armazenamento, no Capítulo 3; Armazenamento Analítico, no Capítulo 4; Análise de dados está dividida nos Capítulos 5 ao 8; Visualização, no Capítulo 9. O Capítulo 10 traz um conjunto de diversos outros temas.

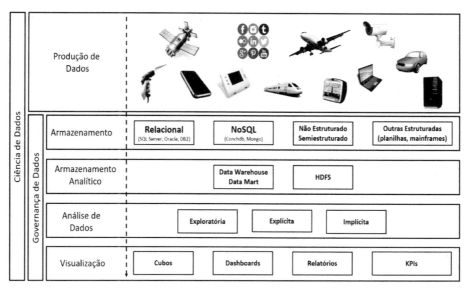

Figura 1.2: Panorama da Ciência de Dados

Big Data

Embora, normalmente, Big Data esteja associada a grandes volumes de dados, sua definição formal é dada por um conjunto de três a cinco "Vs". Inicialmente, a definição para "Vs" é de dados produzidos com volume, velocidade e variedade. Para dois "Vs" a mais, aparecem outras definições: veracidade e valor. Estes conceitos, não fazem menção às causas e consequências, por isso, no decorrer do capítulo, vou me atrever a propor outra definição. Porém, antes, é preciso entender Big Data mais profundamente. Big Data é o fenômeno em que dados são produzidos em vários formatos e armazenados por uma grande quantidade de dispositivos e equipamentos. Quais são as causas do fenômeno? A história do ENIAC, que descrevemos brevemente em seção anterior, mostra que a evolução tecnológica, em termos de miniaturização, capacidade de processamento e barateamento é algo surpreendente. Os insumos de tecnologia, como CPUs, memórias e unidades de armazenamento vêm se tornando cada vez mais baratos. O barateamento, miniaturização e aumento da capacidade de processamento levam à disseminação de equipamentos, dispositivos e processos capazes de produzir e armazenar dados, virtualização, computação na nuvem, internet. Temos, então, o Big Data.

No parágrafo anterior, falamos sobre a disseminação de equipamentos, dispositivos e processos capazes de produzir e armazenar dados. Vamos tentar entender um pouco melhor este fenômeno. Se há algumas décadas tínhamos mainframes e alguns computadores pessoais produzindo dados, hoje dados são produzidos massivamente em redes sociais, comunidades virtuais, blogs, dispositivos médicos, TVs digitais, cartões inteligentes, sensores em carros, trens e aviões, leitores de código de barra e identificadores por radiofrequência, câmeras de vigilância, celulares, sistemas informatizados, satélites, entre outros. Tudo isso produz dados em formatos, velocidades e volumes variados. Uma miríade nunca antes imaginada de produção de dados.

Vamos pensar em um exemplo prático. Quais informações uma empresa tinha disponível sobre seus colaboradores há duas décadas? Um currículo impresso e alguns formulários do processo seletivo; algumas poucas informações no sistema de folha de pagamento, de difícil acesso em um mainframe; dados de seu desempenho, coletados esporadicamente por um chefe. E hoje? Hoje, a história profissional e pessoal do colaborador está disponível em redes sociais; seu processo de seleção; suas batidas de ponto; seu histórico de uso de internet; suas mensagens instantâneas; seus contracheques; e-mails e documentos elaborados; imagens em vídeo de seu deslocamento pela empresa; logins nos controladores de domínios; acessos a sistemas informatizados; suas ligações telefônicas convencionais e do celular corporativo; o rastreador do veículo corporativo pode dizer onde o funcionário esteve e quanto tempo ficou em cada local do colaborador em viagem, o cartão de crédito corporativo pode indicar onde o mesmo realizou suas refeições, onde abasteceu o carro e com quantos litros. A universalidade de suas ações e informações está em sua totalidade armazenada em bancos de dados. Todos estes fenômenos sempre ocorreram, porém, hoje estão sendo registrados eletronicamente.

Big Data fica ainda mais compreensível quando falamos em números: um smartphone de hoje tem maior capacidade que o melhor computador de 1985[3]; temos mais de seis bilhões de pessoas com telefones celulares[4]; mais de 1,7 bilhões de pessoas estão usando redes sociais[5]; um disco para armazenar toda a

---

[3] http://www.charliewhite.net/2013/09/smartphones-vs-supercomputers/

[4] http://www.bbc.com/news/technology-19925506

[5] http://www.emarketer.com/Article/Social-Networking-Reaches-Nearly-One-Four-Around-World/1009976

I. INTRODUÇÃO

música do mundo custa US$ 600[6]; quase três milhões de e-mails enviados por segundo[7]; cem horas de vídeos são carregados no YouTube por minuto[8]; quinhentos milhões de tweets por dia[9]; 92% dos dados do mundo foram criados nos últimos dois anos[10]; 2,3 trilhões de GB de dados são criados por dia[11]; cem terabytes de dados são carregados por dia no Facebook.[12]

Ao mesmo tempo em que tentamos definir o que é o Big Data, é importante também tentar deixar claro o que ele não é. Primeiramente, o fenômeno trata de volume, mas principalmente de diversidade: dados gerados de todas as formas, por todos os lados, de todas as maneiras. Big Data não se trata apenas de processos que geram grandes volumes de dados, que precisam de servidores em clusters para serem analisados. Big Data é muito mais que isso: é uma mudança social, cultural, é uma nova fase da revolução industrial. Consequentemente, Big Data não trata apenas de problemas de dados solucionados através de MapReduce, ou uma de suas implementações. Big Data é um fenômeno e não tecnologia. Big Data também não significa o fim do modelo relacional ou do data warehouse tradicional, que são ótimas em fazer o que se propõe e não são adequadas a resolver problemas de dados para os quais, quando foram desenhadas, não existiam.

Quando falamos que Big Data não se trata apenas de MapReduce, do ponto de vista tecnológico, a afirmação também é verdadeira: Big Data envolve o uso de diversos tipos de conceitos e tecnologias, como computação nas nuvens, virtualização, internet, estatística, infraestrutura, armazenamento, processamento, governança e gestão de projetos. O tamanho do impacto social, cultural e empresarial ainda é incerto, mas já podemos afirmar que vai mudar o mundo como o conhecemos hoje.

Do ponto de vista tecnológico, o elemento principal associado ao Big Data é o registro de qualquer fenômeno, natural ou não, em dados. Estes dados são

---

[6] http://www.nytimes.com/2012/01/13/us/13iht-letter13.html?_r=0

[7] http://email.about.com/od/emailtrivia/f/emails_per_day.htm

[8] http://www.youtube.com/yt/press/statistics.html

[9] http://www.internetlivestats.com/twitter-statistics

[10] https://www.comscore.com/Insights/Blog/The-Top-Ten-Burning-Issues-in-Digital

[11] http://blog.dashburst.com/infographic/big-data-volume-variety-velocity

[12] http://wikibon.org/blog/big-data-infographics

persistidos, armazenados para reprodução ou análise, sendo imediata ou futura. Tal fenômeno é conhecido como datafication. Em outras palavras, datafication é o registro eletrônico de um fenômeno qualquer, como o movimento do celular, o acionamento do freio do veículo, uma fotografia do céu ou gravação de câmera de segurança. No exemplo do funcionário em parágrafos anteriores, eventos como o deslocamento pela empresa, a batida do ponto, o uso do veículo monitorado por satélite, já ocorriam, porém, não eram registrados eletronicamente. O Big Data faz que cada vez mais estes eventos sejam armazenados, e consequentemente possam ser reproduzidos e analisados.

Outra característica do Big Data é a capacidade de armazenar dados de forma indiscriminada. Antes, armazenar era caro, por isso, apenas o dado no qual se via um valor imediato era mantido. Dessa forma, dados operacionais, aqueles que eram responsáveis por manter as operações empresariais, oriundos de transações do dia a dia, como vendas, compras e contabilidade eram armazenados por serem vitais para a empresa, os demais tipos de dados eram descartados o mais rápido possível. Hoje, com o GB custando alguns trocados, tudo é capaz de ser armazenado, mesmo que não se veja um valor imediato para a informação.

Big Data também traz uma mudança do conceito de amostragem. A construção de modelos estatísticos vai provavelmente continuar usando amostragem, pois um modelo construído com 100 mil registros não necessariamente será menos eficiente que um produzido com 100 bilhões. A diferença está nos processos de análise de dados que dependem de inspeção de transações. Classicamente, usa-se a amostragem para selecionar aleatoriamente algumas transações. A aleatoriedade, se bem aplicada, permite que toda a transação tenha as mesmas chances de ser escolhida para uma análise mais detalhada. A amostragem torna os processos mais rápidos e baratos. Muitos procedimentos seriam simplesmente inviáveis economicamente sem amostragem. Mas ela tem um preço: a margem de erro. Em uma investigação de fraude, por exemplo, a transação fraudulenta pode passar despercebida. A chance de isso ocorrer é controlada e conhecida, mas existente. Os mesmos fenômenos que trouxeram o Big Data também podem reduzir drasticamente a necessidade de processos de análise de dados de transações por amostragem, onde a análise se dará sob 100% dos dados, eliminando desta forma, o risco da transação mais crucial ao processo ser descartada durante o procedimento de amostragem.

I. INTRODUÇÃO

Para o mundo empresarial, Big Data traz boas e más notícias. A boa notícia é que o Big Data vai oferecer muitas oportunidades. Estas oportunidades virão de duas formas: vantagem competitiva ou criação de produtos e/ou serviços orientados a dados.

Vamos falar da primeira, a vantagem competitiva. Tradicionalmente, as empresas usam a análise de dados principalmente para melhorar seu "core business", ou seja, aquilo que está relacionado diretamente ao seu negócio. Por exemplo, uma empresa de varejo desenvolve um data warehouse para responder perguntas como "quais clientes vão comprar mesmo sem ofertas?" ou "como identificar consumidores alfa?". Porém, o Big Data vai permitir o uso do dado para tornar a empresa muito mais competitiva e eficiente, coletando e analisando dados que não estão apenas relacionados diretamente ao seu business. Neste aspecto, a empresa poderá olhar para dentro e para fora. Para dentro, ela vai melhorar seu processo de seleção contratando profissionais mais comprometidos e com perfil exigido para o cargo; vai melhorar a produtividade de seus colaboradores; sua linha de produção vai ficar mais eficiente, haverá menos paradas não programas e os custos com reposição de equipamento, manutenção, energia e matéria-prima serão reduzidos. Do ponto de vista fiscal, a empresa pagará menos impostos e sofrerá menos autuações; seu passivo por ações judiciais será reduzido; a redução da fraude e do desperdício vai reduzir significativamente suas perdas e aumentar seu faturamento. Olhando para fora, a empresa será capaz de entender melhor as necessidades de seus clientes, prevenir perdas por recalls e comprometimento de imagem, terá consumidores mais fiéis e dispostos a comprar outros produtos. As empresas ainda poderão selecionar seus fornecedores baseados em índices mais precisos, sendo capaz inclusive de prevenir perdas. E mais, será possível analisar os concorrentes, ver onde seus clientes estão insatisfeitos e buscar mecanismos para atraí-los, antecipar-se no lançamento de novos produtos. Além disso, Big Data será uma ferramenta vital para a inovação de produtos e serviços, algo fundamental para a sobrevivência e saúde das empresas.

E as más notícias? As más notícias são que as empresas que não souberem usar Big Data vão desaparecer, engolidas pelas concorrentes, que serão mais eficientes, com menos custos, com produtos com mais qualidade e clientes mais satisfeitos.

Falávamos que Big Data traz vantagem competitiva e criação de produtos ou serviços orientados a dados. Falamos da vantagem competitiva, com as boas e más notícias. E quanto à criação de produtos ou serviços orientados a dados? É uma consequência que a própria existência ou facilidade de produção de dados traga oportunidades de novos serviços, muitos deles se tornando marcos da era Big Data, como Google, Facebook, Waze e outros não tão mundialmente famosos, mas também bem-sucedidos, como Easy Taxi, Indeed etc.

A Nova Onda

A revolução industrial foi um período da história da humanidade cujos avanços tecnológicos e de processos trouxeram mudanças significativas para a sociedade. Embora existam diferentes opiniões sobre quando e como ocorreu, a corrente mais unânime tem como período de início entre 1750 e 1860. A causadora desta revolução é o uso do carvão e do ferro e mudanças nos processos industriais, com equipamentos de automação. Na sua segunda fase, entre 1860 e 1945, o uso da energia elétrica, do aço e melhorias nas condições de trabalho. A terceira Fase, iniciada em 1945, foi marcada pelo aumento da capacidade produtiva e o uso da tecnologia e da comunicação.

O Big Data está trazendo mudanças profundas na indústria. Na produção, Big Data vai ser capaz de tornar os processos produtivos mais eficientes: menores custos, maior produção, períodos de paradas não programadas menores. Na área administrativa, Big Data vai permitir que haja menos fraude, menos desperdício, menos passivos judiciais, menos pagamento de impostos. No relacionamento com os clientes, melhor fidelização, mais qualidade, clientes mais satisfeitos. Big Data também vai mudar a relação das empresas com seus fornecedores e parceiros comerciais. Big Data é a nova revolução industrial, sua 4ª fase.

Entendido o que é Big Data, somos capazes de, agora, defini-lo em algumas poucas palavras: Big Data é o fenômeno da massificação de elementos de produção e armazenamento de dados, bem como os processos e tecnologias, para extraí-los e analisá-los.

A Internet das Coisas

Talvez você se lembre de um comercial da IBM da evolução dos supermercados com a tecnologia RFID: um rapaz suspeito anda freneticamente pelo mercado, colocando produtos dentro de seu enorme casaco. Ao sair, um guarda o chama e diz: "Desculpe, senhor. Esqueceu seu recibo". O comercial é antigo. Na época, talvez poucos acreditassem que aquele cenário de fato se concretizaria nos anos seguintes, e de fato não se concretizou. Mas hoje, quase dez anos depois, este é o cenário vislumbrado no que é chamado de "Internet of Things", ou "Internet das Coisas". Em um futuro próximo, bilhões de dispositivos estarão conectados à internet: veículos, sistemas de compras, automação residencial e industrial, eletrodomésticos, controle logístico e de tráfego. Estes dispositivos serão capazes de trocar dados sem que seja preciso ligar cabos, criar conexões e digitar senhas ou passar cartões. Este cenário está intimamente relacionado com ciência de dados: dispositivos conectados por toda a parte serão grandes produtores de dados.

IBM RFID Commercial

Você pode assistir ao vídeo na url: https://www.youtube.com/watch?v=eob532iEpqk, ou pesquisando por "IBM RFID Commercial – The Future Market", no YouTube.

Um dos grandes protagonistas da Internet das Coisas serão os wearable devices[13], dispositivos portáteis pessoais conectados e integrados com smartphones e outros dispositivos, utilizados para entretenimento, por atletas e para fins médicos. Hoje, os mais populares são o Google Glass e o iWatch, da Apple. Porém, o ABI Research prevê que até 2018 serão produzidos 458 milhões destes dispositivos por ano.

O Cientista de Dados

Quando Big Data se tornou um termo em evidência, emergiu junto à profissão do cientista de dados. A maioria dos especialistas descrevia o profissional como alguém com conhecimento técnico vertical em estatística, NoSQL, cloud computing, mineração de dados (data mining), álgebra relacional, modelagem multidimensional, MapReduce, virtualização, entre outros. É tanto conhecimento atribuído à profissão que, provavelmente, só seria possível ao Watson, o megacomputador da IBM, que fez fama participando de programas de auditó-

---

[13] https://www.abiresearch.com/press/wearable-computing-devices-like-apples-iwatch-will

rio[14]. Porém, o cenário que está se consolidando aponta para um perfil profissional um pouco diferente deste inicialmente mitificado.

Primeiramente, quais são as necessidades de implementação de projetos de Big Data nas empresas? Mas antes de respondermos, vamos falar de projetos. As "necessidades", no seu processo de planejamento e construção, são definidas aqui como projetos. As principais características de um projeto são que eles têm uma temporalidade, ou seja, não duram para sempre, têm uma data de conclusão prevista e produzem algo único, exclusivo. Implantar um ERP é um projeto. Depois de implantado, o ERP continua a ser operado, passa a ser parte do processo organizacional, não é mais algo com uma entrega final prevista. Projetos relacionados a dados podem surgir em qualquer etapa do ciclo de vida do dado: na sua produção, quando, por exemplo, constrói-se um sensor ou mesmo um sistema informatizado; no armazenamento, quando se modela um banco de dados relacional; na transformação, quando se implementam processos de extração e transformação para construir um data warehouse. Em um modelo de projeto, um estatístico vai receber dados pré-formatados e usar técnicas de estatística, a partir de um conjunto de dados, para inferir a respeito de um assunto. Em outro projeto, o objetivo final do cientista de dados também poderá ser de inferência, porém, não estamos mais falando em conjunto de dados com alguns registros (dados) tratados: o cenário desenhado pelo que hoje é conhecido como Big Data requer que o cientista tenha que lidar com outros aspectos do ciclo de vida do dado, como infraestrutura tecnológica, modelos conceituais e físicos, estruturas de armazenamento, arquiteturas distribuídas, computação em nuvem, virtualização, algoritmos capazes de inferir sobre volumes gigantescos de dados estruturados e não estruturados. Esta complexidade que envolve uma miríade de questões diferentes trouxe a figura, de certo ponto mitológica, do cientista de dados especialista em tudo.

Na prática, o que o mercado precisa de fato são profissionais multidisciplinares, que tenham conhecimento básico em tecnologia, modelos, conceitos, infraestrutura e negócios, para que atue como um líder, cercado de profissionais especializados em suas respectivas áreas de conhecimento, estes sim são extremamente especializados no que fazem. Neste contexto, o cientista de dados, junto com sua equipe, vai propor a implementação de soluções para os

---

[14] http://pt.wikipedia.org/wiki/Watson

desafios apresentados, que serão desenvolvidos dentro do conceito de projetos, contendo escopo, prazos e custos. E aqui está o principal ponto: o cientista de dados deve sim ter um conhecimento abrangente, porém horizontal, mas muito mais importante é que ele conheça gerência de projetos, e atue na implementação dos desafios usando as melhores práticas de gerenciamento de projeto de mercado.

Os guias de conhecimento de gerência de projetos normalmente têm uma visão clara sobre os conhecimentos técnicos do profissional: conhecimento técnico não é pré-requisito para um gerente de projetos bem-sucedido. Mas em projetos de Big Data, dado o seu contexto complexo e heterogêneo, conhecimento técnico é um item fundamental no sucesso do projeto. O gerente de projetos não precisa entender um algoritmo de árvore de decisão, mas a simples compreensão de sua aplicação vai permitir que, junto com demais especialistas, se tome a melhor decisão para o futuro do projeto.

Fica aqui então, delineado o perfil do cientista de dados, um profissional com conhecimento multidisciplinar, com experiência e conhecimento em gerência de projetos. A tabela 1.1 distingue o cientista de dados de mercado daquele idealizado pela mídia especializada.

Tabela 1.1: Cientista de Dados	
Profissional de Mercado	**Profissional Idealizado**
– Conhecimento multidisciplinar	– Especialista em todas as áreas
– Gerência de Projetos	– Foco em Conhecimento Técnico
– Liderança	– Trabalha sozinho
– Equipe de Especialistas	– Especialista em todas as áreas

Competências Relacionadas

Já compreendemos que Big Data é implementado por equipes multidisciplinares, especializadas em suas respectivas áreas e lideradas pelo cientista de dados. Mas quais tipos de profissionais formarão estas equipes? Claro que a resposta depende de vários fatores que envolvem questões técnicas, de negócio e de ativos empresariais, mas podemos elencar algumas das especialidades essenciais:

Equipes de Extração: Esta é uma função crítica no projeto e pode consumir até 90% do tempo e dos recursos do projeto. Normalmente, estes procedimentos são executados por usuários que também atuam como DBAs (Database Administrator), programadores e especialistas em ETL. Uma função importante também destinada a este profissional é checar se os dados extraídos são, de fato, os dados esperados, se estão completos, íntegros e atualizados. Na era Big Data, o perfil deste profissional pode ser estendido para além do data warehouse. A equipe de extração pode ter também a incumbência de carregar dados para sistemas de arquivos distribuídos, como HDFS (Hadoop Distributed File System), que discutiremos em capítulo posterior.

DBA: Uma função típica em dados relacionais e multidimensionais, os DBAs têm agora também suas funções estendidas para bancos de dados NoSQL e sistemas de arquivos distribuídos. Os DBAs podem ainda prestar grande auxílio na coleta de metadados, entendimento de estruturas, rotinas de replicação, integração, entre outros.

Programador: Nem sempre são utilizados softwares especializados em análise de dados, muitas empresas optam por implementar a análise programando stored procedures diretamente em gerenciadores de banco de dados ou em uma linguagem de programação como Java ou Python. É comum um misto de ferramentas prontas e programação caseira.

Especialista no Assunto: Uma das competências mais importantes. Ele conhece as regras, a legislação envolvida e as exceções. Normalmente, este vai ser um dos profissionais mais difíceis de alocar no projeto devido as suas atividades funcionais. Às vezes, a alocação de assistentes produzem resultados interessantes, eles conhecem o assunto e acessam facilmente o especialista para documentar exceções.

Estatístico e/ou Minerador de Dados: Projetos de dados poderão requerer testes de hipóteses, ou construção de modelos preditivos ou elementos de visualização.

Especialistas em Ferramentas Específicas: Normalmente, diversos produtos são utilizados em diferentes fases do processo. Por exemplo, o projeto pode usar um produto de extração e outro de visualização. Cada uma destas ferramentas deve ter à disposição técnicos especializados, ou a capacitação necessária a estes profissionais deve ser providenciada.

Arquiteto: O arquiteto de solução é fundamental para a definição de padrões, frameworks e protocolos. Este especialista deve também indicar a arquitetura necessária para o projeto, desde CPUs, storages, licenças de software, entre outros.

Coordenador de Infraestrutura: Será responsável pelo ambiente de análise, instalação de sistemas, criação de usuários, permissões e grupos de acesso, entre outros. É comum o projeto ser implementado primeiramente através de um piloto com uma infraestrutura isolada do ambiente corporativo. Após a homologação, ele é incorporado.

Analistas de Negócios: Este recurso é fundamental para elicitar os requisitos e definir o escopo do projeto. Normalmente, vai atuar junto ao Gerente do Projeto.

Designer: A visualização de forma sofisticada é importantíssima. Além disso, normalmente a empresa possui uma identidade visual que deve ser incorporada aos artefatos produzidos pelo projeto. Um especialista em visualização de dados ou até mesmo um designer deve ser convocado para produzir artefatos com alta qualidade visual.

A governança de dados traz ainda uma série de funções gerenciais e operacionais, ligadas ao ciclo de vida do dado. Este é assunto de capítulo posterior.

O Ciclo de Vida do Dado

Em seção anterior, quando buscamos definir a ciência de dados, falamos brevemente sobre os processos aos quais o dado passa, da sua concepção ao seu descarte. Agora, é o momento de entendermos seu ciclo de vida um pouco melhor.

O dado, desde sua produção até o seu descarte, pode passar por uma série de etapas. Algumas fontes de dados podem não sofrer qualquer tipo de transformação após sua produção, ou ainda, podem ser descartadas imediatamente após a produção ou serem produzidas para um armazenamento por tempo indeterminado. Normas corporativas e a legislação vigente podem determinar que o descarte seja feito após décadas ou mesmo séculos. As etapas que o dado passará vão depender de sua natureza e de sua finalidade. Porém, podemos estabelecer um ciclo de vida mais genérico que, embora não se aplique a todo e qualquer dado, é adaptável à maioria. Esta obra está estruturada considerando este ciclo padrão, que abrange seis etapas: produção; armazenamento; transformação; armazenamento analítico; análise e descarte.

A produção se dá quando o teclado de um computador pessoal, o acelerômetro de um celular ou o dispositivo de carga acoplada de uma câmera fotográfica digital produzem dados. Estes dados são então persistidos em um dispositivo volátil como memória RAM, ou não volátil como um disco de estado sólido. Temos então, o próximo ciclo: armazenamento. Armazenados, os dados já podem ser imediatamente consumidos, sem a necessidade de um processo de transformação ou análise. Neste caso, a próxima etapa da vida útil do dado será o descarte. Um exemplo de dado que produz informação sem a necessidade de um processo de transformação é uma fotografia digital. Porém, na sua maioria, o dado, para produzir informação, passa por uma etapa intermediária de transformação. A transformação é necessária porque, normalmente, o dado é armazenado em um formato otimizado para armazenamento e recuperação, que busca reduzir redundância, otimizar o acesso e manter sua integridade. Porém, o formato ideal para manter os requisitos de armazenamento normalmente não são bons para análise, um processo necessário para produzir informação e conhecimento. Temos então a terceira etapa: transformação. Aqui, o dado normalmente é replicado, mas em um formato físico e lógico distintos, otimizado para análise e produção de informação. A análise é o processo de produzir informação e conhecimento a partir do dado. Um processo de análise pode produzir mais dados, muitas vezes, em volume maior que os dados originais. Finalmente, o dado é descartado. O descarte pode ser ocasionado por processos internos, por exemplo, definido pela Governança de Dados, por não ter mais valor para a corporação ou ainda por questões de otimização de recursos.

Antes de Continuar

Neste capítulo, uma introdução sobre o que é ciência de dados e Big Data dá ao leitor uma compreensão das mudanças que o dado está começando a trazer para o mundo: a produção massiva de dados pelo uso de tecnologia, miniaturização e barateamento de toda a espécie de dispositivo, internet e virtualização está trazendo um mundo cada vez mais conectado e inteligente. No próximo capítulo, vamos entender como esta quantidade gigantesca de dados está sendo produzida, explorando os conceitos de produção de dados.

2. PRODUÇÃO DE DADOS

Dados podem ser comprados, produzidos ou simplesmente coletados. Dados comprados podem vir de empresas especializadas em vender dados, conhecidas como "data brokers". Dados produzidos são gerados por sistemas transacionais: operações de processamento como, por exemplo, o fechamento da folha de pagamento ou os processos de transformação de dados, o já mencionado ETL. Dados coletados podem ter sua origem de outros sistemas, pesquisas, dados históricos, arquivos ou até de um data warehouse. Neste capítulo, vamos entender um pouco como os dados são produzidos ou coletados.

Produção

Quando pensamos em produzir dados, provavelmente a primeira lembrança é a de um teclado de um computador pessoal. E de fato, este é um dispositivo de entrada importante. Porém, na "pré-história" da informática, dados eram entrados através de interruptores e comutadores e posteriormente através de cartões perfurados, que continham dados para sistemas como folhas de pagamento ou ainda a programação de um computador.

O teclado do tipo QWERTY se tornou o padrão de fato na entrada de dados. Mesmo com propostas de teclados mais ergonômicos, que prometiam mover menos os dedos, como a proposta de Dvorak e Dealey na década de 30, conhecido com modelo Dvorack, não conseguiram destronar o QWERTY, talvez porque seu layout tenha sido herdado das teclas de máquinas de escrever.

Na família de dispositivos que estão conectados a um computador, temos ainda mouses, escaner, telas touch screen, leitores de códigos de barra, identificadores por radiofrequência, mesas digitalizadoras, entre outros. Temos ainda dispositivos que não operam necessariamente conectados a um computador, nesta linha se enquadram câmeras de vídeo, máquinas fotográficas e dispositivos médicos portáteis.

Entre os dispositivos mais modernos, temos as telas sensíveis ao toque e sensores de movimento. Muito embora as telas sensíveis ao toque já existissem desde a década de 1950, foram popularizadas neste século através de telefones celular e tablets.

Outros Meios de Entrada de Dados

Existem ainda formas de entrada de dados menos tradicionais. O projeto SETI[1] busca vida extraterrestre captando sinais de rádio do espaço e distribuído para computadores ao redor do mundo para processamento. É um dos maiores casos de computação distribuída do mundo: diferente de um projeto de computação distribuída normal, o SETI utiliza processamento de computadores de voluntários. Qualquer um pode baixar um pequeno software que vai utilizar o tempo de CPU ocioso do computador para processar fragmentos de dados de radiofrequência vindo do espaço. Neste caso, a entrada de dados se dá através de radiotelescópios, antenas gigantes que captam as ondas de rádio para posterior análise.

Computação Distribuída

Existem outros grandes projetos de computação distribuída que funcionam com "doações" de tempo de CPU, como Climate Prediction[2], que busca construir modelos de previsão meteorológica e Rosetta@[3], que atua na busca de cura para doenças.

Produção por Processamento e Análise

A produção de dados não se dá apenas pela entrada por algum dispositivo. O processamento de dados para análise ou para execução de procedimentos operacionais, fechar a folha de pagamento, por exemplo, também produzem volumes significativos de dados. A criação de modelos estatísticos ou de aprendizado de máquina são outras formas de produção por análise.

---

[1] http://setiathome.ssl.berkeley.edu

[2] http://www.climaprediction.net

[3] http://boinc.bakerlab.org

Produção por Transformação

Transformar dados é alterar sua estrutura para torná-lo adequado a um processo específico, normalmente um processo de análise ou mesmo construção de data warehouse: o fato é que a transformação de dados não é uma mera cópia com pequenas adequações. Embora a transformação possa manter a essência dos dados de origem em alguns casos, normalmente ocorrem transformações estruturais significativas nos dados, inclusive aumentando o seu volume.

Sensores por Toda Parte

Quando o assunto é sensor, uma seção à parte deve ser dedicada aos smartphones. O prefixo *smart* neste tipo de celular se deve principalmente à presença de sensores. Telefones celulares têm sensores desde que foram inventados, porém, os smartphones têm uma série deles. Dessa forma, ele pode executar atividades de vários dispositivos em um só. Um smartphone, além de um telefone, pode ser também uma bússola, GPS, rádio, TV, câmera fotográfica, filmadora e videogame. Vamos ver uma lista de alguns tipos de sensores que encontramos em um smartphone:

- Câmeras: este tipo de sensor é o que produz maior volume de dados;
- Touch screen: lê toques na tela;
- Acelerômetro: mede a aceleração do objeto em três eixos;
- GPS: Detecta a localização do celular. Pode utilizar a triangulação com as antenas de celular, ou conexão com três ou quatro satélites;
- Giroscópio: detecta a orientação do celular em três eixos;
- Magnetômetro: mede o campo magnético da terra. Tem aplicação para um aplicativo de bússola, por exemplo.

Existem ainda aqueles voltados à comunicação: Bluetooth, WiFi, WiDi, NFC, entre outros.

Como é possível um smartphone possuir tantas funcionalidades? São os mesmos elementos que estudamos no capítulo anterior, quando abordamos o Big Data: os sensores estão menores, mais rápidos, melhores e, acima de tudo, mais baratos. A tendência é que o número de sensores em celulares e outros tipos de dispositivos aumente cada vez mais.

APIs para Smartphones

Os principais sistemas operacionais para smartphones contêm interfaces de programação conhecidas como API e Kits de desenvolvimento, que desenvolvedores podem utilizar para ler dados de seus sensores.

GPS

Um GPS, acrônimo para *Global Positioning System* ou Sistema de Posicionamento Global, funciona conectado a dois ou mais dos 24 satélites mantidos pela Força Aérea dos Estados Unidos (USAF). A conexão é unidirecional. O GPS recebe dados, mas não transmite qualquer informação. Porém, o que pouca gente sabe é como ele funciona. O Satélite tem um relógio interno de altíssima precisão que emite um sinal para o aparelho de GPS, e pelo tempo de chegada do sinal, é possível saber a localização do aparelho através de uma triangulação com, no mínimo, três satélites.

Sensores não apenas coletam dados, eles podem acionar atuadores, que são elementos que executam movimentos. Além dos wearable devices dos quais falamos brevemente em seção anterior, casas e escritórios autômatos estarão repletos de sensores e atuadores conectados. Assim é possível, por exemplo, fechar cortinas, apagar as luzes, irrigar o jardim com comandos no smartphone ou em um horário programado.

Ciência e Produção de Dados

Big Data é lembrado principalmente pelo grande volume de dados. Neste capítulo, tivemos um entendimento melhor de como tanta informação é produzida. Não são apenas sistemas informatizados processando transações de negócio, temos sensores por toda parte: smartphones, wearable devices, veículos conectados, casas inteligentes e muito mais. Porém, toda informação gerada deve ser persistida para uso futuro. No próximo capítulo, vamos estudar o armazenamento de dados.

3. ARMAZENAMENTO

Dados produzidos normalmente devem ser armazenados. O armazenamento garante que no futuro o dado possa ser recuperado simplesmente para se fazer uma cópia, para replicar o processo ocorrido ou para produzir informação ou conhecimento. O armazenamento apresenta uma série de premissas que devem ser atendidas: segurança da informação, integridade, minimização de redundância, concorrência, otimização de espaço, entre outros. O armazenamento é realizado em um dispositivo volátil ou não volátil. Um dispositivo volátil é aquele que mantém o estado dos dados enquanto houver fornecimento de energia elétrica, na falta dela, a informação se perde. Um exemplo de armazenamento volátil é a memória RAM de um computador. Um dispositivo não volátil é capaz de manter o dado mesmo que o dispositivo não esteja conectado a uma fonte de energia. Um dispositivo não volátil pode ser magnético como um disco rígido; um disco óptico, como um Blue Ray; ou em memória flash, como uma unidade de disco sólido. Durante o seu ciclo de vida, o dado normalmente é replicado entre diferentes tipos de dispositivos para diferentes propósitos. Estas replicações podem transportar o dado sem qualquer alteração na sua estrutura ou podem transformar o dado. Por exemplo, a cópia para fins de segurança. Uma rotina de backup vai replicar o dado em seu estado natural de uma mídia para outra. Da mesma forma, nodos de um cluster de um ambiente de análise de dados vão replicar cópias dos dados para o caso de falha em um dos nodos. Já no processo de construção de um data warehouse, o dado tem sua estrutura profundamente alterada, buscando um aumento na qualidade e adequando sua estrutura para manter um histórico. Vamos tratar de transformação de dados em capítulo posterior.

Além de um dispositivo, o armazenamento de dados segue uma estrutura, que pode ser rígida ou mais flexível, ou até mesmo sem estrutura definida. Dados são armazenados em estruturas diferentes para funções diferentes durante o seu ciclo de vida.

Um Breve Resumo

No início da computação, manter dados em registros gerenciados pelos próprios aplicativos ou ainda arquivos planos funcionou para muitos tipos de aplicações. Porém, com o início do uso massivo de computadores nos anos 1950, para manter sistemas de operações, como folhas de pagamento e contabilidade, veio junto a necessidade de sistemas capazes de gerenciar dados com maiores volumes e estruturas mais complexas. Tais gerenciadores deveriam ser capazes de incluir e alterar dados, mantê-los íntegros e seguros e ainda indexá-los. Vários modelos de armazenamento foram pensados e implementados. Podemos dividir estes modelos em quatro grandes fases: as pré-relacionais, com o modelo hierárquico e em rede, iniciadas nos anos 1960; o relacional, nos anos 1970; o orientado a objetos nos anos 1980; e finalmente o NoSQL, nos anos 2000. A tabela 3.1 traz um resumo dos modelos. Vamos estudá-los nas seções seguintes.

| Tabela 3.1: Modelos de Armazenamentos de Dados ||
Modelo	Década
Hierárquico e Rede	1960
Relacional	1970
Orientado a Objetos	1980
NoSQL	2000

Modelos Pré-Relacionais

À medida que o uso da computação tinha suas aplicações ampliadas de meros cálculos para manter operações empresariais, os requisitos de armazenamento de dados se tornavam mais complexos. Era preciso não só persistir o dado, mas garantir sua segurança, sua integridade e tratar aspectos de concorrência. Na era pré-relacional, na década de 1960, foram desenvolvidos modelos com estruturas de navegação, onde dados eram armazenados em registros vinculados. Para recuperar um registro, era preciso navegar entre os vínculos criados entre eles. Dois modelos de bancos baseados em navegação se popularizaram, o modelo hierárquico e o em rede. Este último se tornou mais popular e ficou conhecido como modelo de dados Codasyl.

O Modelo Relacional

O modelo relacional foi criado por Edgar Frank Codd em 1970, sendo descrito no artigo *Relational Model of Data for Large Shared Data Banks*. O objetivo era criar um modelo sucessor ao hierárquico e ao modelo em rede, mantendo a integridade entre as transações e reduzindo a redundância de dados. O modelo se mostrou altamente eficiente em aplicações de negócio, em operações de inclusão, alteração e exclusão de dados, mantendo os dados íntegros durante as operações.

O modelo relacional é baseado na álgebra relacional. No seu processo de modelagem, um banco de dados deve ser normalizado. A normalização permite que os dados sejam armazenados de forma consistente, reduzindo a redundância e garantido a integridade das informações. Codd definiu inicialmente três formas normais, porém hoje, são admitidas até cinco.

As operações em sistemas transacionais possuem um conjunto de características conhecidas pelo Acrônimo ACID – *Atomicity, Consistency, Isolation, Durability* ou Atomicidade, Consistência, Isolamento e Durabilidade. Para recuperar dados divididos em várias tabelas em um modelo relacional, a linguagem de consulta *Structured Query Language* ou linguagem de consulta estruturada, popularizada pelo acrônimo SQL, tornou-se bastante popular junto à disseminação do modelo.

O modelo relacional se tornou um grande sucesso, sendo implementado em milhões de sistemas dos mais diversos tipos de negócios, rodando em praticamente todo tipo de plataforma computacional. Ao longo dos anos, o modelo relacional teve diversas implementações, tanto comerciais como open source. Uma implementação de um banco de dados relacional é conhecida como Sistema Gerenciador de Banco de Dados Relacional, décadas de aprimoramento tornaram estes sistemas bastante maduros, estáveis e eficientes. Muitas características foram sendo acrescentadas, como capacidade de backups incrementais, replicação, operação em clusters, tolerância a falhas, distribuição de carga, entre outros.

Como Funciona o Modelo Relacional

Ao invés dos registros vinculados, Codd propôs a criação de tabelas, com estrutura fixa e rígida. O processo de normalização divide os dados entre várias tabelas, dependendo da estrutura que está sendo armazenada. Uma tabela deve ter um identificador único, a chamada chave primária. A chave primária pode ter valor semântico ou ser um valor incremental produzido pelo próprio gerenciador de banco de dados. A relação entre tabelas se dá entre a chave primária, na tabela de origem, e chave estrangeira, na tabela relacionada. Uma chave primária pode ser composta, ou seja, formada por mais de uma coluna. Vamos imaginar o negócio vendas. A figura 3.1 demonstra uma tabela modelada para armazenar as vendas da empresa. Desta forma, os dados do cliente devem ser inseridos novamente a cada nova venda.

Figura 3.1: Tabela de vendas

Nesta estrutura, os dados seriam armazenados como no exemplo da figura 3.2. Os problemas neste modelo são diversos. O produto e o cliente vão ser repetidos e, dessa forma, não saberemos se, de fato, trata-se do mesmo cliente. Problema semelhante tem o produto em relação ao preço não ter uma referência única: qual linha tem o preço atual do produto? Se tivermos que cadastrar um cliente com todos os seus dados, como CPF e endereço, teríamos que fazê-lo a cada nova compra. Outro problema é ter que atualizar os dados de um cliente: seria necessário alterar em todos os registros e não teríamos certeza se o registro alterado de fato se tratava do mesmo cliente.

Vendas				
Cliente	Endereço	Produto	Valor	Data
José da Silva	Bloco A, Casa 3	Chupeta	5,34	12/09/2014
Maria Cardoso	Rua Brasil, 44	Mamadeira	12,30	13/09/2014
Pedro Henrique	Bloco C, casa 24	Colchão	348,00	12/09/2014
José da Silva	Bloco A, casa 3	Chupeta	6,00	13/09/2014
Pedro H.	Bloco C, casa 24	Mamadeira	12,30	13/09/2014

Figura 3.2: Dados de exemplo

Já aplicada à terceira forma normal, o cliente e os produtos vão ser registrados cada um em uma tabela diferente: "Vendas" e "Cliente". As tabelas recebem chaves primárias, com um valor único, e a identificação do cliente de cada venda se dá pelo valor da chave primária do cliente registrado em "Vendas". Assim, o cliente é cadastrado uma única vez, melhorando a integridade e eliminando redundância. Se for preciso atualizar o endereço do cliente, a atualização será feita em um único registro. Outra consequência natural é a redução do tamanho do banco de dados, pois a redundância é minimizada. O novo modelo pode ser visto na figura 3.3.

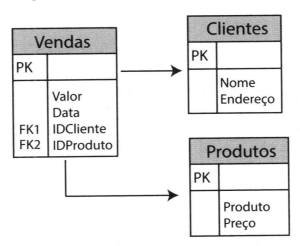

Figura 3.3: Tabelas Vendas, Clientes e Produtos

A figura 3.4 mostra como estes dados estariam armazenados nesta estrutura:

Vendas				
IDVendas	Data	IDCliente	IDProduto	Valor
100	12/09/2014	1	10	5,34
101	13/09/2014	2	20	12,3
102	12/09/2014	3	30	348
103	13/09/2014	1	10	6
104	13/09/2014	3	20	12,3

Clientes		
IDCliente	Nome	Endereço
1	José da Silva	Bloco A, casa 3
2	Maria Cardoso	Rua Brasil, 44
3	Pedro Henrique	Bloco C, casa 24

Produtos		
IDProduto	Produto	Preço
10	Chupeta	6
20	Mamadeira	12,3
30	Colchão	348

Figura 3.4: Dados em vendas, clientes e produtos

Por que o preço do produto reaparece em "Vendas", na coluna "Valor"? Porque em "Produtos" temos uma referência de preço, já em "Vendas", temos o valor real pago pelo cliente, no qual poderia ter havido um desconto, por exemplo. Por isso, a repetição.

Porém, temos ainda um problema. É comum um cliente comprar mais de um produto. No modelo anterior, no caso de mais de uma venda, teríamos que repetir a data e o cliente. Qual a solução? Mover "Produto" e "Valor" para uma nova tabela, e criar um identificador único para "Vendas". Observe o modelo da figura 3.5.

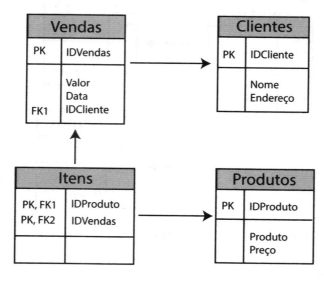

Figura 3.5: Modelo com itens de venda

3. ARMAZENAMENTO

Agora, temos quatro tabelas. Menos redundância, mas certa complexidade: as vendas 100 e 103 eram uma mesma venda com dois itens, este novo modelo deixa isso claro com dois registros da venda 100. Os dados distribuídos neste modelo podem ser vistos na figura 3.6. O relacionamento mais comum entre tabelas é um para muitos: um cliente pode participar de muitas vendas. A tabela de item é um relacionamento muitos para muitos: muitos produtos podem estar em muitas vendas. O relacionamento um para um é o mais incomum e teoricamente tem o mesmo efeito de se adicionar uma nova coluna à tabela. Um sistema real pode ter dezenas, centenas, milhares, ou até dezenas de milhares de tabelas, mas o objetivo é atingido; menos redundância, dados mais íntegros.

Vendas

IDVendas	Data	IDCliente	IDProduto	Valor
100	12/09/2014	1	10	5,34
101	13/09/2014	2	20	12,3
102	12/09/2014	3	30	348
103	13/09/2014	1	10	6
104	13/09/2014	3	20	12,3

Clientes

IDCliente	Nome	Endereço
1	José da Silva	Bloco A, casa 3
2	Maria Cardoso	Rua Brasil, 44
3	Pedro Henrique	Bloco C, casa 24

Produtos

IDProduto	Produto	Preço
10	Chupeta	6
20	Mamadeira	12,3
30	Colchão	348

Itens

IDVendas	IDProduto
100	10
100	10
101	20
102	30
104	20

Figura 3.6: Vendas com itens de venda

Inconvenientes no Modelo Relacional

O modelo relacional se mostrou muito bom para o que foi projetado: manter dados tabulares íntegros e com pouca ou nenhuma redundância, permite que dados sejam incluídos, alterados, excluídos e recuperados de forma simples. Porém, a normalização não se mostrou muito boa para analisar dados. No último modelo, um único evento está dividido em várias tabelas. Recuperá-las requer uma operação de álgebra relacional complexa. Quando queremos consolidar informações, vendas no mês ou por produto, a complexidade aumenta, é preciso realizar cálculos com junções diferentes para cada informação a ser analisada. Além disso, a execução dessas operações tem um custo computacional alto para o gerenciador de banco de dados, que pode interferir nas operações. Enquanto o gerente quer saber quanto vendeu na semana, existem dezenas de vendedores tentando atualizar, ler ou inserir novas vendas. Por isso, nos anos 1990 se dissemina o modelo multidimensional e o data warehouse, que será estudado em capítulo posterior. Da mesma forma, a internet e o fenômeno Big Data trouxeram outros requisitos para o armazenamento de dados, como escalabilidade e redundância, bem como a capacidade de processar dados não estruturados, em que o modelo relacional não se mostrou muito eficiente. Começou a ser desenvolvida uma nova geração de sistema de gerenciamento de banco de dados, conhecidos no NoSQL ou NewSQL, voltados a atender estes novos tipos de aplicações.

Isso, porém, não significa que o modelo relacional e os sistemas gerenciadores de banco de dados relacionais estão devassados e serão substituídos por produtos NoSQL. São soluções diferentes para problemas diferentes. O modelo relacional ainda é o melhor modelo para aplicações com requisitos de integridade, informações estruturadas e normalizadas, e provavelmente será ainda a melhor solução por muito tempo.

Existem muitas implementação de bancos de dados relacionais. Décadas de desenvolvimento criaram produtos altamente robustos e estáveis. Os mais populares atualmente são Oracle, MySQL, Microsoft SQL Server, PostgreSQL e IBM DB2.

Banco de Dados Orientado a Objetos

Nos anos 1980 as linguagens de programação orientadas a objeto como Delphi e C++ começaram a se tornar dominantes. O modelo buscava abstrair entidades reais do mundo em objetos descritos por atributos e procedimentos executados como métodos. Surgiram então sistemas gerenciadores de banco de dados orientados a objetos, que tinham por objetivo suportar de forma natural o modelo orientado a objetos das linguagens de programação. Porém, naquela época, os bancos de dados relacionais já eram extremamente populares e maduros. Em vez de uma migração massiva para o desenvolvimento de aplicações com bancos de dados orientados a objetos, continuou-se utilizando bancos de dados relacionais. Na prática, as linguagens de programação tinham que tratar objetos implementados em linguagens de programação orientadas a objetos em tabelas relacionais. Esta dissonância natural entre os dois modelos ficou conhecida como *impedance mismatch*. Para tentar minimizar os efeitos nos programas, surgiu um grande número de bibliotecas, conhecidas como *object--relational mapping software* ou ORM, que construíam uma camada de abstração entre a linguagem e o banco. Por exemplo, o programador instanciava um novo objeto e o ORM fazia uma operação de inclusão em uma tabela do banco de dados. Uma nova linha de gerenciadores de banco de dados implementaram então um modelo conhecido como banco de dados objeto–relacional. Neste tipo de gerenciador de banco de dados, o modelo Orientado a Objetos é suportado, mas com suporte a elementos de sistemas relacionais, como linguagens de consulta como por exemplo o SQL.

Existem ainda os gerenciadores de banco de dados puramente orientados a objetos. As implementações mais populares deste modelo de gerenciadores de dados são Caché, Db4o e Versant, porém, nunca se tornaram tão populares como os relacionais.

NoSQL

Novos tempos trouxeram novos requisitos de gerenciamento de dados: aplicações para agregar grandes volumes de dados, prontuário eletrônico, gestão de documentos, análises de séries temporais, dentre muitos outros. O modelo relacional preza pela normalização, integridade e não redundância de dados, estas novas aplicações priorizavam maior escalabilidade, volume e processamento. A solução veio através de vários produtos construídos sem as características principais presentes no modelo relacional: dados não normalizados, poucas restrições de integridade e controle mínimo de transações. Como consequência, estes produtos se tornaram mais escaláveis, mais flexíveis e com menores custos.

O termo NoSQL não significa exatamente que não se possa usar uma linguagem declarativa para consultar dados em um gerenciador NoSQL, mas sim que são bancos de dados que não estão apenas baseados no modelo relacional.

Existem várias "famílias" de produtos NoSQL, cada família compartilha de um mesmo modelo de armazenamento. O modelo mais tradicional, em vez de possuir uma tabela com um número fixo de colunas tipadas, trabalha com o conceito chave–valor, ou KVS, acrônimo para *Key-Value Store*. Isso significa que em vez de incluir um conjunto de atributos, a operação insere apenas uma chave e um valor, nada mais. Algumas implementações do tipo KVS são Couchbase (anteriormente, Membase), Kyoto Cabinet, Redis e DynamoDB da Amazon.

Já no de colunas ordenadas, baseado no modelo Bigtable do Google[1], em vez do dado ser orientado por linha, ele é orientado por coluna. São implementações deste modelo Hbase, mantido pela fundação Apache, e HyperTable da Cloudata.

O terceiro grupo são os orientados a documentos, que também armazenam um KVS, porém, são organizados em conjunto, permitindo o armazenamento de estruturas como um arquivo JSON. São exemplo de implementações deste modelo MongoDB e CouchDB, este último também da função Apache.

Uma última categoria que deve ser destacada são os bancos de Dados de Grafos. Grafos são estruturas compostos por vértices ligados por arestas. Têm aplicação diversa na medicina, genética, economia e matemática. Bancos de dados como o Neo4j e FlockDB têm uma estrutura otimizada para armazenar e operar sobre grafos. Grafos serão estudados posteriormente.

Relacional e NoSQL

Um KVS pode ser facilmente armazenado em um banco de dados relacional. Um grafo pode ser transformado em uma matriz e também facilmente armazenado. Um documento como XML ou JSON também podem ser armazenados, porém, é necessário um processo para tornar a estrutura hierárquica em relacional. Bancos de dados relacionais também oferecem opções para armazenar documentos em texto, dados espaciais entre muitos outros. Porém, os produtos NoSQL são otimizados para aplicações com requisitos específicos. Por exemplo, uma nota fiscal eletrônica em XML para ser armazenada em um banco relacional, terá que ser decomposta em dezenas de tabelas; chaves primárias terão de ser criadas para relacionar todas estas tabelas. O custo para processar, armazenar e recuperar cada documento será altíssimo do ponto de vista computacional. Já em um banco de dados de documento, a estrutura do XML ficará naturalmente armazenada e relacionada, em consequência, terá um desempenho superior para armazenar e recuperar dados com menos custo computacional.

---

[1] http://research.google.com/archive/bigtable-osdi06.pdf

Dados Não Estruturados e Semiestruturados

Os modelos tradicionais de análise de dados são adequados para tratar dados estruturados, que são aqueles que possuem uma estrutura rígida, normalmente organizados em linhas e colunas. São exemplos de dados estruturados planilhas eletrônicas e tabelas em banco de dados. Dados não estruturados não possuem quaisquer tipo de estrutura definida. Muitas vezes, este tipo de dado não possui sequer qualquer tipo de metadado, e mesmo quando possuem, estes metadados não são de muita ajuda para um processo de análise. São exemplos de dados não estruturados: documentos em geral, páginas de internet, e-mails e postagens em redes sociais. Dados não estruturados também não significam apenas informação textual, mas são também composto por imagens, vídeos, arquivos de áudios, plantas de engenharia, entre outros. A maioria dos dados existentes no mundo, entre 80 e 90%, é não estruturada. Esta é, também, a estrutura de dados que mais cresce.

Um meio termo entre total falta de estrutura e estruturação completa, temos os dados semiestruturados. Neste tipo de dado existe uma estrutura representada, porém ela não é fixa, podendo ser alterada com a inclusão de mais dados já nesta nova configuração. São exemplos de dados semiestruturados a XML, acrônimo para *Extensible Markup Language*, traduzindo-se como linguagem extensível de marcação; JSON, acrônimo para *JavaScript Object Notation*, ou notação de objeto JavaScript; RDF, *Resource Description Framework*, ou modelo de descrição de recursos e OWL, *Web Ontology Language*, linguagem de ontologia para web. As figuras 3.7 e 3.8 mostram exemplos de estruturas semelhantes em XML e JSON, respectivamente.

```xml
<?xml version="1.0" encoding="ISO-8859-1"?>
<receita nome="pão" tempo_de_preparo="5 minutos" tempo_de_cozimento="1 hora">
  <titulo>Pão simples</titulo>
  <ingredientes>
    <ingrediente quantidade="3" unidade="xícaras">Farinha</ingrediente>
    <ingrediente quantidade="7" unidade="gramas">Fermento</ingrediente>
    <ingrediente quantidade="1.5" unidade="xícaras" estado="morna">Água</ingrediente>
    <ingrediente quantidade="1" unidade="colheres de chá">Sal</ingrediente>
  </ingredientes>
  <instrucoes>
    <passo>Misture todos os ingredientes, e dissolva bem.</passo>
    <passo>Cubra com um pano e deixe por uma hora em um local morno.</passo>
    <passo>Misture novamente, coloque numa bandeja e asse num forno.</passo>
  </instrucoes>
</receita>
```

Figura 3.7: Exemplo de XML

```
{
  "receita": {
    "-tempo_de_cozimento": "1 hora",
    "-tempo_de_preparo": "5 minutos",
    "-nome": "pão",
    "titulo": "Pão simples",
    "ingredientes": {
      "ingrediente": [
        {
          "-unidade": "xícaras",
          "-quantidade": "3",
          "#text": "Farinha"
        },
        {
          "-unidade": "gramas",
          "-quantidade": "7",
          "#text": "Fermento"
        },
        {
          "-unidade": "xícaras",
          "-quantidade": "1.5",
          "-estado": "morna",
          "#text": "Água"
        },
        {
          "-unidade": "colheres de chá",
          "-quantidade": "1",
          "#text": "Sal"
        }
      ]
    },
    "instrucoes": {
      "passo": [
        "Misture todos os ingredientes, e dissolva bem.",
        "Cubra com um pano e deixe por uma hora em um local morno.",
        "Misture novamente, coloque numa bandeja e asse num forno."
      ]
    }
  }
}
```

Figura 3.8: Exemplo de JSON

Além do Armazenamento

Se até pouco tempo o modelo relacional parecia suprir todas as necessidades de persistência de dados, hoje diversos outros modelos foram construídos para suprir requisitos mais específicos. É provável que nos próximos anos outros modelos sejam criados para responder a outras necessidades. O cenário que se desenha é o de um grande conjunto de soluções específicas para problemas específicos, ao contrário do modelo único que resolveria tudo. E não poderia ser diferente, enquanto antes quase toda a computação do mundo era utilizada para processar transações empresariais, hoje, um grande número de aplicações e aparelhos geram dados em estruturas, velocidades e características diferentes.

Transformação

A transformação de dados é necessária porque dados são produzidos em uma estrutura otimizada para persistência e processamento: estas estruturas não são boas para outras operações, como análise de dados. Por exemplo, no modelo relacional, o objetivo principal é manter operações. Para cada tipo de ánalise de dados que se quiser aplicar sobre dados de um evento qualquer, provavelmente, requererá que o dado seja transformado para um formato distinto, com as especificidades da análise a ser executada.

Apesar de existirem vários motivos e métodos que requerem transformação de dados, existem estruturas que historicamente são otimizadas para a análise. Uma delas, consagrada desde os anos 1990, são os modelos dimensionais. O outro, mais recente, é a construção de depósitos de dados em sistemas de arquivos distribuídos, HDFS – *Hadoop Distributed File System*, utilizando o modelo MapReduce. Vamos estudar em capítulos posteriores data warehouse, MapReduce e todos os conceitos relacionados.

ETL

ETL é acrônimo para *Extract, Transform and Load* ou extrair, transformar e carregar. O uso clássico de processos de ETL são para cargas de dados em data warehouse, porém existem diversos outros tipos de processos, desde integração de dados à construção de modelos analíticos, que podem ser elaborados através destes processos. Basicamente, um ETL possui conexões com fontes de dados que podem ser heterogêneas e geograficamente dispersas; processos de extração que irão, através da conexão, copiar dados destas fontes; um processo de arquivamento que conservará dados em disco temporariamente para a etapa seguinte e, finalmente, os procedimentos de transformação e o arquivamento que carrega os dados na sua fonte definitiva. Alguns produtos permitem que a etapa de staging seja executada em memória, sem a necessidade de persistir os dados em disco. Dependendo da estratégica de construção do data warehouse, os dados de staging podem ser mantidos entre os diferentes processos, ou são apagados e totalmente reconstruídos. A figura 3.9 mostra, de forma simplificada, um processo de ETL.

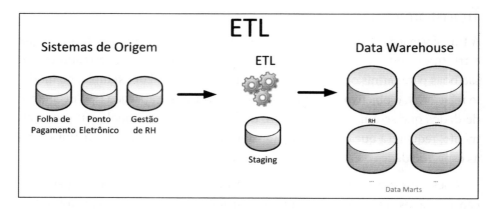

Figura 3.9: Processo de ETL

O processo de transformação pode ter muitos objetivos: transformar um modelo relacional para um modelo multidimensional, o que vai incluir operações de junção, sumarização e cálculos diversos. A transformação também pode executar rotinas de qualidade e limpeza de dados, como remoção de duplicados, mudança de codificação: por exemplo de EBCDIC para ASCII, entre muitos outros.

Normalmente, o processo de ETL é em batch executado em determinados intervalos quando os sistemas de origem possuem uma carga de uso menor ou simplesmente não estão sendo operados. Outros processos mais críticos podem ser executados em tempo real ou quase real, são os processos conhecidos como streaming. O tempo entre as cargas de um processo de ETL é conhecido como latência.

No arquivamento, não ocorre atualização ou exclusão de dados. Um data warehouse sofre apenas operações de leitura e inclusão.

Fontes de dados, como notas fiscais eletrônicas, podem vir na forma de arquivos. Boas ferramentas de ETL são capazes de monitorar pastas e iniciar a importação de arquivos assim que eles são adicionados ao diretório. Este processo pode apagar os arquivos após a importação ou manter informações históricas para que os dados não sejam importados em duplicidade.

Um processo de ETL tem um alto custo computacional e está sujeito a uma variedade de tipos de falhas: indisponibilidade da rede, falhas em discos, indisponibilidade dos sistemas de origem. Bons produtos de ETL devem ser capazes de se recuperarem de falhas, no sentido de continuarem o processo de um ponto de parada, minimizando os impactos causados por problemas diversos.

Processos de ETL podem ser implementados de muitas formas. Um programa de computador escrito em uma linguagem qualquer, stored procedures executados em um gerenciador de banco de dados ou ferramentas especializadas. Existem ferramentas que são distribuídas juntamente a gerenciadores de banco de dados, como produtos específicos para ETL.

Integração de Dados

Um processo de ETL é um processo de integração de dados. As organizações normalmente dependem de muitos processos de integração que são vitais para o funcionamento de departamentos, por exemplo, integrar a folha de pagamento com a contabilidade. A integração de dados também permite que dados sejam trocados com fornecedores, clientes, parceiros etc.

Conclusão

Dados em movimento são consumidos por sistemas diferentes, em plataformas diferentes, com objetivos diferentes. A integração de dados através de sistemas múltiplos já era uma realidade complexa desde a década de 50. Com o advento do data warehouse, a integração, agora batizada de ETL, institucionalizou-se, tornou-se parte integrante do meio corporativo. Mais e mais sistemas informatizados terão que conviver com dados, que durante o seu ciclo de vida, transitarão entre diferentes meios, sofrendo transformações a cada etapa para atender necessidades específicas.

4. ARMAZENAMENTO ANALÍTICO

Nos capítulos passados, estudamos estruturas de armazenamentos de dados e como elas foram naturalmente evoluindo ou se adequando à novas necessidades. Vimos que o modelo utilizado para armazenar dados normalmente não é o modelo ideal para analisá-los. No último capítulo, falamos da transformação de dados que é o processo de alterar a estrutura do dado para um modelo operacional, para um modelo analítico. Neste capítulo, vamos estudar os modelos analíticos, ou seja, dados estruturados de forma a facilitar sua análise. Começamos com data warehouse e todas as tecnologias e modelos relacionados, e em seguida, MapReduce.

Data Warehouse e OLAP

Embora o sistema relacional tenha se mostrado eficiente para suportar operações e manter dados de negócio operacionais e íntegros, o modelo não se mostrou eficiente no processo de geração de informação e conhecimento.

Na década de 1990 se popularizou então a construção de data warehouses, verdadeiros depósitos de dados, estruturados a partir de bancos de dados de operação, normalmente relacionais. Sua estrutura difere no sentido de os dados serem armazenados no intuito de facilitar a análise, com informações pré-calculadas e dados não normalizados. Um data warehouse guarda informações históricas por um período de 3 a 10 anos. Normalmente, a informação armazenada provém não apenas de um, mas de vários, às vezes, dezenas ou até centenas de sistemas transacionais diferentes.

Em um sistema transacional, não há uma preocupação em se manter o histórico dos dados. Por exemplo, se a escolaridade de um cliente de uma instituição financeira mudou, a informação simplesmente será alterada, e o usuário visualizará a última situação. Já em um data wareshouse, a informação é constantemente atualizada, mantendo-se um histórico. Um registro do cliente é incluído quando ele é cadastrado. Quando sua escolaridade muda, um novo registro é incluído, e o histórico se mantém. Ao contrário de um banco de dados operacional em que são feitas operações de inclusão, alteração e atualização, no data warehouse apenas se inclui dados. Também não há um compromisso em redução de redundância: aqui, os dados podem ser repetidos centenas de vezes. A redundância e a manutenção do histórico podem transformar data warehouses em gigantescos depósitos de dados.

As séries de imagens abaixo tentam exemplificar a diferença. Na figura 4.1, um cliente solicita crédito e seus dados são inseridos em um banco de dados relacional. Na data da inclusão, sua escolaridade era ensino médio.

Cliente	Escolaridade	Data da Alteração
José da Silva	Ensino Médio	21/09/2011

Figura 4.1: Cliente é inserido em banco relacional

Dois anos depois, o cliente volta para realizar um pedido de crédito, e é feita uma atualização cadastral. Ao ser perguntando, ele informa que sua escolaridade agora é ensino superior. O operador do sistema vai atualizar o mesmo registro, e o histórico de que na solicitação de crédito anterior ele tinha ensino médio é perdida, conforme figura 4.2.

Cliente	Escolaridade	Data da Alteração
José da Silva	Ensino Superior	30/12/2013

Figura 4.2: Cliente é atualizado em banco de dados relacional

No modelo dimensional, o processo será diferente. Ao ser cadastrado pela primeira vez, uma linha é inserida na dimensão "Cliente". Quando a informação de escolaridade é atualizada, um novo registro completo do cliente é inserido. Diferente do modelo relacional, haverá excessiva redundância de dados, mas o objetivo não é a integridade, é a análise, e para isso é fundamental manter o histórico das informações. A figura 4.3 mostra como estes dados estariam registrados na "Tabela Fato".

Cliente	Escolaridade	Data da Alteração
José da Silva	Ensino Médio	21/09/2011
José da Silva	Ensino Superior	30/12/2013

Figura 4.3: Tabela fato com dados do cliente

Data Marts

Já entendemos então que o data warehouse é um grande banco de dados analítico corporativo. Este banco de dados deve estar dividido em partes menores e melhor gerenciáveis conhecidos como data marts. Normalmente, os departamentos corporativos estão agrupados em diferentes data marts, como por exemplo, finanças, contabilidade, recursos humanos, CRM etc. É possível ainda encontrar data marts gerenciados por departamentos, de forma autônoma e isolada do restante da organização. A figura 4.4 mostra conceitualmente como um data warehouse é estruturado.

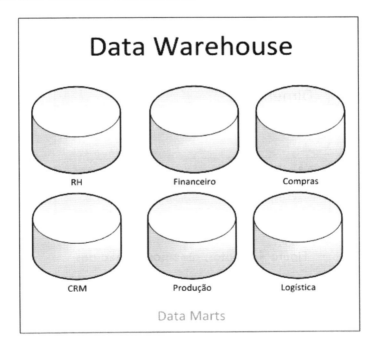

Figura 4.4: Data warehouse

Fatos, Dimensões e Medidas

Diferente do modelo relacional, um data warehouse utiliza o modelo multidimensional que tem como elemento central um fato. O fato é a informação central, o tema ao qual se quer analisar. Um fato possui medidas que são valores a serem analisados e pré-calculados. Um fato também possui dimensões que são os diversos pontos de vista sobre o qual se quer analisar o fato. Uma dimensão tempo é obrigatória. Por exemplo, o fato vendas pode conter as dimensões produto, vendedor e filial. Dessa forma, o usuário poderá analisar a venda sob qualquer uma destas dimensões: venda por produto, por vendedor, ou por filial. Uma dimensão tempo também é obrigatória, pois um data warehouse traz dados históricos. A dimensão tempo é registrada de forma hierárquica com elementos menores já pré-calculados, como meses, trimestres e semanas. As medidas do fato venda podem ser o valor da venda ou do lucro. Na análise dos dados em um data warehouse, o usuário vai poder ver o total e o lucro (medidas) das vendas (fato) por produto, vendedor ou filial (dimensões). A figura 4.5 mostra a estrutura de um fato "Vendas", com suas dimensões e medidas.

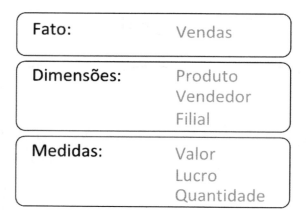

Figura 4.5: Fatos, dimensões e medidas

Uma medida pode ser aditiva, semiaditiva ou não aditiva. Uma medida aditiva é aquela em que faz sentido somar em todas as dimensões, como o valor de vendas. A semiaditiva faz sentido ser somada em alguns casos. Já as não aditivas não fazem sentido serem somadas, como por exemplo, o percentual de desconto das vendas.

4. ARMAZENAMENTO ANALÍTICO

Um mesmo fato pode responder dezenas de perguntas, basta que o usuário olhe a medida sob diferentes perspectivas, ou seja, dimensões. Observe a figura 4.6. Um fato "Vendas" pode responder a perguntas como: quem vendeu mais no bimestre? Qual produto apresentou a maior margem de lucro? Qual foi nosso maior cliente?

Fato: Vendas

Vendedores

Quem vendeu mais no Bimestre?
Quem vendeu mais no Ano?
Quem vendeu mais no Trimestre?

Produto

Qual produto apresentou mais margem?
Qual produto vendem mais na região Sul?

Clientes

Qual o nosso maior cliente?
Qual cliente está aumentando suas compras no Bimestre?

Figura 4.6: Fato vendas

Da mesma forma, um fato não é construído para gerar um único tipo de relatório ou gráfico: ele pode produzir uma variada gama de elementos, de acordo com o que se está analisando. Um indicador de performance pode mostrar o desempenho das vendas, um gráfico de barras pode mostrar vendas por região, um gráfico de setor de vendas pode exibir o desempenho por vendedor e uma série de tempo, as vendas por período. A figura 4.7 exemplifica como um mesmo fato pode ser visualizado de muitas formas.

Figura 4.7: Elementos gráficos de um BI

Indicador de Performance

Um indicador de performance, conhecido como KPI, acrônimo em inglês para Key Performance Indicator, é um elemento gráfico que mostra o desempenho de um objetivo. Este objetivo pode ser da organização ou de um departamento. Normalmente, se o desempenho está dentro do esperado, o indicador vai apontar para uma área verde do gráfico, e se estiver abaixo do esperado, uma área vermelha. Pode existir ainda uma área amarela indicando que os objetivos foram parcialmente atingidos ou estão próximos de serem atingidos. O valor a ser atingido, a meta do indicador, é parametrizada. Os dados de desempenho normalmente vêm de algum sistema informatizado da organização. A figura 4.8 é um exemplo de um KPI de vendas.

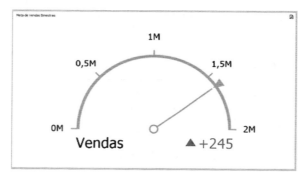

Figura 4.8: Indicador de performance

Na modelagem multidimensional utilizada em data warehouses, um fato central está relacionado as suas dimensões através de uma chave substituta. A chave substituta é produzida no processo de construção do data warehouse e não tem valor semântico, porém, ela é a garantia de que o histórico das transações serão mantidos. Por exemplo, se o tipo do cliente mudar, um novo registro terá que ser incluído na dimensão "Cliente". Caso se utilizasse a chave primária do cliente ao invés da chave substituta, perderíamos o histórico da atualização. As medidas são armazenadas junto à tabela fato. O modelo multidimensional é esquematizado na notação conhecida como Estrela. Uma segunda forma, conhecida como floco de neve, mantém uma relação de um para muitos em dimensões com dados que normalmente não são alterados.

A figura 4.9 mostra o fato "Vendas" modelado no esquema estrela. O fato se encontra ao centro. Junto à tabela fato são registradas as medidas que tiveram seus valores já calculados durante o processo de carga: quantidade, total, impostos, lucro. Ao seu redor, temos as dimensões "Cliente" e "Produto" e uma dimensão "Data". As dimensões "Cliente" e "Produto" têm chave substituta: "IDVenda" e "IDCliente", normalmente um valor inteiro. Sua função é manter o relacionamento com o fato. A chave primária do modelo relacional não pode ser utilizada com esta finalidade, uma vez que, um cliente ou um produto poderão ser incluídos muitas vezes na dimensão. Porém, a chave primária do banco relacional também é mantida, mas como um atributo comum, para manter uma referência única com os dados de origem. No modelo da figura 4.9, estes atributos foram denominados "Código". A dimensão tempo, modelada com o nome "Data", permite que a data possa ser decomposta de várias formas: dia, mês, bimestre ou ano.

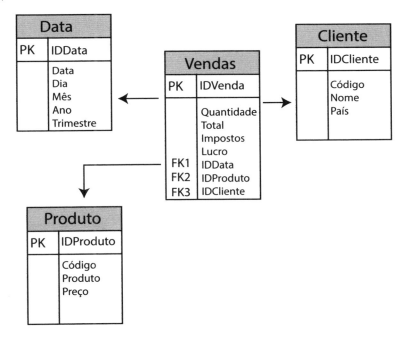

Figura 4.9: Modelo estrela

O modelo floco de neve tem os mesmos princípios de organização do modelo estrela, porém, onde existam atributos de dimensões que não mudem constantemente, pode-se adicionar um relacionamento um para muitos com outra tabela. Observe na figura 4.9 o atributo "País": a cada novo registro, o país é incluído. No modelo floco de neve, é criada uma tabela "Países" e é adicionado um relacionamento com a dimensão, como no modelo da figura 4.10.

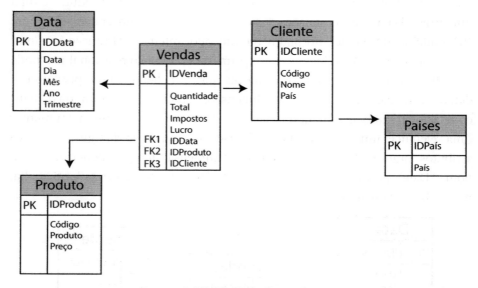

Figura 4.10: Modelo floco de neve

Granularidade

Data warehouses produzem informação gerencial que normalmente não deve vir detalhada. Para tomar decisão, um gerente não precisa da lista de produtos que vendeu no dia, mas, por exemplo, a quantidade total por tipo de produto e por vendedor são informações consolidadas. O detalhe normalmente é fornecido através de relatórios, com finalidade de conferência, extraído do sistema transacional, para a área operacional. O nível de detalhamento em que a informação gerencial é armazenada é conhecido como "Grão". Quanto menor o "Grão", maior o nível de detalhe, mais performance e armazenamento é exigido do data warehouse. Definir o "Grão" é uma etapa fundamental na construção de um fato. A figura 4.11 mostra como diferentes níveis de "Grão" podem ser definidos.

Fato: Vendas
Granulidade

Dia, Mês, Bimestre, Trimestre?

Setor, Estado, Filial, Região?

Produto, Categoria, Tipo?

Fiigura 4.11: Grão

Devido às características multidimensionais, dados estruturados desta forma não podem ser consultados através das tradicionais consultas SQL que vimos anteriormente. Existem linguagens declarativas específicas, a mais popular é a MDX, acrônimo para *Multidimensional Expressions*, ou expressões multidimensionais. Essa linguagem permite "fatiar" os fatos do ponto de vista de dimensões e tempo.

OLAP

OLAP, acrônimo para *Online Analytical Processing*, ou processamento analítico em tempo real, é um gerenciador de banco de dados multidimensional, que normalmente está associado à construção de cubos. Um data warehouse normalmente é construído em um OLAP Server, que é um tipo de aplicação otimizado para gerenciar dados em formato multidimensional. Alguns gerenciadores de banco de dados relacionais também oferecem produtos a fim de implementar os modelos multidimensionais para a construção de data warehouses.

OLAP versus OLTP

OLTP, acrônimo para On-line Transaction Processing ou processamento de transações em tempo real, é como são conhecidos os sistemas transacionais, que implementam o modelo relacional. Desta forma, OLAP é multidimensional/analítico, e OLTP é relacional/transacional.

A construção de armazéns analíticos envolve extrair, normalizar, transformar e carregar dados entre ambientes distintos. Este processo, demonstrado na figura 4.12, já conhecido como ETL, estudado no capítulo anterior, normalmente é executado por ferramentas de software, cuja função é a extração de dados de diversos sistemas, transformação desses dados conforme regras de negócios e, por fim, a carga dos dados. Construir um data warehouse é um processo complexo, requer mão de obra especializada e pode levar muitos meses, pois é necessário entender do negócio, compreender as estruturas de dados na sua origem e desenvolver processos de transformação deste dados.

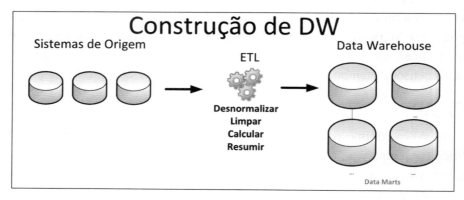

Figura 4.12: Construção de data warehouse

Por que Data Warehouse?

Se é difícil, caro e demorado construir um data warehouse, não podemos simplesmente extrair informação gerencial diretamente do sistema transacional/ERP? De fato, extrai-se muita informação diretamente destes sistemas, mas existem inconvenientes. Um ambiente analítico não deve interferir em um ambiente de transações. As consolidações de dados necessários para produzir a informação pode consumir os recursos computacionais para a operação: incluir, alterar, excluir e consultar dados. Lembre-se que os dados no ambiente transacional não estão em formato apropriado para análise. Um data warehouse funciona em outro ambiente, com outro armazenamento e computação exclusiva para seu uso. Além disso, normalmente dados de várias fontes devem ser consolidados para compor informação gerencial.

Business Intelligence

BI, acrônimo para *Business Intelligence* ou Inteligência de Negócios, normalmente está associado a gráficos interativos e cubos, mas a expressão é muito mais abrangente. BI se refere à metodologia, ferramentas, técnicas de produzir dados para apoio à decisões. Seu objetivo final pode ser o da produção de gráficos e relatórios, mas também, análises preditivas, indicadores de performance, monitoramento contínuo e BAM, além dos tradicionais cubos. Normalmente, um BI está estruturado sobre um data warehouse, porém, pode estar ainda relacionado diretamente a um sistema transacional, planilhas ou até mesmo em arquivos planos. Vamos ver alguns elementos que podem ser produzidos em um BI.

Relatórios

Relatórios produzem informação detalhada, de forma estática e sem interatividade, ou seja, não é possível aumentar ou reduzir o grão na própria interface do relatório. Normalmente, um relatório como o da figura 4.13 tem caráter operacional, para atividades de conferência. Pode conter elementos gráficos para resumir dados. A informação também pode vir agrupada ou resumida em níveis. A fonte de dados pode ser um sistema transacional ou multidimensional, ou até mesmo planilhas ou arquivos planos.

Vendas

Cliente	Produto	Vendedor	Data	Quantidade	Total
Truing Tecnologia	Cooler Master Red LED Case Fan	Maria Yang	09/05/2011	1	R$ 2519,07
Kaify	PCI Express 2.0 2DVI	Maria Yang	23/04/2011	1	R$ 986,30
Kaify	i7-2700K 3.5 GHz LGA 1155 Processor	Maria Yang	22/11/2011	1	R$ 570,16
Truing Tecnologia	i7-2700K 3.5 GHz LGA 1155 Processor	Emili Mcdonald	21/07/2011	2	R$ 1096,95
Truing Tecnologia	Cooler Master Red LED Case Fan	Maria Yang	01/03/2011	2	R$ 2399,80
Truing Tecnologia	PCI Express 2.0 2DVI	Emili Mcdonald	05/02/2011	2	R$ 3917,35
Spoint Sistemas de Informação	ATX Motherboard	Emili Mcdonald	16/03/2011	1	R$ 2472,45
Digister	PCI Express 2.0 2DVI	Maria Yang	22/10/2011	1	R$ 492,74
Roozio Informática	GeForce GTX 590 Classified	Emili Mcdonald	07/02/2011	1	R$ 2472,45
Triloo Assistência Técnica	i7-2700K 3.5 GHz LGA 1155 Processor	Maria Yang	29/06/2011	1	R$ 2472,45
Levester Tecnologia	USB Portable Sound Card / Dac	Maria Yang	27/10/2011	2	R$ 479,96
Roozio Informática	USB Portable Sound Card / Dac	Maria Yang	29/10/2011	1	R$ 693,48

Figura 4.13: Relatório

Cubos

Cubos, como o exibido na figura 4.14, são representações multidimensionais de dados, que normalmente representam um único fato, em que através de operações de drill down e drill up, o usuário pode aumentar ou diminuir o nível de detalhamento da informação. Nas linhas e colunas, um cubo representa dimensões, ao centro, medidas. Sua representação principal é textual, porém, algumas ferramentas podem facilmente produzir gráficos. Outras, mais sofisticadas, permitem ainda a inclusão de indicadores de performance dentro de células de medidas.

QUA... SUB...	VENDEDOR ▲							
	Aladdin Blackwell		Benedito Perry		Emili Mcdonald		José Gardner	
P... ▲ / C... ▲	QUANTIDADE	SUBTOTAL	QUANTIDADE	SUBTOTAL	QUANTIDADE	SUBTOTAL	QUANTIDADE	SUBTOTAL
⊞ ATX Motherboard	13	R$ 805,74	6	R$ 371,88	109	R$ 6.755,82	47	R$ 2.913,06
⊞ Cooler Master Re...	8	R$ 71,92	17	R$ 152,83	72	R$ 647,28	46	R$ 413,54
⊞ GeForce GTX 590...	17	R$ 12.749,83	15	R$ 11.249,85	111	R$ 83.248,89	38	R$ 28.499,62
⊞ i7-2700K 3.5 GHz...	16	R$ 6.384,00	10	R$ 3.990,00	108	R$ 43.092,00	98	R$ 39.102,00
⊞ Inch Midtower Case	34	R$ 1.699,66	42	R$ 2.099,58	94	R$ 4.699,06	68	R$ 3.399,32
⊞ PCI Express 2.0 ...	9	R$ 1.801,80	28	R$ 5.605,60	108	R$ 21.621,60	67	R$ 13.413,40
⊟ USB Portable Sou...	12	R$ 468,00	24	R$ 936,00	113	R$ 4.407,00	61	R$ 2.379,00
Agilvee	4	R$ 156,00			6	R$ 234,00	2	R$ 78,00
Digister					8	R$ 312,00	7	R$ 273,00
Kaify	3	R$ 117,00			31	R$ 1.209,00	17	R$ 663,00
Levester Tecnol...			2	R$ 78,00	7	R$ 273,00	4	R$ 156,00
Mecabox Info					4	R$ 156,00		
Roozio Informá...					7	R$ 273,00	1	R$ 39,00
Spoint Sistemas...					4	R$ 156,00	6	R$ 234,00
Tadoo	2	R$ 78,00			1	R$ 39,00	1	R$ 39,00
Triloo Assistênci...					2	R$ 78,00	1	R$ 39,00
Truing Tecnologia	3	R$ 117,00	22	R$ 858,00	43	R$ 1.677,00	22	R$ 858,00
Total Geral	109	R$ 23.980,95	142	R$ 24.405,74	715	R$ 164.471,65	425	R$ 90.119,94

Figura 4.14: Exemplo de cubo

Drilling

Dados dimensionais podem ser visualizados sob muitas perspectivas e níveis de detalhes. Ferramentas de visualização como cubos e dashboards, que serão estudados nas próximas seções, fornecem mecanismos interativos de mudanças de perspectivas e níveis de detalhes.

Uma operação de drill down é detalhar os dados sem alterar a medida. Por exemplo, observe a figura 4.15: o gráfico à esquerda mostra as vendas por trimestre. Ao clicar na barra do último trimestre, um novo gráfico mostra agora as vendas pelos meses daquele trimestre. Uma operação de drill up é executar o processo inverso: do menor detalhe para o maior, ou seja, o gráfico que mostrava as vendas por mês passará a exibir novamente por trimestre.

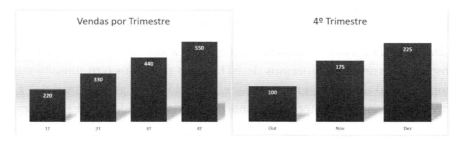

Figura 4.15: Drill down em vendas

Dashboards

Dashboards são painéis visuais que mostram indicadores de um mesmo assunto. Trazem informação resumida, normalmente de cunho estratégico ou gerencial, mas também têm aplicações nas áreas operacionais. Oferece características de navegação dos dados, como filtros, drill downs e drill ups. Embora não deva conter detalhes, pode trazer os melhores ou os piores. Também pode conter indicadores de performance.

Com o aumento exponencial do uso de dispositivos móveis, dashboards como o da figura 4.16 também oferecem opções adaptadas para celulares ou tablets, normalmente com uma riqueza de conteúdo reduzida para a resolução destes dispositivos.

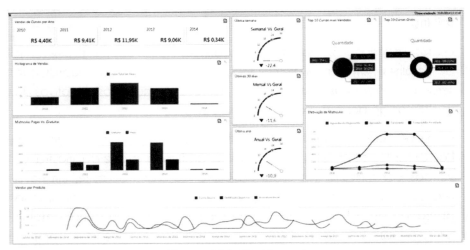

Figura 4.16: Dashboard

Monitoramento em Tempo Real

Dashboards estão normalmente conectados a data marts. Data marts são construídos através de processos de ETL. Estes processos têm um alto custo computacional devido ao grande volume de dados, as regras de negócios e os processos inerentes à limpeza e desnormalização de dados. Um processo de ETL deve interferir minimamente em seus sistemas de origem. Desta forma, a carga, ou atualização de dados do data mart ocorre em intervalos, que pode ser de um ou mais dias ou até várias semanas. Além do custo computacional e da preservação dos sistemas de operação, existem os critérios de negócio: como BI traz informação resumida, ele deve ter um ponto no tempo claro de quando o resumo ocorreu, por exemplo, à noite, após o encerramento das vendas. Dessa forma, a informação que o usuário vê em um dashboard é composta por eventos que já ocorreram, às vezes, há vários dias. Isso não se caracteriza como um problema, pois esta é a natureza dos elementos de BI. Esta latência nos dados não interfere no valor da informação e no apoio à decisão. Falamos no exemplo clássico de vendas: saber quanto vendemos, por produto e por filial, até o fechamento da semana, é uma informação de alto valor gerencial.

O valor da informação está diretamente relacionado ao tempo, é natural que o valor seja reduzido com o passar do tempo, até a informação não ter valor algum e poder até mesmo ser descartada. Dashboards e outros elementos produzidos a partir de um data warehouse não perdem seu valor no decorrer da produção e do processo de ETL. Porém, existem informações, como a ocorrência de certos eventos, as quais o valor se degrada rapidamente, e por isso, deve ser notificada com baixa ou pouca latência. Monitorar eventos não é conceito novo, vem dos anos 1960, porém novos requisitos de negócio trazem novas necessidades, uma delas é o fato de que os dados necessários para formar o evento podem estar em muitas fontes, e a saída do processo é produzida por algoritmos sofisticados.

Existe muita terminologia para definir monitoramento em tempo real, e muitas delas com conceitos sobrepostos, mas existem aqueles que são mais comuns e acabam se consolidando. BAM, acrônimo para *Business Activity Monitoring*, ou monitoramento de atividades de negócio, é um conceito de entregar informação em tempo real, ou com uma latência baixa. Esta informação pode ser operacional ou gerencial. Uma transação crítica que não foi executada em um período esperado, como uma transferência de fundos, ou, a transferência foi executada, porém com alguma anomalia, como um valor anormal. CEP de *Complex Event Processing*, ou processamento de eventos complexos, é um processo também em tempo real ou próximo a tempo real, porém, em que a notificação é resultado do processamento de uma série de eventos cuja saída não é produzida de forma explícita, mas é resultado de uma análise implícita de dados.

Assim como no tradicional BI, BAM e CEP podem produzir dados em dashboard, relatórios ou cubos, podem ainda alimentar um único KPI e enviar informações resumidas em e-mails e SMSs.

CEP

CEP, para *Complex Event Processing*, é um acrônimo em língua inglesa. Porém, existe o acrônimo CEP em língua portuguesa, que significa Controle Estatístico de Processo, que é uma ferramenta de qualidade e que também tem uma relação íntima com Ciência de Dados. Um CEP captura dados de um processo qualquer, como a linha de uma produção de uma fábrica, dessa forma, pode prevenir falhas, aumentando a produtividade.

Infográficos

Infográficos são elementos extremamente ricos visualmente, mas que não estão conectados a uma fonte de dados: a informação é um retrato estático em um ponto no tempo. Caso precise ser atualizado, o infográfico deverá ser refeito. Normalmente, são produzidos por ferramentas de design como por exemplo, Adobe Ilustrator. Neste endereço: http://www.ibmbigdatahub.com/infographic/flood-big-data o leitor pode visualizar um excelente infográfico produzido pela IBM sobre Big Data.

BSC

Balanced Scorecard, ou BSC, é um sistema criado por Kaplan e Norton que tem por objetivo medir o desempenho de uma empresa sob quatro perspectivas: financeira, clientes, processos internos e aprendizado, e crescimento. Dentro destas quatro perspectivas são desenvolvidos indicadores que medirão a performance da organização. Um sistema de BSC ajuda a organizar e materializar a estratégica da organização, prove mecanismos para que os objetivos estratégicos sejam medidos, sendo também, uma ferramenta de gestão e ainda tem aplicação prática como uma ferramenta de comunicação do planejamento estratégico organizacional e de seu desempenho. A figura 4.17 mostra um mapa estratégico de uma organização.

4. ARMAZENAMENTO ANALÍTICO

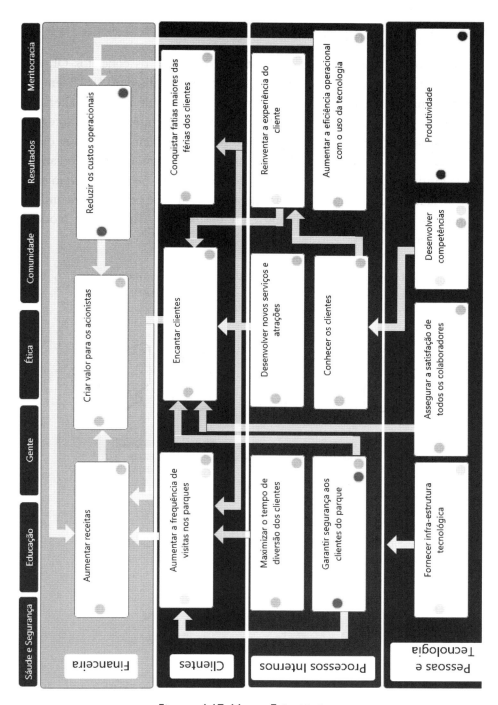

Figura 4.17: Mapa Estratégico

OLAP versus OLTP

Neste ponto, você já deve ser capaz de distinguir os conceitos OLAP e OLTP, mas vamos resumir aqui no que os conceitos se diferem. OLTP tem por objetivo manter a operação de departamentos através de inclusão, alteração, consulta e cálculos, reduzindo a redundância e mantendo os dados íntegros. OLAP busca facilitar a análise, por isso, não há problema se houver dados repetidos. Também não há transações, elas já ocorreram, é preciso organizar os dados de modo a manter o histórico do que ocorreu. Os dados devem estar estruturados de forma que facilite as operações de análise pelo usuário, que vão incluir filtros, drill downs, drill ups, entre outros. São sistemas com modelos complementares.

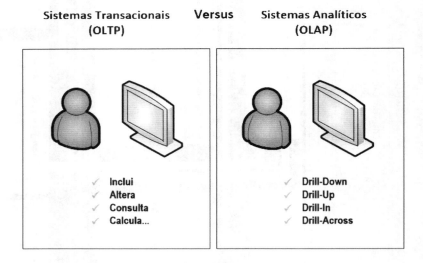

Figura 4.18: Sistemas transacionais versus analíticos

MapReduce

Pela popularidade e maturidade dos sistemas transacionais e analíticos tradicionais, a tendência natural é de utilizar estes mesmos modelos e sistemas para resolver novos problemas de dados, mesmo que estes modelos não tivessem sido pensados para isto, porque simplesmente não existiam ou não eram comuns na época em que foram criados. MapReduce é um modelo, e não um software, proposto pelos funcionários do Google, Jeffrey Dean e Sanjay Ghemawat[1], para processar volumes de dados muito grandes de forma simplificada. O modelo é baseado em processamento distribuído: ele permite dividir o processamento entre vários computadores em rede; cada computador é denominado "nó". Assim, a carga de processamento é distribuída e balanceada com tolerância à falhas. Uma série de computadores operando em conjunto formam um agrupamento, ou cluster de computadores. O balanceamento de carga permite que recursos sejam distribuídos conforme a disponibilidade dos nós que fazem parte do cluster. Operação em clusters e distribuição de carga não é novidade na computação, e muitos sistemas gerenciadores de banco de dados relacionais já dispunham destes recursos. As novidades no MapReduce são outras. Primeiramente, ele opera com um conjunto de chave e valor, o já estudado KVS. Além disso, existem duas funções principais: a de mapeamento, que vai encontrar os dados nos nós do cluster de acordo com a função de mapeamento escrita, e a função de redução, que vai receber o resultado do mapeamento e consolidar os dados. Observe, porém, que estamos tratando com clusters, formandos por dezenas, centenas ou milhares de computadores. Temos então N nós executando funções de mapeamento, que vão entregar o resultado para N nós executarem a redução. Outra característica do modelo é que o dado é processando no nó em que ele se encontra: só trafegam dados resultados das operações de mapeamento ou redução. Enquanto em uma linguagem de programação se costuma criar uma primeira aplicação que exibe uma mensagem "Olá Mundo!", o clássico em MapReduce é a aplicação para contar palavras, cujo esquema pode ser visto na figura 4.19. Textos estão distribuídos em vários nós, funções de mapeamento contam estas palavras, funções de redução consolidam os dados recebidos pelos nós.

---

[1] http://research.google.com/archive/mapreduce.html

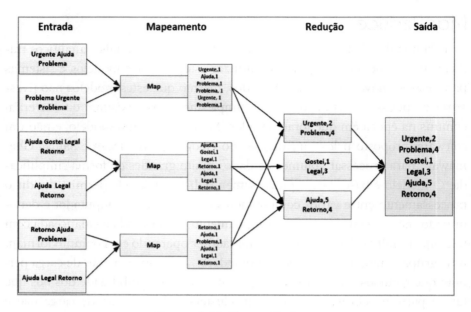

Figura 4.19: Map e Reduce

Lembrando que MapReduce opera com conjunto chave–valor, a função de mapeamento passa a palavra seguida pelo número 1 à função de redução consolida à contagem, produzindo um par chave–valor contendo a palavra e a quantidade. Uma implementação de MapReduce possui dois elementos principais: JobTracker que monitora os processos e TaskTracker que executa os processos. Outro elemento importante é o HDFS, um sistema de arquivos distribuídos que estudaremos a seguir.

HDFS

Um sistema de arquivos tem por função gerenciar os arquivos que estão armazenados em dispositivos. Entre suas funções, está a alocação de espaço e controle de acesso. Quando os dados estão espalhados em centenas ou mesmo milhares de computadores, é necessário um sistema de arquivos que possa gerir estes dados. O HDFS é um sistema de arquivos distribuído em uma estrutura mestre/escravo. O nó mestre é chamado NameNode, e é responsável pelos metadados: nomes de arquivos, permissões e localização de cada bloco. Dados são divididos e organizados em blocos, dessa forma, um arquivo é suportado mesmo que não caiba em um único nó. Diferentes blocos de um mesmo arquivo podem estar em diferentes nós. Por padrão, um bloco tem 64 MB. Os nós escravos, ou DataNodes, armazenam os dados. O NameNode, por possuir os metadados, sabe onde estão os dados e é capaz de cuidar da redundância e acesso destes. DataNodes enviam "heartbeats" ao NameNode, dessa forma, o sistema é capaz de detectar falhas em nós. Assim como dados estão distribuídos de forma redundante em um sistema de arquivos distribuídos, no caso de falha de um nó, pode existir também um NameNode secundário, para caso de falha do NameNode principal.

Assim como em um data warehouse tradicional, um sistema de arquivos HDFS é feito para gravação única e múltiplas leituras: não existem funcionalidades de atualização.

Hadoop

Hadoop é uma implementação popular do modelo MapReduce, mantida pela fundação Apache. Embora ela possa ser utilizada na sua forma nativa, existem ainda várias implementações comerciais do Hadoop, mantidas por empresas como Cloudera, Hortonworks e Microsoft.

Ecossistema Hadoop

Além da implementação MapReduce, existe um ecossistema de aplicações que orbitam o Hadoop, oferecendo funcionalidade adicional ao modelo MapReduce funcional.

- Sqoop: Integração com sistemas relacionais;
- Ambari: Administração web;
- Avro: Serialização;
- Cassandra: Banco de Dados;
- Chukwa: Integração e Coleta de Dados;
- Hbase: Banco de Dados Distribuído;
- Hive: DW, Consultas ad hoc;
- Mahout: Machine Learning;
- Pig: Plataforma de Análise, Pig Latin;
- Spark: Processamento de grandes volumes de dados;
- Zookeeper: Sistema de Configuração e Administração.

Desvantagens do Modelo MapReduce

MapReduce e sua implementação Hadoop foram desenvolvidas para resolver problemas específicos de análise de dados. Em outras palavras, o modelo não vai se adequar para qualquer coisa. Inicialmente, temos que lembrar que é um sistema para análise de dados distribuído. O volume de dados deve justificar o uso de computação distribuída. Se seu volume de dados pode ser tratado por uma técnica tradicional, como um banco de dados relacional em um ou poucos nós, talvez seja melhor optar pela técnica tradicional. O modelo MapReduce é simples, se olhado sob a perspectiva do volume de dados, mas numa perspectiva pura é complexa, requer infraestrutura, configurações, instalações e distribuição de software, além de escrita de código em uma linguagem de programação como Java. Por fim, o problema de dados a ser resolvido deve de alguma forma ser possível de resolver através de uma lógica de chave e valor—KVS.

Data Warehouse versus MapReduce

O data warehouse se consolidou como o modelo de dados para apoio a tomada de decisão. Na sua forma clássica, dados são extraídos de sistemas relacionais, transformados em modelo dimensionais e carregados no data warehouse, onde ficam à disposição para consumo. Porém, o data warehouse tradicional funciona se a informação é altamente estruturada e de qualidade, o que faz o seu processo de transformação complexo e consequentemente caro, tanto do ponto de vista computacional quanto financeiro. MapReduce veio como um modelo para armazenamento e análise de dados para grandes volumes de dados, tão grandes que podem até mesmo não serem suportados por um data warehouse, sem que a informação tenha que estar totalmente tratada ou estruturada. MapReduce e HDFS não são uma substituição para o data warehouse tradicional, mas uma alternativa para diferentes tipos de problemas em que o data warehouse não consegue tratar apropriadamente. No futuro, provavelmente aplicações MapReduce implementadas com distribuições como Hadoop serão fontes de dados para data marts, onde apenas a informação de maior valor, estruturada e tratada, será carregada.

5. ANÁLISE DE DADOS

Analisar dados é aplicar algum tipo de transformação nos dados em busca de conhecimento. Dados podem ser produzidos para análise, como o projeto SETI estudado em capítulo anterior, como podem ser produzidos para manter a operação de um departamento de uma empresa e, posteriormente, analisado. Neste capítulo, vamos entender o que é analisar dados, de que forma dados são analisados e quais são as técnicas mais comuns.

Exploratório, Implícito e Explícito

Entendido o que é análise de dados, é preciso discernir análises implícitas de análises explícitas. Nas análises explícitas, a informação e o conhecimento estão disponíveis explicitamente nos dados, e normalmente só é necessária alguma operação, de baixa complexidade, para ressaltar o dado e produzir a informação. Normalmente, esta operação se dá através da aplicação de um filtro, um drill down em um cubo, ordenação de registros, criação de colunas calculadas ou ainda uma instrução SQL. A informação está lá, explicitamente, é preciso apenas destacá-la na "multidão". Já na análise implícita, a informação não está disponível claramente no conjunto de dados: mesmo que você olhe os dados de várias formas, filtre, selecione ou faça algum tipo de cálculo, a informação só será produzida com o uso de alguma função mais sofisticada. Exemplos de funções para análises implícitas são usar uma tarefa de aprendizado de máquina ou uma lei estatística.

Por exemplo, se queremos identificar funcionários que também são fornecedores da empresa, vai existir um grande volume de dados de funcionários e fornecedores em supostas tabelas como Folha de Pagamento e Prestadores de

Serviço. A informação está lá, explicitamente, só precisamos de um mecanismo para destacar os dados entre milhares ou milhões de dados existentes, como podemos observar na figura 5.1. A aplicação de álgebra relacional, ou seja, uma consulta SQL produz o conhecimento.

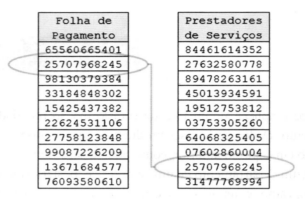

Figura 5.1: Funcionários e fornecedores

Em outro caso, queremos prever se novos clientes que vêm até a empresa solicitar crédito, serão ou não bons pagadores. Pode parecer óbvio, basta olhar seu histórico de empréstimos passados. Porém, a história nos mostra que nem sempre quem foi mal pagador no passado será no futuro. Um algoritmo de classificação como Naïve Bayes, que estudaremos em seção posterior, pode atribuir pesos a todos os atributos do cliente, como na figura 5.2, e prever, com uma margem de erro, se ele será ou não um bom pagador. Este tipo de conhecimento não está óbvio nos dados, é preciso a aplicação de técnicas mais apuradas para produzir esta informação. Temos então um exemplo de uma técnica de análise implícita. Nos dados da próxima imagem, temos informações cadastrais de clientes que estão solicitando um empréstimo. Pode parecer que um cliente que teve atrasos anteriores, como no exemplo, não será um bom pagador para um novo empréstimo. Porém, uma análise mais especializada pode revelar que este cliente tem grande probabilidade de ser um bom pagador.

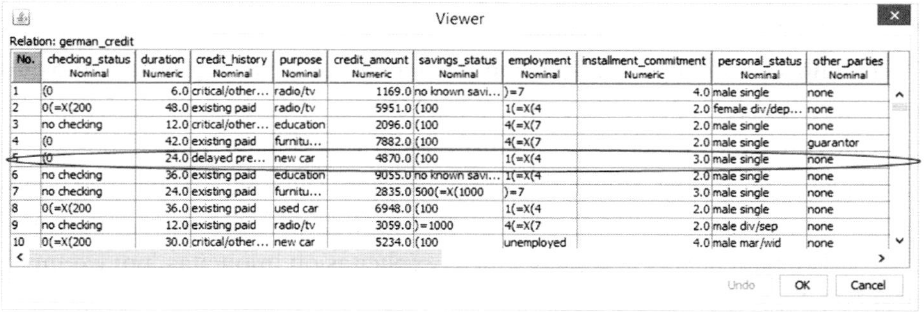

Viewer

Relation: german_credit

No.	checking_status Nominal	duration Numeric	credit_history Nominal	purpose Nominal	credit_amount Numeric	savings_status Nominal	employment Nominal	installment_commitment Numeric	personal_status Nominal	other_parties Nominal
1	(0	6.0	critical/other...	radio/tv	1169.0	no known savi...	)=7	4.0	male single	none
2	0(=X(200	48.0	existing paid	radio/tv	5951.0	(100	1(=X(4	2.0	female div/dep...	none
3	no checking	12.0	critical/other...	education	2096.0	(100	4(=X(7	2.0	male single	none
4	(0	42.0	existing paid	furnitu...	7882.0	(100	4(=X(7	2.0	male single	guarantor
5	(0	24.0	delayed pre...	new car	4870.0	(100	1(=X(4	3.0	male single	none
6	no checking	36.0	existing paid	education	9055.0	no known savi...	1(=X(4	2.0	male single	none
7	no checking	24.0	existing paid	furnitu...	2835.0	500(=X(1000	)=7	3.0	male single	none
8	0(=X(200	36.0	existing paid	used car	6948.0	(100	1(=X(4	2.0	male single	none
9	no checking	12.0	existing paid	radio/tv	3059.0	)=1000	4(=X(7	2.0	male div/sep	none
10	0(=X(200	30.0	critical/other...	new car	5234.0	(100	unemployed	4.0	male mar/wid	none

Undo OK Cancel

Figura 5.2: Concessão de crédito

No entanto, antes de analisar dados, é preciso conhecê-los.

O capítulo seguinte trata de análise exploratória de dados.

BI Não é Analisar Dados?

Talvez você fique um pouco confuso já que BI foi estudado no capítulo passado, afinal, BI não é analisar dados? Sim, claro, a questão é que o conceito BI, por muitas vezes, é abrangente demais e é apresentado como um produto para todo o tipo de análise de dados: exploratória, explícita e implícita. Porém, existe uma corrente menos abrangente que classifica BI como análise exploratória e explícita. Independente do que você entenda por BI, nosso conceito de Análise de Dados é aplicar qualquer tipo de transformação em dados na busca por conhecimento, portanto, BI e todos os seus produtos relacionados fazem parte da família de técnicas e ferramentas de análise de dados.

Por que Categorias?

Classificar a análise de dados por "categorias" é um importante processo para buscar a técnica ou ferramenta apropriada, de acordo com o objetivo da análise. É preciso, porém, mencionar que muitas vezes uma mesma técnica ou ferramenta pode ser utilizada com objetivos diferentes, como veremos em "Resumos" e "Análises Explícitas", Capítulos 6 e 7, e também uma técnica exploratória, no capítulo a seguir.

Análise Exploratória de Dados

Você conhece os dados que está prestes a analisar? Tem noção de como eles estão distribuídos? Quais são suas médias? Desvios padrões? Como estão relacionados? Se existem valores anormais? A análise exploratória foi proposta pelo estatístico John Wilder Tukey, na obra *Exploratory Data Analysis* de 1977, cujos conceitos são válidos até hoje. O objetivo é conhecer os dados antes de tentar analisá-los, para depois, usando técnicas explícitas ou implícitas, por exemplo, tirar conclusões.

A análise exploratória pode usar tanto técnicas quantitativas como visuais.

Técnicas Quantitativas

Exemplos de técnicas quantitativas são as medidas de dispersão e posição como média, mediana, amplitude e desvio padrão. Na figura 5.3, um software estatístico produz informações quantitativas do clássico conjunto de dados iris. O resumo traz, de cada variável numérica, o menor e maior valor, o primeiro e terceiro quartil e também a mediana e a média. A grande maioria das ferramentas de análise de dados podem ainda gerar medidas de dispersão de uma variável, como desvio padrão e variância.

```
> summary(iris[1:4])
  Sepal.Length      Sepal.Width       Petal.Length      Petal.Width
 Min.   :4.300    Min.   :2.000     Min.   :1.000     Min.   :0.100
 1st Qu.:5.100    1st Qu.:2.800     1st Qu.:1.600     1st Qu.:0.300
 Median :5.800    Median :3.000     Median :4.350     Median :1.300
 Mean   :5.843    Mean   :3.057     Mean   :3.758     Mean   :1.199
 3rd Qu.:6.400    3rd Qu.:3.300     3rd Qu.:5.100     3rd Qu.:1.800
 Max.   :7.900    Max.   :4.400     Max.   :6.900     Max.   :2.500
```

Figura 5.3: Informações quantitativas de iris

Diagrama de Dispersão

Nas técnicas gráficas ou visuais, começamos pelo Diagrama de Dispersão. Este tipo de diagrama permite relacionar variáveis numéricas. Cada instância é representada por um ponto, em cada um dos eixos, uma escala permite relacionar a instânciacom duas variáveis. Na figura 5.4, temos no eixo X – horizontal, o comprimento da sépala, e no eixo Y – vertical, a largura da sépala, no conjunto de dados iris.

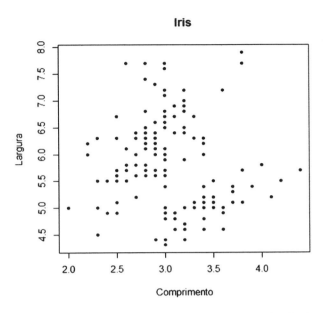

Figura 5.4: Gráfico de dispersão com conjunto de dados iris

Apesar de bastante eficiente na visualização de variáveis, o gráfico de dispersão apresenta alguns problemas: o primeiro é que instâncias que tenham o mesmo valor para as duas variáveis ficarão sobrepostas e "invisíveis" nos gráficos. O segundo é que ele pode representar apenas duas variáveis. Existem formas de minimizar ambos os problemas. Para o problema da sobreposição, pode-se aplicar uma função de tremulação sobre uma variável, desta forma, seu valor será distorcido levemente, de forma aleatória, minimizando o efeito da sobreposição. Na figura 5.5, no gráfico à esquerda, não é aplicada tremulação. Já no gráfico à direita, aplica-se a tremulação. Podemos notar que pontos que antes estavam ocultos se sobressaem e ficam visíveis.

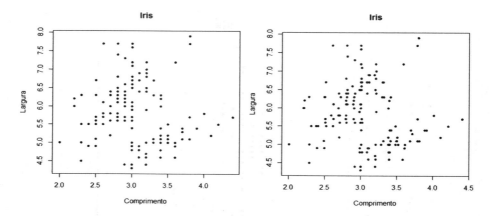

Figura 5.5: Gráfico de dispersão com conjunto de dados iris com e sem tremulação

Quanto ao segundo problema, a exibição de mais de uma variável, existem várias alternativas. Categorias variáveis podem definir cores diferentes aos pontos do gráfico, podendo-se, opcionalmente, inclusive, usar uma legenda. No exemplo do gráfico da figura 5.6, cada uma das três espécies de iris recebe uma cor distinta.

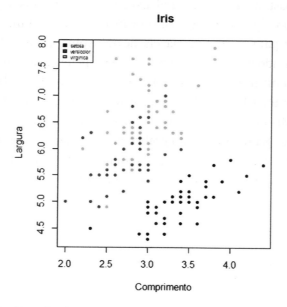

Figura 5.6: Gráfico de dispersão com conjunto de dados iris com espécie

Outra forma de adicionar uma nova dimensão quantitativa é atribuir o valor ao diâmetro do ponto, aplicando-se, por exemplo, uma função logarítmica para manter os pontos proporcionais ao restante do gráfico. Na figura 5.7, o logaritmo do comprimento da pétala é definido como o diâmetro dos pontos dos gráficos.

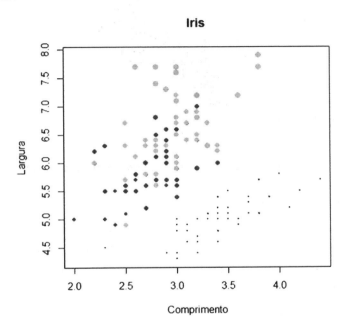

Figura 5.7: Gráfico de dispersão do conjunto de dados iris e mais um atributo

Também gráficos de dispersão em 3D, como o da figura 5.8, permitem que naturalmente três variáveis numéricas sejam visualizadas. Da mesma forma, cores podem mostrar variáveis nominais. Algumas ferramentas permitem a criação de gráficos 3D interativos, onde o usuário pode ajustar o ângulo de visualização do gráfico.

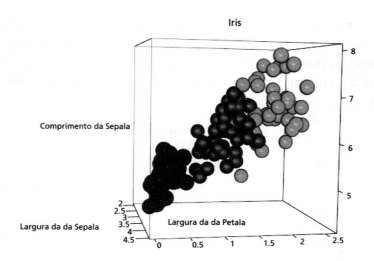

Figura 5.8: Gráfico de dispersão com conjunto de dados iris em 3 dimensões

Diagrama de Caixa

Outra ferramenta gráfica importante é o box plot, ou diagrama de caixa, na qual cada caixa representa uma variável a ser analisada e que destaca os quartis, mediana, maior e menor valor, conforme se pode observar na figura 5.9.

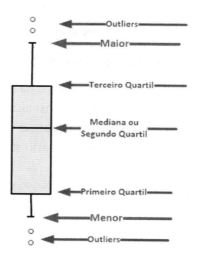

Figura 5.9: Esquema de um box plot

Na figura 5.10, os mesmos dados da sépala e pétala do conjunto de dados iris, o qual anteriormente usamos em uma análise quantitativa. Podemos observar que em "Sepal.Width" existem valores anormais, inferiores e superiores, destacados pelos pequenos círculos acima e abaixo do gráfico.

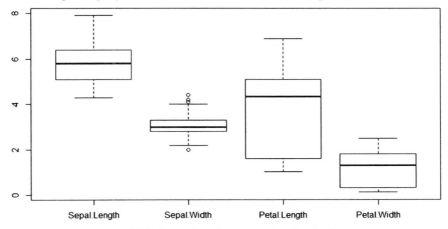

Figura 5.10: Box plot do conjunto de dados iris

Histogramas

O histograma desenha uma informação quantitativa por vez. Seu objetivo é contar a frequência de dados em certos intervalos. Diferente de um gráfico de barras onde cada barra representa uma instância dos dados, o histograma mostra a frequência de dados em seu intervalo. O número de quebras, que vai expresso no gráfico como o número de barras, é definido na geração.

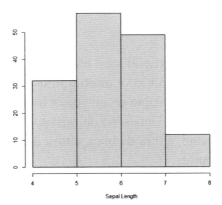

Figura 5.11: Histograma

Nuvem de Palavras

As nuvens de palavra, mais do que um mero gráfico decorativo, podem ser amplamente utilizadas em mineração de texto, exibindo termos mais frequentes em uma rede social ou utilizadas em análise de sentidos. O gráfico é gerado a partir de uma lista de palavras com sua respectiva frequência. As palavras com maior frequência são desenhadas maiores. Outros elementos, como cores, fontes, proporção entre palavras horizontais e verticais podem ser definidas na geração do gráfico.

Figura 5.12: Nuvem de palavras

Caras de Chernoff

Caras de Chernoff, ou Chernoff Faces, é outra técnica de visualização proposta por Herman Chernoff.[1] A ideia é mostrar informações quantitativas através de rostos, baseado no princípio de que o ser humano é acostumado com rostos e expressões humanas. Uma série de variáveis forma as expressões das faces, como altura do rosto, altura da boca, altura dos olhos, estilo do cabelo, altura do nariz, entre outras.

---

[1] http://en.wikipedia.org/wiki/Herman_Chernoff

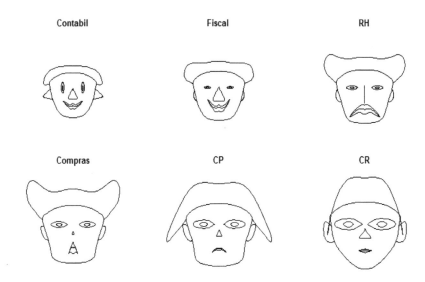

Figura 5.13: Caras de Chernoff

Case: Além de Prever, Fazer Acontecer

No Capítulo 7, "Análises Implícitas", vamos ver que tarefas de classificação são capazes de prever eventos com uma margem de erro. Nos casos práticos, na Parte II da obra, utilizamos dados de avaliação de crédito e podemos prever, através de características diversas, se um cliente que solicita crédito será ou não um bom pagador. Em um case implementado para uma instituição de ensino, o objetivo era prever o desempenho dos alunos, que poderia ser classificados como ruim, regular, bom ou ótimo. O desempenho ruim significa reprovação. Os atributos que leva a classificação fazem parte de desempenho do aluno em atividades, como seminários, palestras, testes e frequência em aula.

Da mesma maneira que o modelo construído foi capaz de prever o provável desempenho do aluno ao final do semestre, este mesmo modelo pode ser utilizado para mudar este quadro que estava desenhado. Por exemplo, o modelo era capaz de informar ao professor que, se o aluno aumentasse a frequência em aula de 70 para 85% e fizesse as atividades de laboratório, passaria de uma probabilidade de 80% ruim e 20% regular, para uma probabilidade de 30% para um desempenho ruim e 70% de desempenho regular, ou seja, as chances de aprovação passariam de 20% para 70%.

6. ANÁLISES EXPLÍCITAS

Inicialmente, é importante recordar que análises explícitas são técnicas simples, que destacam informações existentes presentes nos dados. É preciso, antes, também evidenciar a diferença entre análises exploratórias e explícitas: os conceitos se sobrepõe de diversas formas, e a diferença está mais nos objetivos que nas técnicas: enquanto a primeira busca conhecer os dados, a segunda tem um objetivo claro e específico, por exemplo, resumir as vendas do mês, verificar notas faltantes, checar o cálculo do imposto etc. Do ponto de vista de técnicas, não existe um conjunto de funcionalidades que são exclusivas para uma ou outra, elas foram separadas em capítulos diferentes onde a funcionalidade tem seu uso mais comum, mas não exclusivo.

Junções e Antijunções

Junções, ou joins, são de extrema importância para a ciência e análise de dados devido à grande popularidade dos sistemas de banco de dados relacionais. Estudamos as formas normais e entendemos os benefícios, para as operações de um sistema baseado em transações, de termos de dados separados em tabelas e relacionados através de chaves primárias e chaves estrangeiras. Porém, o mais simples processo de análise, como ver todos os elementos que fizeram parte de uma determinada venda: produto, vendedor, cliente, preço etc requer a execução de junções. Dados carregados em ambientes analíticos, mesmo aqueles de processos ad hoc, ou seja, que são criados sem um planejamento apropriado, são normalmente carregados já desnormalizados, às vezes, com todos os fatos, dimensões e medidas em uma única tabela, onde cada linha representa uma diferente instância daquele fato.

74 INTRODUÇÃO À CIÊNCIA DE DADOS

As junções são de diversos tipos e produzem diferentes resultados. Vamos usar como exemplo as tabelas "VENDAS" e "CLIENTES" da figura 6.1.

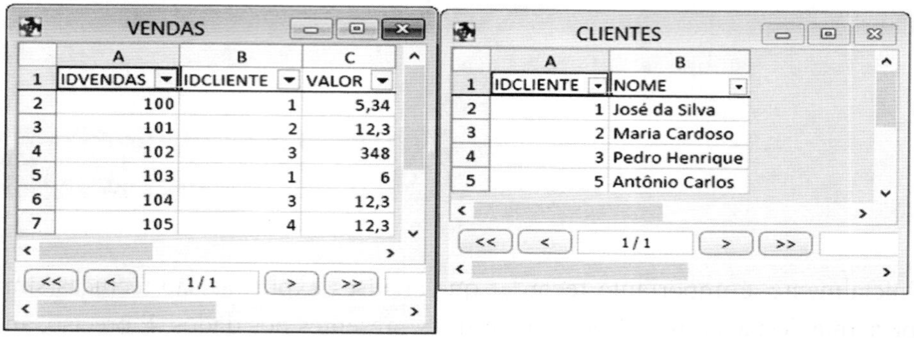

Figura 6.1: Tabelas Vendas e Clientes

Uma junção natural vai trazer uma linha para cada relação encontrada entre "CLIENTES" e "VENDAS", considerando, é claro, a relação entre chave primária e chave estrangeira: "IDCLIENTE". O resultado da junção natural é uma tabela com seis registros, conforme podemos ver na figura 6.2.

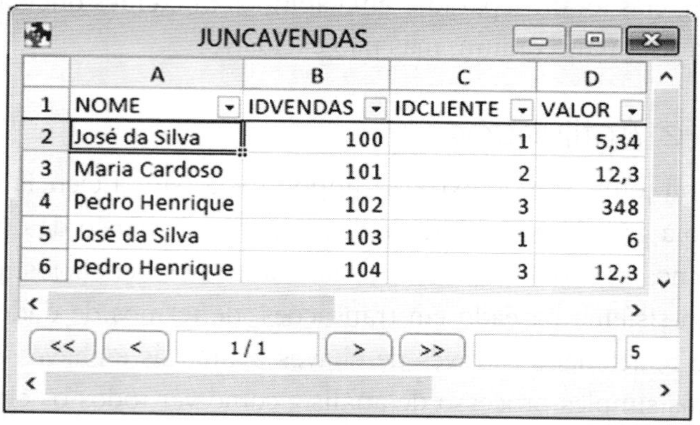

Figura 6.2: Junção de Vendas com Clientes

Observe que não foram incluídos na junção natural o registro de vendas "IDVENDAS" 105, tampouco o registro de clientes com "IDCLIENTE" 5, em ambos os casos, porque não foi possível executar a junção, não havia registro correspondente entre as duas tabelas. No caso de um cliente não estar em "Vendas", do ponto de vista de negócio, tem uma razão natural: o cliente foi cadastrado, mas não executou compra alguma. Porém, um cliente existente em "Vendas", mas não presente na tabela de "Clientes", é um grave problema de integridade, algo que um gerenciador de banco de dados relacional não permitiria que ocorresse caso estivesse devidamente modelado. Registros que não constam em um lado da relação podem ser obtidos através das chamadas que pode ser à esquerda ou à direta.. Por exemplo, uma antijunção à esquerda vai trazer como resultado a venda 104, já a antijunção à direita vai trazer como resultado o cliente 5.

A junção natural traz apenas os registros cuja relação existe. Porém, muitas vezes, queremos que nossa junção apresente registros, mesmo que eles não estejam relacionados. Juntar registros da esquerda sem relação com a direita é uma junção à esquerda, já obviamente, juntar registros da direta sem relação com a esquerda é uma junção à direta. Também podemos ainda, juntar-se registros dos dois lados da relação que não tenham seus pares: temos então uma junção externa. A figura 6.3 mostra o resultado da junção externa entre vendas e clientes. Note que junções não naturais como a externa terão um problema a resolver: já que não existe um registro relacionado na outra tabela, a linha resultante terá as colunas desta outra tabela em branco.

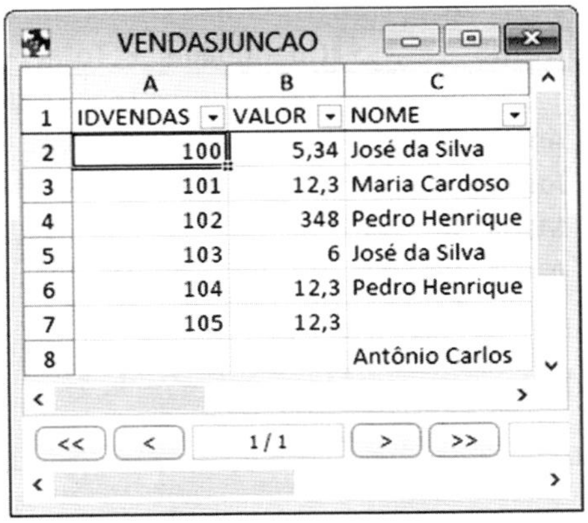
VENDASJUNCAO

	A	B	C
1	IDVENDAS	VALOR	NOME
2	100	5,34	José da Silva
3	101	12,3	Maria Cardoso
4	102	348	Pedro Henrique
5	103	6	José da Silva
6	104	12,3	Pedro Henrique
7	105	12,3	
8			Antônio Carlos

Figura 6.3: Junção Externa

Um último tipo de junção é a junção cruzada. Este tipo de junção simplesmente ignora o relacionamento entre as tabelas e cruza todos os registros da primeira tabela com todos os registros da segunda tabela. O resultado, em termos de número de registros, é o produto cartesiano dos dois conjuntos, com

24 registros. A título de exemplo, a junção cruzada de duas tabelas com mil registros produziria um milhão de registros. Este tipo de junção tem pouca utilização prática.

Predicados

Um predicado é uma condição lógica que vai produzir um subconjunto de dados. Observando os dados da tabela "VENDAS" na figura 6.1, um predicado como VALOR >=12,3 vai criar um subconjunto de dados contendo 4 dos 6 registros. Predicados podem envolver equações lógicas complexas, com operadores lógicos como OR, AND, XOR etc.

Resumos

Resumos agrupam valores nominas trazendo informações quantitativas como frequência, totais, médias, desvio padrão, entre outros. A figura 6.4 traz o resumo de vendas das tabelas na figura 6.1, mostrando a quantidade total de vendas e o valor total destas vendas, por cliente.

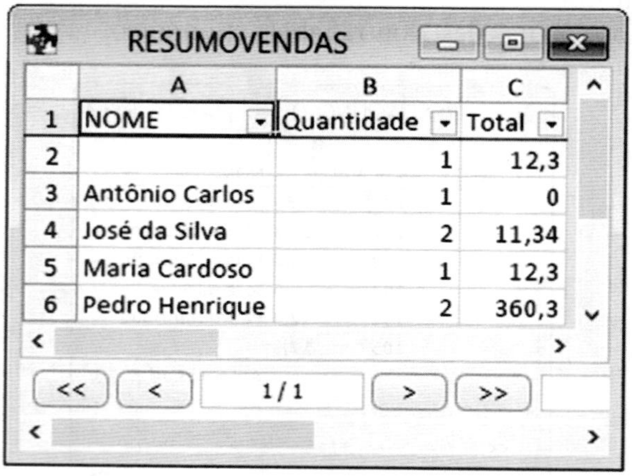
RESUMOVENDAS

	A	B	C
1	NOME	Quantidade	Total
2		1	12,3
3	Antônio Carlos	1	0
4	José da Silva	2	11,34
5	Maria Cardoso	1	12,3
6	Pedro Henrique	2	360,3

Figura 6.4: Resumo de Vendas

Estratificação

Estratificação é semelhante a um resumo, exceto que os estratos são resumos de intervalos de uma variável numérica, definidos na geração do estrato. De cada estrato são apresentados o total, média, a frequência do estrato, entre outros. Na figura 6.5, "BUDGET" é um conjunto de dados com pouco mais de uma centena de registros. "STRATOS" é uma estratificação deste conjunto de dados baseados na coluna "AMOUNT". A primeira coluna de "STRATOS" mostra o intervalo de valores que forma o estrato, seguido de dados como percentual e quantidade de registros, soma, desvio padrão, entre outros daquele estrato.

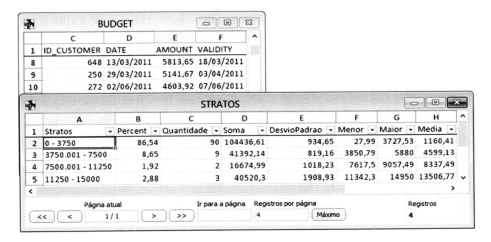

Figura 6.5: Estratificação

Dados Semelhantes ou Duplicados

Dados semelhantes ou duplicados apresentam problemas computacionais similares: buscam informações com características comuns em diferentes conjuntos de dados, ou até diferentes colunas de um mesmo conjunto. Este tipo de função deve normalmente utilizar alguma métrica como a Distância de Levenshtein, que é capaz de identificar textos semelhantes até certo padrão informado. O tópico será abordado em capítulo posterior. Sistemas transacionais normalmente têm dificuldade de impedir a ocorrência de dados duplicados, em função da quantidade de fatores e variações que podem levar a uma duplicação. Muitas vezes, existe uma diferença sutil na entrada de dados, que dificulta a percepção desta diferença: acentos, abreviações, sinônimos etc.

Padrões e Lacunas

Diversos padrões podem ser objetivos de análise de dados, por exemplo,uma quantidade significativa de faturas com valores baixos para um mesmo fornecedor.

Lacunas são brechas em uma sequência de informações. Citando as próprias faturas, a falta de alguma numeração em sequência é um fator que representa uma lacuna.

Distorções

Distorções são valores afastados dos demais em um conjunto de dados. Em estatística, valores distorcidos podem prejudicar resultados. Porém, em registro de negócios, dados distorcidos podem representar erros de digitação, de processamento ou até apontar sutilmente sinais de fraude.

Simulação Paralela

Simulação Paralela não é uma técnica de análise de dados, mas um processo, que pode envolver diversas técnicas, normalmente de análises explícitas. É vista apenas como um processo de auditoria interna, mas que se aplicada em departamentos, seria uma excelente ferramenta de apoio à gestão de riscos.

Mas o que é a simulação paralela? Em poucas palavras, é refazer processos operacionais críticos e confrontar o resultado com o do sistema de origem. Mas qual é o sentido em refazer processamentos executados por sistemas especializados em tais processos? Primeiro, é preciso deixar claro que simulação paralela não é reprocessamento. Apenas processos críticos são refeitos. Mas o leitor pode, agora, perguntar: se eu refizer um cálculo usando os mesmos parâmetros, não vou chegar ao mesmo resultado? Sim, porém, para minimizar este risco, a simulação paralela não deve usar os mesmos parâmetros do sistema de origem, deve ter configuração e ambiente distintos, tanto ao que diz respeito à fórmulas de cálculos quanto a dados de referência.

Case: Analisando o Ponto Eletrônico

Um ponto eletrônico é um caso de análise de dados. Com técnicas explícitas simples, pode produzir resultados surpreendentes. O objetivo era buscar anomalias nas batidas. Considerando mais de 20 mil funcionários em dezenas de

6. ANÁLISES EXPLÍCITAS

escalas distintas, mensalmente eram produzidas pouco menos de 2 milhões de entradas no registro do ponto eletrônico.

Inicialmente, os registros foram divididos entre diferentes escalas, batidas de entrada e batidas de saída. De cada uma destas divisões, uma operação aritmética simples convertia a hora da batida para um valor real entre zero e um, conforme o horário da batida. As batidas, em seguida, são consolidadas por funcionário, então divididas pelo número de batidas e pelo indicador do horário exato esperado da batida. O resultado é um índice que pode também estar entre zero e um. Quanto mais próximo de zero, mais vezes o funcionário bateu o ponto próximo do horário de início ou término do turno. Quanto mais se aproxima de um, mais distante do horário esperado foi a batida de ponto. Por exemplo, se o índice é 0,09 indica um funcionário que bate o ponto eletrônico com certa assiduidade. Já um índice como 0,3, indica que o funcionário pode estar tendo problemas. Mais do que averiguar o quão assíduos são os funcionários, esta análise traz um resultado, de certa forma, surpreendente: alguns funcionários obtiveram índice zero. Em outras palavras, significa que, se o horário de início e término do turno é, por exemplo, 9:00 e 13:00 h e 14:00 e 18:00 h, cada um destes funcionários bateram o ponto exatamente nestes horários, mais de 900 vezes durante um ano.

O que poderia causar tal fenômeno? Várias são as hipóteses: funcionários extremamente comprometidos e que ficam de prontidão em frente ao ponto eletrônico aguardando a hora exata de bater o ponto; ajustes executados por uma fonte externa nos dados do ponto; algum tipo de erro de sistema etc.

7. ANÁLISES IMPLÍCITAS

Neste capítulo, vamos estudar técnicas de análises implícitas de dados, como classificação, regressão, agrupamento e regras de associação. Na Parte II, estas mesmas técnicas poderão ser implementadas em casos práticos utilizando ferramentas de análise de dados.

Aprendizado de Máquina Computacional

Aprendizado de máquina computacional é aplicação de técnicas computacionais na tentativa de encontrar padrões ocultos em dados. A palavra oculto, padrões que não podem ser observados explicitamente nos dados, indicam que estamos agora falando de técnicas de análise de dados implícitas. O aprendizado de máquina está intimamente relacionado com outras ciências, como a estatística e a inteligência artificial. Para alguns, ela é uma área de conhecimento da inteligência artificial. Ainda o aprendizado de máquina está diretamente relacionada à mineração de dados: são termos que se sobrepõe e muitas vezes são usados com o mesmo significado, mas têm diferenças sutis: enquanto o aprendizado de máquina trata de algoritmos que buscam reconhecer padrões em dados, a mineração de dados é a aplicação destes algoritmos em grandes conjuntos de dados em busca de informação e conhecimento. Big Data colocou o aprendizado de máquina em evidência, pois de nada adianta montanhas de dados se não podemos aproveitá-los para produzir informação e conhecimento.

Embora tenha se popularizado nos anos 1990, muitas das técnicas utilizadas provêm de longa data. Sua aplicação é praticamente ilimitada: onde houver dados, pode haver um processo de mineração. Para exemplificar, encontra-se aplicações em negócios, medicina, educação, bioinformática, marketing, detecção de fraudes, reconhecimento de fala, análise de redes sociais, sistemas de recomendação, robótica etc. Entre exemplos clássicos de aplicação, estão os da área de marketing, respondendo perguntas como "quais clientes vão comprar, e em quais promoções?"; "qual é a melhor combinação de produtos?", "quais clientes vão comprar, mesmo sem ofertas?", "quais clientes trocarão de fornecedor?". Em recursos humanos, o aprendizado de máquina pode prever qual perfil é mais adequado para cada vaga ou qual o perfil do funcionário que abandonará o emprego e quando. Estes são exemplos de aplicações clássicas, voltadas à área de negócio, mas existe uma infinidade de outras aplicações não tão tradicionais. O gigante do varejo, Amazon, criador do leitor de livros eletrônicos Kindle, usa mineração de dados para analisar se o leitor leu o livro até o fim, quanto tempo levou para ler, que partes sublinhou etc., e descobriu que livros de não ficção são lidos de forma intermitente e tendem a ser abandonados, enquanto livros de ficção são lidos de forma mais direta e até o fim.[1]

Existem dezenas de produtos no mercado que mineram dados. Desde aqueles fornecidos por gigantes de software como Microsoft, SAS, IBM e Oracle, até produtos open souce[2] como R, Weka e Orange. Destes, o mais popular é o SAS, dos produtos comerciais, e o R, open source. O R é originalmente um software estatístico, mas que se popularizou também como ferramenta para minerar dados. Suas funcionalidades podem ser estendidas através de pacotes, que são desenvolvidos pela comunidade no mundo inteiro. Existem milhares de pacotes, e todos os dias novos são adicionados a um dos espelhos que armazenam os binários e fontes do R, conhecido como CRAN e que será estudado na Parte II da obra.

Weka

Weka é uma ferramenta open source, distribuída pela licença GPL, especializada em aprendizado de máquina, desenvolvida pela University of Waikato, Nova Zelândia. Seu diferencial é uma interface gráfica fácil e intuitiva, que permite que o usuário possa minerar dados com uma pequena ambientação no software, e a grande quantidade de algoritmos existentes, disponíveis para todo o tipo de tarefa de aprendizado de máquina.

---

[1] http://online.wsj.com/news/articles/SB10001424052702304870304577490950051438304

[2] Open source é um software distribuído gratuitamente, com código fonte aberto e disponível para interessados.

O Weka possui uma interface padrão de navegação, chamada Explorer, um ambiente de linha de comando e uma ferramenta Workflow. Neste último, as etapas do processo de mineração de dados são adicionadas, configuradas e conectadas em ordem de execução, como podemos ver na figura 7.1.

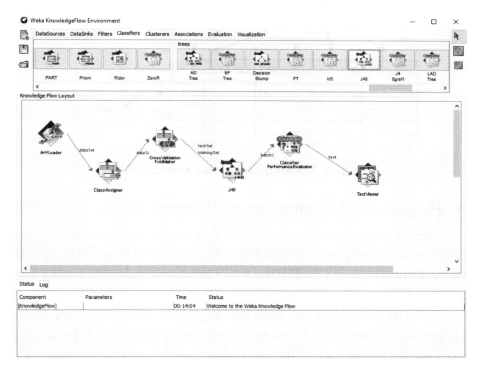

Figura 7.1: Weka

Conceitos Elementares

Vamos analisar alguns conceitos simples que serão aplicados durante nosso estudo, são eles atributos, classes e instâncias. Imagine um conjunto de dados estruturado de forma tabular clássica, em linhas e colunas. As colunas possuem um nome que normalmente têm um valor semântico como nome, idade, profissão. Cada linha representa um conjunto de dados relacionados que foi coletado de alguma forma. Em aprendizado de máquina, cada coluna é um atributo ou dimensão, e cada linha, uma instância. Classe, ou variável de interesse, é um atributo especial, normalmente localizado na última coluna, que é o elemento que se quer prever ou descrever numa tarefa de classificação. Por exemplo, dados de transações de varejo buscam identificar transações fraudulentas, terão um atributo especial, Fraude, onde estará registrada a informação sobre se aquela instância foi uma transação fraudulenta ou não. A figura 7.2 mostra a relação entre atributos, classe e instâncias.

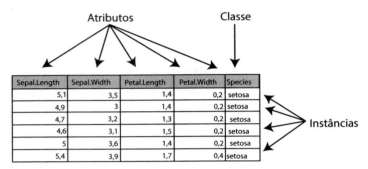

Figura 7.2: Atributos, classe e instâncias

Processos de Mineração de Dados

A mineração de dados pressupõe uma série de etapas, que vão de entender o negócio até a implementação. Existem dois padrões mais conhecidos quando o tema é mineração: O CRISP-DM e o KDD. Vamos estudar primeiramente o CRISP-DM.

CRISP-DM é acrônimo para *Cross Industry Standard Process for Data Mining*, traduzindo-se como Processo Padrão Genérico para Mineração de Dados. Este é o padrão mais conhecido e adotado o qual prevê seis fases no processo, como pode ser visto no diagrama da figura 7.3.

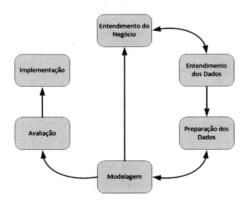

Figura 7.3: CRISP-DM

- Entendimento do Negócio: Nesta etapa, deve-se compreender as características do negócio em que a mineração de dados será aplicada. É uma etapa crucial da qual o sucesso da implementação depende diretamente;

- Entendimento dos Dados: Entendido o negócio, os dados necessários à mineração devem ser avaliados em termos de estrutura, relacionamentos, qualidade, quantidade e acesso;

- Preparação dos Dados: Um algoritmo de aprendizado de máquina, assim como de qualquer tipo de análise de dados, requer dados organizados, limpos, selecionados. A preparação pode envolver ainda outras tarefas como a discretização de dados, onde dados numéricos são transformados em nominais;

- Modelagem: O aprendizado de máquina constrói um modelo. Este modelo vai ser utilizado para classificar novas instâncias, ou seja, dados ainda não conhecidos pelo modelo;

- Avaliação: O modelo é avaliado quanto seu desempenho;

- Implementação: O Processo de mineração é implantado.

KDD é acrônimo para Knowledge-discovery in databases, traduzido como descoberta de conhecimento em banco de dados, e está dividido em cinco fases:

- Entendimento do Negócio: Equivalente ao Entendimento do Negócio do processo CRISP-DM;

- Pré-processamento: Equivalente ao Entendimento dos Dados do processo CRISP-DM;

- Transformação: Equivalente à Preparação dos Dados do processo CRISP-DM;

- Mineração de Dados: Equivalente à Modelagem do processo CRISP-DM;

- Interpretação e Avaliação: Equivalente à Avaliação e Implementação do Negócio do processo CRISP-DM.

A tabela 7.1 mostra a equivalência entre processos das duas metodologias:

Tabela 7.1: CRISP-DM e KDD	
CRISP-DM	Etapa Equivalente no KDD
Entendimento do Negócio	Entendimento do Negócio
Entendimento dos Dados	Pré-processamento
Preparação dos Dados	Transformação
Modelagem	Mineração de Dados
Avaliação	Interpretação e Avaliação
Implementação	Interpretação e Avaliação

KDD é ainda o nome dado a uma conferência anual sobre data mining, nome em inglês para mineração de dados. Existe ainda uma competição relacionada ao tema e associada ao evento, a KDD Cup.[3]As competições de aprendizado de máquina são tracionais. Nelas, normalmente, o objetivo é tentar criar um modelo que consiga classificar instâncias com a menor taxa de erros. Embora tenha havido uma única edição, o Netflix Prize se tornou um case clássico destas competições, oferecendo um prêmio de um milhão de dólares ao vencedor.[4] Na área da saúde, o Heritage Prize pagou três milhões de dólares.[5]

Tarefas de Aprendizado de Máquina

O aprendizado de máquina pode ser dividido em três grandes grupos de tarefas: classificação, agrupamento e associação. A tarefa mais comum é a de classificação. Na classificação, os dados devem possuir uma classe a qual queremos prever. Por exemplo, no conjunto de dados iris, a classe é a espécie: setosa, versicolor ou virgínica. Se recebermos as medidas das pétalas e da sépala de uma nova íris que não sabemos a espécie, vamos utilizar um algoritmo de classificação que tentará classificar esta nova flor em uma das três espécies, baseado nos dados das outras flores.

---

[3] http://www.kdd.org/kdd2014

[4] http://www.netflixprize.com

[5] http://www.heritagehealthprize.com/c/hhp

7. ANÁLISES IMPLÍCITAS

Agora suponha que tivéssemos 50 dados coletados com medidas de pétalas e sépalas de plantas que ainda não tivessem sido classificadas, ou seja, não existia até o momento uma classificação de íris como setosa, versicolor ou virgínica. Neste caso, utilizaríamos um algoritmo de agrupamento que, baseado nos dados coletados, agruparia as instâncias em três grupos distintos, que depois poderiam ser nomeadas de acordo com a classificação atual. Porém em um terceiro momento, as flores começam a contrair uma doença conhecida como mofo cinzento. Dados diversos do ambiente, como tipo do solo, quantidade de água, umidade, clima e iluminação, começam a ser coletados no ambiente para tentar descobrir a causa. Uma tarefa de regras de associação descobre que existe uma relação entre temperaturas baixas, solo argiloso e adubos químicos com a doença com confidência e suporte igual a 100%.

Temos então, os três tipos de tarefas: Classificação, Agrupamentos e Regras de Associação. Porém, antes de falarmos de técnicas e algoritmos, uma observação sobre classificação: este tipo de tarefa é aplicada apenas quando a classe, ou seja, aquilo que queremos prever ou descrever é um dado nominal, como no exemplo da espécie da iris. Se a classe é numérica, então temos uma tarefa de regressão. A regressão pode ser desenvolvida usando as clássicas técnicas de regressão estatística, ou ainda, algoritmo de aprendizado de máquina que suportam classes numéricas.

Entendido o que são tarefas, vamos compreender o que são técnicas e algoritmos. Uma técnica é uma forma de resolver uma tarefa de aprendizado de máquina. Cada técnica utiliza abordagens diferentes e consequentemente tem vantagens e desvantagens. Já o algoritmo é como a técnica é implementado. Vamos a um exemplo: Árvores de Decisão é uma técnica de aprendizado de máquina para classificação, em que os dados são particionados de acordo com uma condição de teste, até chegar à classe. Existem várias formas de se implementar uma árvore de decisão, cada uma destas formas é um algoritmo diferente.

Outro conceito importante em aprendizado de máquina é quanto às tarefas supervisionadas e não supervisionadas. São tarefas supervisionadas aquelas em que existe uma classe, ou um atributo ao qual se quer descrever ou prever. Classificação é, então, uma técnica supervisionada. Nas técnicas não supervisionadas não existe uma classe. Exemplos de tarefas não supervisionadas são as de agrupamento e regras de associação.

Classificação

Já sabemos que na tarefa de classificação temos um atributo especial denominado classe. Normalmente, aplicamos aprendizado de máquina para tentar prever a classe. No quadro logo a seguir, você pode ver alguns exemplos de conjuntos de dados de classificação.

Diferente de um algoritmo tradicional, a classificação funciona como dados históricos. Estes dados históricos, como são fatos ocorridos, obviamente já estão classificados. Em outras palavras, dados históricos de clientes que já solicitaram aprovação de crédito e que já estão classificados: bom ou mal pagador são usados pelo algoritmo de classificação para construir um modelo. Uma vez construído este modelo, os dados históricos não serão mais necessários. A cada nova instância com novos dados, ou seja, dados ainda não classificados em que, por exemplo, não se sabe se o cliente é um bom ou mau pagador, estes são aplicados ao modelo que vai prever, com uma margem de erro, se aquele cliente é ou não um bom pagador. A figura 7.4 demonstra este processo.

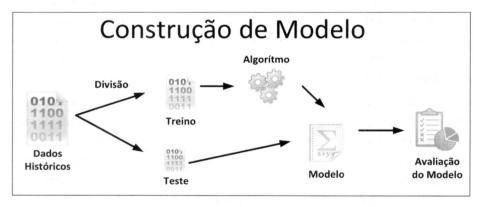

Figura 7.4: Construção de modelo de aprendizado de máquina

Mas na prática, o que é um modelo? Depende do tipo de algoritmo. Vamos imaginar o algoritmo de classificação mais rudimentar e simples que existe, chamado de ZeroR. Este algoritmo cria o modelo simplesmente baseado na moda da classe. Em estatística, a moda é o valor com maior frequência. Vamos imaginar na prática o caso da aprovação de crédito: os valores possíveis para a classe são bons ou ruins. ZeroR vai verificar qual é a moda da classe e concluir que é Bom. O modelo, então vai classificar toda nova instância como Bom!

Exemplos de Classificação

Para tentar tornar o conceito de classificação e classe mais claro, apresentamos aqui alguns conjuntos de dados reais, com seus atributos e suas respectivas classes.

Câncer de Mama

Contém 286 instâncias com dados sobre câncer de mama. A classe pode ter dois valores: eventos não recorrentes ou recorrentes.

Referências: University Medical Centre, Institute of Oncology, Ljubljana, Yugoslavia. M. Zwitter and M. Soklic.

Mais informações: https://archive.ics.uci.edu/ml/datasets/Breast+Cancer

No.	age Nominal	menopause Nominal	tumor-size Nominal	inv-nodes Nominal	node-caps Nominal	deg-malig Nominal	breast Nominal	breast-quad Nominal	irradiat Nominal	Class Nominal
1	40-49	premeno	15-19	0-2	yes	3	right	left_up	no	recurrence-events
2	50-59	ge40	15-19	0-2	no	1	right	central	no	no-recurrence-events
3	50-59	ge40	35-39	0-2	no	2	left	left_low	no	recurrence-events
4	40-49	premeno	35-39	0-2	yes	3	right	left_low	yes	no-recurrence-events
5	40-49	premeno	30-34	3-5	yes	2	left	right_up	no	recurrence-events
6	50-59	premeno	25-29	3-5	no	2	right	left_up	yes	no-recurrence-events
7	50-59	ge40	40-44	0-2	no	3	left	left_up	no	no-recurrence-events
8	40-49	premeno	10-14	0-2	no	2	left	left_up	no	no-recurrence-events
9	40-49	premeno	0-4	0-2	no	2	right	right_low	no	no-recurrence-events
10	40-49	ge40	40-44	15-17	yes	2	right	left_up	yes	no-recurrence-events

Figura 7.5: Conjunto de dados de câncer de mama

Crédito

Classifica as pessoas quanto ao risco em empréstimos. Possui 100 instâncias e 21 atributos. Apenas alguns atributos estão visíveis na imagem seguinte. A classe pode ter os valores "good" ou "bad" (bom ou ruim).

Referências: Professor Dr. Hans Hofmann, Institut f"ur Statistik und "Okonometrie Universit"at Hamburg

Mais informações: https://archive.ics.uci.edu/ml/datasets/Statlog+(German+Credit+Data)

age Numeric	other_payment_plans Nominal	housing Nominal	existing_credits Numeric	job Nominal	num_dependents Numeric	own_telephone Nominal	foreign_worker Nominal	class Nominal
67.0	none	own	2.0	skilled	1.0	yes	yes	good
22.0	none	own	1.0	skilled	1.0	none	yes	bad
49.0	none	own	1.0	unskill...	2.0	none	yes	good
45.0	none	for free	1.0	skilled	2.0	none	yes	good
53.0	none	for free	2.0	skilled	2.0	none	yes	bad
35.0	none	for free	1.0	unskill...	2.0	yes	yes	good
53.0	none	own	1.0	skilled	1.0	none	yes	good
35.0	none	rent	1.0	high q...	1.0	yes	yes	good
61.0	none	own	1.0	unskill...	1.0	none	yes	good
28.0	none	own	2.0	high q...	1.0	none	yes	bad
25.0	none	rent	1.0	skilled	1.0	none	yes	bad
24.0	none	rent	1.0	skilled	1.0	none	yes	bad
22.0	none	own	1.0	skilled	1.0	yes	yes	good
60.0	none	own	2.0	unskill...	1.0	none	yes	bad
28.0	none	rent	1.0	skilled	1.0	none	yes	good
32.0	none	own	1.0	unskill...	1.0	none	yes	bad
53.0	none	own	2.0	skilled	1.0	none	yes	good

Figura 7.6: Conjunto de dados de crédito

Soja

Traz doenças encontradas em plantação de soja. Possui 36 atributos e 307 instâncias. Apenas alguns atributos estão visíveis na imagem abaixo. A classe, doenças da soja, pode ter 19 valores diferentes: diaporthe-stem-canker, charcoal-rot, rhizoctonia-root-rot etc.

Referências: R.S. Michalski and R.L. Chilausky

Maisinformações:https://archive.ics.uci.edu/ml/datasets/Soybean+(Large)

Relation: soybean

sclerotia Nominal	fruit-pods Nominal	fruit-spots Nominal	seed Nominal	mold-growth Nominal	seed-discolor Nominal	seed-size Nominal	shriveling Nominal	roots Nominal	class Nominal
absent	norm	dna	norm	absent	absent	norm	absent	norm	diaporthe-stem-canker
absent	norm	dna	norm	absent	absent	norm	absent	norm	diaporthe-stem-canker
absent	norm	dna	norm	absent	absent	norm	absent	norm	diaporthe-stem-canker
absent	norm	dna	norm	absent	absent	norm	absent	norm	diaporthe-stem-canker
absent	norm	dna	norm	absent	absent	norm	absent	norm	diaporthe-stem-canker
absent	norm	dna	norm	absent	absent	norm	absent	norm	diaporthe-stem-canker
absent	norm	dna	norm	absent	absent	norm	absent	norm	diaporthe-stem-canker
absent	norm	dna	norm	absent	absent	norm	absent	norm	diaporthe-stem-canker
absent	norm	dna	norm	absent	absent	norm	absent	norm	diaporthe-stem-canker
absent	norm	dna	norm	absent	absent	norm	absent	norm	diaporthe-stem-canker

Figura 7.7: Conjunto de dados de doenças da soja

O Processo de Aprendizado

Para a construção do modelo que será utilizado para classificar novas instâncias, normalmente os dados históricos são divididos em dois grupos distintos: uma parte é usada para treinar o modelo, outra parte para testar. Em outras palavras, o primeiro grupo de dados é o que de fato vai ser utilizado para construir o modelo, e o segundo, para verificar o quanto eficiente foi o processo de aprendizado, ou seja, o quão bom ficou o modelo construído.

Esta divisão entre dados de treino e teste pode ser feita de várias formas. A mais comum é a chamada hold out. Nesta técnica os dados são divididos aleatoriamente sem substituição, em 70% para treino e 30% para teste. Sem substituição significa que, uma vez uma instância selecionada para o grupo de testes, ela não poderá ser selecionada para o grupo de treino, e vice-versa. Esta divisão deve ser feita de forma aleatória, de modo que as instâncias tenham as mesmas chances de serem selecionadas para teste ou para treino.

Validação cruzada é uma técnica semelhante ao hold out, exceto que cada registro é usado o mesmo número de vezes para treino e teste. Em seguida são trocados. Este processo é repetido um determinado número de vezes, normalmente 10 vezes. O número de interações é conhecido como folds, ou partições. Já usando bootstrap, os registros de treino e teste são amostras aleatórias com substituição.

Uma vez submetidos os dados de treino ao algoritmo, o modelo é construído e chega a hora de testar a eficiência deste modelo. Aplicam-se então os dados de treino para se faça a classificação destes dados. Note, porém, que os dados de treino, por serem dados históricos, já estão previamente classificados, no entanto, o algoritmo vai classificá-los a partir do modelo "sem olhar" esta classificação, atribuindo a sua própria classe. Terminada esta etapa, é hora de testar a efetividade do modelo. Isso é feito comparando os valores da classe dos dados de treino com os valores previstos. Este processo gera a chamada matriz de confusão. Em uma matriz de confusão do exemplo de avaliação de crédito, serão gerados quatro índices: verdadeiros positivos, que são os dados que o algoritmo classificou como bons, e de fato eram bons; verdadeiros falsos, onde o algoritmo classificou como ruins e a classe era ruim; falsos positivos, onde o algoritmo classificou como bons, mas eram ruins, e falsos negativos, onde o algoritmo classificou como ruins, mas eram bons. Na matriz de confusão que pode ser vista na tabela 7.2, temos 732 registros como verdadeiros positivos e 199 como verdadeiros falsos. Falsos positivos são 40 e falsos negativos 29.

Tabela 7.2: Matriz de confusão			
		Previsão	
		Sim	Não
Dados	Sim	732	40
	Não	29	199

Dois indicadores principais podem ser obtidos da matriz de confusão: a precisão, que a taxa de acerto dividido pelo total de instâncias, e taxa de erros, que é total de erros dividido pelo total de instâncias. No exemplo acima, a precisão é de 93% e taxa de erro de 6%.

Existem diversas outras métricas alternativas que pode ser produzidas a partir da matriz de confusão e que podem ser vistas a seguir:

- Taxa de Positivos Verdadeiros: TPR = TP/(TP+FN)
- Taxa de Negativos Verdadeiros: TNR = TN/(TN+FP)
- Taxa de Positivos Falsos: FPR = FP/(TN+FP)
- Taxa de Negativos Falsos: FNR = FN/(TP+FN)
- Precisão: P=TP/(TP+FP)
- Lembrança: R=TP/(TP+FN)

Um exemplo prático de classificação

O conjunto de dados iris é um clássico na estatística e aprendizado de máquina. São 150 instâncias, com cinco atributos: largura e comprimento da sépala, largura e comprimento da pétala, e a Espécie. A figura 7.8 mostra as seis primeiras instâncias.

Sepal.Length	Sepal.Width	Petal.Length	Petal.Width	Species
5,1	3,5	1,4	0,2	setosa
4,9	3	1,4	0,2	setosa
4,7	3,2	1,3	0,2	setosa
4,6	3,1	1,5	0,2	setosa
5	3,6	1,4	0,2	setosa
5,4	3,9	1,7	0,4	setosa

Figura 7.8: Conjunto de dados Iris

Foram coletados dados de uma nova suposta flor, que podem ser vistos na figura 7.9:

Sepal.Length	Sepal.Width	Petal.Length	Petal.width
7	3,2	5,8	1,9

Figura 7.9: Nova instância de iris

Queremos descobrir à qual espécie de iris esta flor pertence: setosa, versicolor ou virgínica?

Vamos usar nossas 150 instâncias com dados das espécies para construir um modelo que possa prever a nova planta. Dividimos nosso conjunto de dados em dois grupos, um, para treino, contendo aproximadamente 70% das instâncias (100 registros) e outro conjunto para treino, contendo 30% das instâncias (50 registros). Lembrando que é utilizada uma função que permita que os registros sejam divididos aleatoriamente.

Utilizam-se os registros de treino para construir do modelo. Em seguida, usamos o modelo para classificar os registros de teste, ou seja, prever qual a espécie da iris. Pode parecer estranho, porque os registros de testes já têm a espécie definida. Mas o que queremos é comparar a espécie real com a previsão dada pelo modelo, para testarmos o quão eficiente está nosso modelo construído. Do processo de teste é gerada a matriz de confusão que pode ser visualizada na figura 7.10.

	setosa	versicolor	viginica
setosa	17	0	0
versicolor	0	12	0
viginica	0	3	18

Figura 7.10: Matriz de confusão

A matriz de confusão nos mostra a classificação original na coluna e a classificação feita pelo modelo na linha. O valor onde há coincidência entre a espécie na linha e coluna, mostra a quantidade de acerto, quando não há coincidência, são erros. Desta forma, podemos observar que 17 espécies setosas foram classificadas como setosa. Três espécies versicolor foram classificadas como virgínica, aliás, este foi o único erro de nosso teste. Assim, temos uma precisão de 94% e uma taxa de erro de 6%.

Da mesma forma que submetemos dados de teste ao modelo para prever as espécies, podemos agora executar a predição da nova flor com os dados coletados. Assim, a previsão nos retorna uma espécie. Esta classificação é feita baseada nos dados que foram fornecidos ao modelo para treino e o algoritmo de classificação utilizado. Neste exemplo, utilizamos Naïve Bayes. O modelo classificou a nova instância como virgínica.

Superajuste de Modelos

O processo de construção de um modelo de aprendizado de máquina busca, obviamente, maximizar a precisão e minimizar a taxa de erros. O analista de dados tem um arsenal gigantesco para tentar melhorar seu modelo: parametrização dos algoritmos, mudanças nas técnicas de construção de modelo, seleção de atributos que falaremos em seção posterior, entre muitos outros. Porém, pode acontecer de seu modelo ter uma ótima precisão no ambiente de desenvolvimento e ter um péssimo desempenho em dados de produção: ocorreu o que é conhecido como superajuste, ou overfitting. No superajuste, o modelo se adapta demasiadamente aos dados de treino, e quando é submetido a dados de produção, ele tem um desempenho abaixo do esperado. As causas da ocorrência de superajuste podem ser muitas: ruído, amostras não representativas, modelo complexo ou uma classe rara. Quando um modelo é construído de forma que tem um bom desempenho nos testes e em produção, diz-se que ocorreu a generalização. Um modelo genérico é aquele que tem uma precisão boa nos testes e em produção.

Outra causa de superajuste é a chamada maldição da dimensionalidade. Este princípio mostra que, ao adicionarmos muitas dimensões, ou seja, atributos a um conjunto de dados, o modelo tende a não funcionar corretamente, ou seja, nem sempre uma grande quantidade de características tornará o modelo mais eficiente. A maldição da dimensionalidade pode ser evitada usando-se técnicas de seleção de atributos, que falaremos em seção posterior.

Classe Rara

Outra causa do superajuste é a chamada classe rara. Voltamos aos dados sobre crédito: o valor normal para a classe destes dados é bom. Ruim é uma classe rara, pois a maioria dos clientes são bons pagadores. Porém, ao carregar os dados para treino, o modelo poderá não ter as características suficientes da classe "ruim" para generalizar o modelo, pela escassez dessa classe no conjunto de dados. Dessa forma, o modelo não consegue generalizar. Uma solução para o problema da classe rara é a estratificação. Neste caso, os dados para treino e teste serão estratificados de modo que haverá um número proporcional de instâncias classificadas como bom e ruim, assim, o modelo consegue "compreender" também as características de um mal pagador e cria um modelo com generalização.

Custo

Em seção anterior, falamos que o modelo deve ser ajustado visando melhorar a precisão, observando a possibilidade de ocorrência de superajuste. A precisão é o índice de acertos do modelo, que é composto por verdadeiros positivos e verdadeiros falsos. Porém, existem situações em que maximizar verdadeiros pode ter um custo maior do que minimizar falsos. Um exemplo é o modelo que classifica bons pagadores: é mais importante maximizar verdadeiros positivos do que minimizar falsos positivos. Em outras palavras, o modelo deve ser construído buscando aumentar sua taxa de acertos nas concessões de novos créditos ou minimizar a concessão de créditos a maus pagadores? A primeira hipótese indica perda de negócios, porém, a segunda, um prejuízo financeiro. E quanto a negar crédito a bons pagadores? Aqui também temos perdas de negócios, porém, são índices menos importantes do que conceder crédito a maus pagadores.

Aprendizado Baseado em Instância

Até agora falamos em um processo de aprendizado em que um modelo é construído. Uma vez pronto o modelo, os dados históricos utilizados para sua construção não são mais necessários para que novas instâncias possam ser classificadas. Porém, existe outra família de algoritmos em que não há construção de modelo: a classificação em memória com os dados históricos. Algoritmos como o método de classificação do vizinho mais próximo (*Nearest--neighbor classification*), carregam os dados históricos em memória. A cada nova instância a classificar, o algoritmo usa uma métrica de distância, como a distância euclidiana, para verificar qual dado histórico está mais próximo desta nova instância. Encontrado a instância mais próxima, encontrado a classe.

Embora em alguns casos possa apresentar um ótimo desempenho, classificadores baseados em instância tem a desvantagem de terem um custo computacional maior, tanto em memória para armazenamento dos dados históricos, quanto em processamento para buscar a instância que mais se assemelha aos dados aos quais se quer classificar.

Seleção de Atributos

A construção de modelos dependem de dados históricos. Dados históricos deverão conter atributos, que são características da instância de acordo com o negócio que está sendo analisado. Falamos que o excesso de atributos pode causar a chamada maldição da dimensionalidade, levando a um modelo superajustado. O excesso de atributos também vai requerer mais recursos computacionais, como memória, espaço de armazenamento e CPU. O fato é que nem sempre a adição de novas dimensões ajuda na construção de um modelo: às vezes quanto mais atributos, menor a precisão, pois o modelo vai ficando cada vez mais superajustado. Em casos de mineração de dados, é comum acontecer de se carregar dezenas de atributos e conseguir um desempenho satisfatório. Em momento posterior, descobre-se que na verdade, utilizando-se apenas um subconjunto de atributos, consegue-se uma precisão na classificação muito superior se comparado a quando se utilizou dezenas.

Conhecendo-se o negócio, o analista poderá identificar atributos que não tenham relevância para a construção do modelo. Por exemplo, a cor do vaso onde as flores estavam plantadas não terá relevância em tentar identificar a espécie da iris. Inclui-lo nos atributos para construir o modelo, pode causar ruído, reduzir a precisão e aumentar o tempo de processamento. O mesmo se aplicaria ao identificador de transação das operações de classificação de crédito, que tem relevância no negócio e no modelo do banco de dados, mas para a classificação, seriam apenas ruído. Porém, o fato é que para a maioria dos atributos, o analista de dados não será capaz de avaliar qual a sua relevância para a criação de um modelo genérico, em outras palavras, como saber se um atributo é bom para a construção de um modelo? A mineração de dados junto à estatística prove formas do uso de técnicas de seleção de atributos. Muitos algoritmos de mineração já naturalmente selecionam os atributos que avalia como relevante para a construção do modelo. No mais, técnicas específicas para a seleção de atributos, podem ser empregadas: estas técnicas podem ser classificadas em dois grupos: as que selecionam um subconjunto de características com mais peso para a classificação, ou as que criam um ranking dos atributos, de acordo com sua efetividade na classificação.

Os Limites do Aprendizado

Estudamos em seção anterior a construção e avaliação de modelos. Vimos que existem várias formas de melhorar a precisão dos modelos, alterando configurações de algoritmos, mudando a estratégica de construção do modelo, testando novos algoritmos, selecionando atributos, entre outras. Porém, é muito provável que nem todos os dados necessários para se construir um modelo ainda melhor tenham sido registrados digitalmente. Imaginemos o caso de avaliação de crédito. Nosso modelo indica que um cliente é um bom pagador, mas, na prática, ele não paga o empréstimo. Isso provavelmente vai ocorrer porque existem atributos sobre a instância que não estão datificados, ou seja, registrados digitalmente, e que vão influenciar classificação. Por exemplo, o sujeito classificado como bom pagador pode ter uma filha que está prestes a se casar: a festa do casamento causou um endividamento ao sujeito e ele não poderá pagar o empréstimo. Esta informação não está nos dados utilizados para classificá-lo. Isso significa que existe um limite na precisão de um modelo, e este limite está exatamente até aonde as informações que influenciam a classificação estão datificadas e, portanto, podem influenciar na construção do modelo: trocar o algoritmo, selecionar atributos relevantes ou mudar a forma de construir o modelo vão melhorá-lo até um limite possível. Após este limite, provavelmente tudo o que vai se conseguir é superajuste.

Técnicas e Algoritmos

Já aprendemos que existem três principais tipos de tarefas em mineração de dados: classificação, agrupamento e associação. As tarefas são implementadas através de algoritmos. Porém, existem famílias de algoritmos que possuem um modelo de implementação do algoritmo semelhante, que chamamos aqui de tipos de algoritmos. A tabela 7.3, que tem objetivo didático e não busca listar todos os algoritmos existentes, procura deixar mais claro a relação entre tarefas, tipos de algoritmos e algoritmos.

Tabela 7.3: Tarefas de aprendizado de máquina		
Tarefas	Tipos de Algoritmos	Algoritmos
Classificação	Bayes	NaiveBayes
		BaysNet
	Rules	Party
		DecisionTable
	Decision Trees	Random Forest
		J48
Agrupamentos	Por Densidade	DBSCAN
	Baseado em Protótipo	K-means
		K-medoids
Regras de Associação		Apriori
		FP Growth

Árvores de Decisão

As árvores de decisão constroem um modelo onde uma árvore com nodos é construída. A cada nodo, o valor da instância é avaliado e, desta forma, o processo segue por um dos nodos internos. Uma árvore de decisão possui um nodo raiz, nodos internos, e nodos folha, que é onde a classificação é definida.

Uma árvore de decisão vai usar um algoritmo para definir quais atributos comporão um nodo, e qual a condição de particionar. O particionamento se dá através de um teste, executado por meio de uma expressão lógica. Para um atributo nominal, o teste pode ser, por exemplo, se umidade=alta segue pelo nodo da esquerda, se vento=falso, segue pelo nodo da direita. Atributos numéricos podem ser testados em intervalos. Deve ainda existir uma condição de parada, ou seja, onde não haverá mais particionamentos e o modelo vai levar a classe. Um algoritmo de árvore de decisão busca sempre construir uma árvore menor possível.

O particionamento é definido através do grau de pureza dos filhos: Este índice indica quantos particionamentos posteriores serão necessários para classificar a instância. Se por exemplo, no caso da avaliação de crédito, o atributo que indica que todo o cliente pagou corretamente empréstimos anteriores é um bom pagador, provavelmente a árvore vai definir este teste como o nodo raiz. Um bom pagador vai ser particionado à esquerda, levando diretamente ao nodo folha e classificando a instância como boa. Os demais clientes são direcionados à direita, onde outros testes são executados.

Nas figuras 7.11 e 7.12, vemos duas árvores de decisão produzidas com o mesmo conjunto de dados, porém, com algoritmos diferentes. O primeiro utilizando J48 e o segundo ADTree.

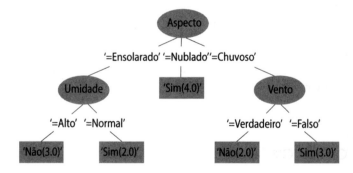

Figura 7.11: Árvore de decisão J48

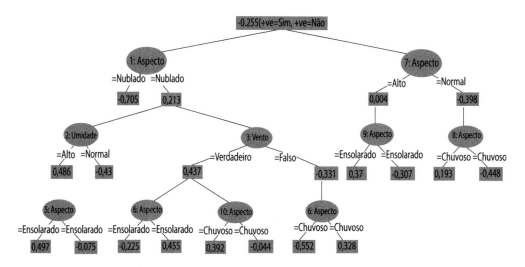

Figura 7.12: Árvore de decisão ADTree

Classificadores Bayesianos

Existe uma série de algoritmos baseados na teoria de Thomas Bayes. Um dos mais populares é o Naïve Bayes. Imaginando o caso da concessão de crédito, podemos imaginar que exista uma dependência entre valores de diferentes atributos para definir se o cliente será um bom ou mau pagador. Por exemplo, o indivíduo será um bom pagador se desempregado e se tiver residência própria, mas será um mal pagador se desempregado e se tiver residência alugada. Porém, o Naïve Bayes vai considerar que não existe qualquer dependência entre os atributos utilizados para se construir o modelo. Funciona assim: dos valores de cada atributo, o algoritmo vai avaliar o quanto ele contribuiu para classificar a instância como boa ou ruim, construindo uma tabela de probabilidades. Na classificação, o algoritmo vai somar os índices obtidos com os valores para classificar como bom e como mal pagador. O valor da classe que tiver o maior índice vence. Apesar da simplicidade, é um tipo de algoritmo que obtém ótimos índices de precisão.

Redes Neurais Artificiais

Redes neurais artificias é uma área de estudo que busca reproduzir a forma de funcionamento do cérebro de seres vivos, que tem ampla capacidade de aprender. Neurônios artificiais operam em uma rede em camadas, normalmente uma camada de entrada, uma camada oculta e uma de saída, conforme representação na figura 7.13. A comunicação é unidirecional da camada de entrada para a de saída, neurônios artificiais de uma mesma camada não se comunicam, porém, devem se comunica com todos os neurônios artificias da próxima camada. O neurônio recebe uma entrada alterada através de um peso, produzem uma resposta que é avaliada quanto ao erro encontrado, este erro é então utilizado para ajustar o peso de entrada. O processo é repetido uma série de vezes.

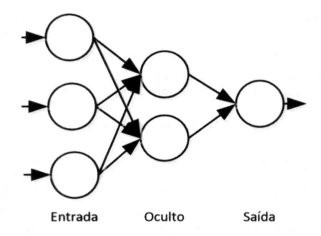

Figura 7.13: Rede Neural Artificial

Máquina de Vetores de Suporte

Máquinas de vetores de suporte, no inglês *Suport Vector Machine* ou simplesmente SVM, são algoritmos para classificação bastante eficientes por minimizar superajustes e por suportar muitos atributos, portanto, menos suscetíveis à maldição da dimensionalidade.

Supondo que seus dados de treino estejam distribuídos como na figura 9.14, onde círculos e quadrados representam valores diferentes para a classe. Classificar um novo elemento que esteja em uma das extremidades é fácil, porém, à medida que nos aproximamos do centro, o problema fica mais complexo: supondo que o triângulo fosse uma nova instância a classificar, qual seria a sua classe mais apropriada, círculo ou quadrado?

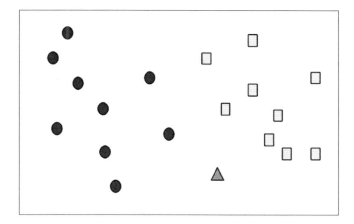

Figura 7.14: Problema de Classificação

Teoricamente, deveríamos encontrar um vetor que fosse capaz de estabelecer as fronteiras entre as duas diferentes classes. Porém, existem infinitos vetores que solucionariam o problema de formas diferentes. Na figura 7.15, vemos duas soluções possíveis, e cada uma delas classificaria o elemento triângulo de maneira distinta.

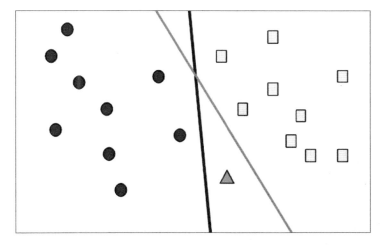

Figura 7.15: Soluções para o vetor de suporte

A máquina de vetor de suporte maximiza a margem entre as instâncias mais próximas, criando um vetor otimizado para classificá-las. Na figura 7.16, os vetores nas extremidades são as margens otimizadas, o vetor ao centro é a referencia para classificar novas instâncias.

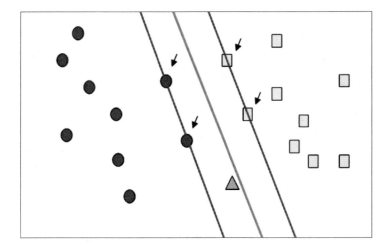

Figura 7.16: Vetores de Suporte

Dessa forma, a nova instância triângulo do nosso exemplo, é classificada como círculo. Os vetores de suporte são os elementos que formam os vetores de otimização das margens e estão indicados por pequenas setas na figura 7.16. Caso eles sejam alterados ou eliminados, o vetor de classificação também será alterado.

Métodos de Grupos

Nas seções anteriores, vimos que existem várias técnicas de classificação que são implementadas através de algoritmos com características diferentes e, portanto, que se adaptam melhores a certos conjuntos de dados ou produzem modelos com maior precisão em diferentes situações. Existe ainda na teoria da mineração de dados os chamados aprendizados em conjunto, que, em vez de aplicar um único algoritmo, aplicam uma séria de diferentes técnicas na construção do modelo, avaliando o desempenho de cada modelo através de um processo de votação. Um exemplo de implementação de métodos de grupos é o algoritmo random forest, ou florestas aleatórias.

Correlação e Regressão

A regressão busca prever um valor numérico baseado em outros valores, desde que constatado haver uma relação matemática entre estes valores. A relação matemática pode ser verificada através da correlação, que mede a força e a direção desta relação. Quando testada, a correlação retorna um valor que pode ser qualquer número real entre 1 e -1. Quanto mais próximo de 1 ou -1, mais forte é a correlação. Da mesma forma, quanto mais próxima de zero, mais fraca ela é. Valores positivos indicam uma correlação positiva, já valores negativos, uma correlação negativa.

Vamos ver um caso prático. De vários indivíduos são coletados altura e peso. A função de correlação destas variáveis informa que a correlação é de 0,95. Isso indica que a correlação é forte, pois está próxima de 1, e que é positiva, ou seja, quando maior a altura, maior o peso. Agora imagine dados sobre vendas de casacos e temperatura. A correlação informada é de -0,83. A força é menor que a correlação entre altura e peso, mas ainda é forte. Porém, neste caso, a direção da relação é negativa, isso indica que enquanto uma variável diminui, a outra cresce, ou seja, quando menor a temperatura, mais se vende casacos.

Se gerarmos um gráfico com dados que tem uma correlação positiva, podemos imaginar uma linha que sobe à direita, como no gráfico da figura 7.17 que mostra peso e altura de mulheres.

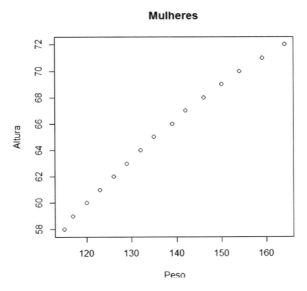

Figura 7.17: Gráfico de dispersão com peso e altura de mulheres

Já a venda de casacos e a temperatura na figura 7.18, tem uma inclinação à direta, pois enquanto as vendas crescem, a temperatura diminui.

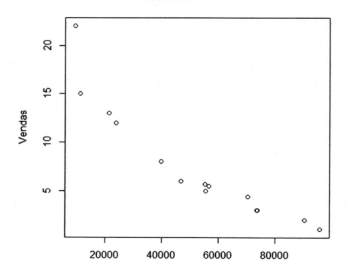

Figura 7.18: Gráfico de dispersão com venda de casacos

Estabelecida a correlação, podemos então entender a regressão. Na regressão linear, a correlação entre as duas variáveis é determinada por uma linha reta inclinada. Existem outros tipos de regressões, como exponencial e logística: esta última será estudada na próxima seção.

A regressão é composta por uma ou mais variáveis independentes e uma variável de resposta, ou dependente. As variáveis independentes são usadas para prever a variável de resposta: é o equivalente a classe nos modelos de classificação, com a diferença que a variável de resposta é numérica. Se tivermos apenas uma variável independente para prever uma variável de resposta, temos regressão linear simples. Se forem múltiplas variáveis independente, temos a regressão linear múltipla.

Vamos ver o exemplo da altura e peso das mulheres. A regressão linear, a partir dos dados fornecidos, produz uma linha de melhor ajuste. Esta linha é utilizada para prever novos valores. Por exemplo, se usamos peso como variável de explanação a altura como variável de resposta, podemos executar uma função para prever a altura de uma mulher que pesa 180 libras, aproximadamente 82 quilos. A função vai utilizar a posição da linha de melhor ajuste para encontrar que a altura prevista para esta mulher é de 77.42. Na figura 7.19, podemos visualizar a linha de melhor ajuste.

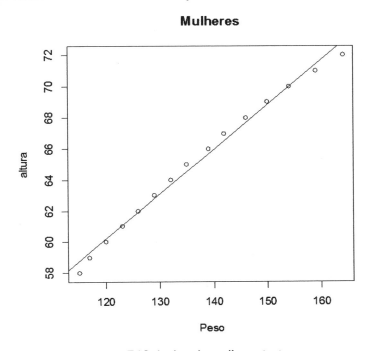

Figura 7.19: Linha de melhor ajuste

Regressão Logística

A regressão logística prevê valores binários a partir de dados contínuos ou binários. O resultado é em termos de probabilidade.

Por exemplo, dados de eleições passadas contêm, de cada candidato, o quanto ele investiu na campanha, e se ele foi eleito ou não. Dessa forma, dados de novos candidatos são carregados, com o orçamento de campanha de cada um. A regressão logística mostra a probabilidade de um candidato ser ou não eleito baseado no orçamento de campanha.

Correlação não é Causa

É importante entender que, mesmo existindo uma relação matemática entre duas variáveis, ou seja, uma correlação positiva ou negativa, isso não implica necessariamente que uma seja a causadora da outra. A figura 7.20[6], de forma irônica, demonstra que há uma relação entre a redução no número de assassinatos e o uso do navegador Internet Explorer. Embora demonstrada a relação, não há implicação de que a redução de um seja a causa da redução do outro.

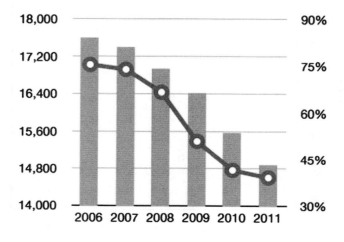

Figura 7.20: Internet Explorer versus taxa de assassinatos

Agrupamentos

Agrupamento são tarefas de mineração de dados não supervisionadas, pois não existe uma classe: algo para prever ou descrever. As tarefas de agrupamento buscam reunir instâncias com características comuns em grupos, que, posteriormente podem ser classificados. Exemplos de aplicações de tarefas de agrupamento são: identificar grupos de clientes para direcionar campanhas, uma seguradora pode agrupas clientes que são indenizados com mais frequência, identificar fraude ou até mesmo classificar instâncias, quando não existe uma classe conhecida.

---

[6] http://gizmodo.com/5977989/internet-explorer-vs-murder-rate-will-be-your-favorite-chart-today

Existem variados tipos de algoritmos de agrupamentos. Os tipos particionais, dividem as instâncias cada uma em um único grupo. O agrupamento hierárquico permite que um elemento tenha grupos pais e subgrupos, formando uma estrutura hierárquica. No agrupamento difuso, a relação de uma instância com um grupo é dada através de um peso, entre zero e 100%. Os agrupamentos completos atribuem um elemento a um único grupo, enquanto os parciais podem atribuir uma instância a mais de um grupo. Certos agrupamentos vão agrupar todas as instâncias, outros, podem não incluir certas instâncias por considerá-las ruídos.

Nos modelos baseados em protótipos, as instâncias são agrupadas de acordo com sua proximidade a um protótipo, podendo ser um centroide, que é o centro de uma forma geométrica, ou um medoids, que é semelhante a um centroide, porém, vai ser sempre a representação de dados de uma das instâncias, enquanto o centroide pode não ser. Outra forma de agrupamento são os baseados em densidade, que agrupam os elementos conforme uma função de proximidade.

K-means e K-medoid

K-means e K-medoid são dois algoritmos de agrupamento baseados em protótipos: K-means é baseado em centroides e K-medoid em medoids. Nestes algoritmos, o número de agrupamentos a ser criado é definido pelo usuário, e sempre todas as instâncias serão agrupadas, ou seja, nenhum elemento será classificado como ruído. É um algoritmo não determinístico, seus pontos inicias de definição de agrupamentos são definidos aleatoriamente.

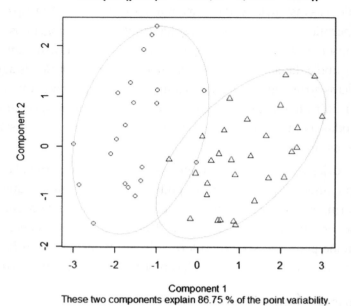

Figura 7.21: K-medoids

DBSCAN

DBSCAN é baseado na densidade dos dados. O número de grupos é definido automaticamente pelo algoritmo. Este tipo de agrupamento pode não classificar elementos em nenhum grupo, que são definidos como ruídos.

7. ANÁLISES IMPLÍCITAS   111

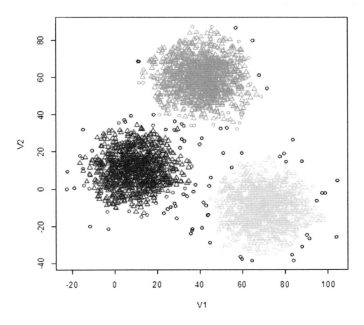

Figura 7.22: DBSCAN

Hierárquico

O agrupamento hierárquico agrupa as instâncias de forma hierárquica. Existem duas formas de atuação: aglomerativa, onde a cada novo ciclo, pontos são unidos com os mais próximos, e divisiva, onde se inicia com todas as instâncias e a cada etapa são executadas divisões. Agrupamentos hierárquicos são normalmente representados por um diagrama conhecido como dendrograma. Um exemplo de dendrograma pode ser visto na figura 7.23.

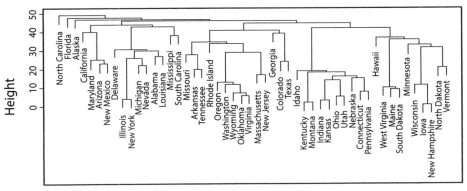

Figura 7.23: Dendrograma

Exemplo de Agrupamento

Você já está familiarizado com o clássico conjunto de dados iris: são quatro variáveis numéricas com medidas de sépala e pétala, e a espécie da flor. Estudamos que em um exemplo de classificação, a partir das medidas, prevemos qual era a espécie de uma nova flor. Porém, agora imagine outra situação: você encontra um grupo de flores desconhecidas, que ainda não foram classificadas. Para facilitar o exemplo, vamos imaginar que você já coletou as medidas de sépala e pétala dessas flores, e quer utilizar uma tarefa de agrupamento para que estas flores sejam categorizadas em grupos distintos, conforme seus atributos. Para isso, submetemos as quatro medidas da iris em um algoritmo de agrupamento como o k-means.

Os agrupamentos são gerados e, como sabemos de fato qual a classe de cada flor, podemos montar uma matriz de confusão comparando agrupamentos com classes. Os grupos são criados de forma numérica, a comparação se dá entre as classes que têm mais em comum com os grupos. Na tabela 7.4, podemos observar que todas as instâncias de setosa foram agrupadas no grupo 1, 48 versicolor no grupo 2 e 36 virgínica no grupo 3. Dessa forma, a precisão do agrupamento foi de 89% e a taxa de erro de 11%.

Tabela 7.4: Matriz de confusão após o agrupamento

Matriz de Confusão				
		Previsão		
		1	2	3
Dados	setosa	50	0	0
	versicolor	0	48	2
	virgínica	0	14	36

Regras de Associação

Sistemas de recomendação estão em toda parte: quando você entra em um site de comércio eletrônico, coloca um item em seu carrinho de compras, o sistema imediatamente recomenda outros itens semelhantes. Um sistema de recomendações produz as recomendações baseados em algoritmos de regras de associação. Grandes varejistas como o Amazon, tem um terço de suas vendas produzidas por este tipo de sistema[7]. O princípio é simples: quem comprou A também comprou B, então quando o cliente comprar A, eu ofereço B. Mas sistemas de recomendação tem sua aplicação numa série de outros casos no mundo real, e não apenas em recomendar compras: diagnósticos em medicina, políticas públicas, sensos entre outros.

Um algoritmo de aprendizado de máquina vai minerar as transações em busca de associação entre os itens. Porém, qualquer compra vai gerar muitas associações. Em uma aplicação de varejo, o número de regras geradas pode ser muito grande, por isso, duas métricas principais são usadas para avaliar a relevância das associações: suporte e confiança.

Supondo a regra A => B, ou seja, quem compra A também compra B. O suporte indica a proporção de transações que contém todos os itens. A confiança indica a proporção de transações que, contendo A, também contém B.

Observe o conjunto de transações na imagem, onde cada linha representa uma cesta de compras:

```
Cerveja,Carvão,Pão
Carvão,Pão
Cerveja,Carvão,Maionese
Cerveja,Carvão,Pão,Maionese
Cerveja
Carvão
```

Figura 7.24: Cesta de compras

Supondo a regra Pão => Carvão, temos um suporte de 50%, pois a metade das transações tem os dois produtos. Porém, a confiança é de 100%, pois toda a transação que tem Pão, também tem Carvão. Já a regra Carvão => Pão também

---

[7] http://en.webrazzi.com/2009/09/18/recommendation-systems-increasing-profit-by-long-tail

tem um suporte de 50%, porém a confiança é de apenas 60%, pois este é o percentual das transações que tendo Carvão, também tem Pão.

Um algoritmo de produção de regras de associação normalmente recebe como parâmetro, antes de produzir as regras, o suporte e confiança, no mínimo, esperados. Qualquer regra encontrada com suporte ou confiança inferior ao esperado, não será gerada.

Não existe uma variação muito grande de algoritmos para produção de regras de associação. Os mais populares são o `Apriori` e o `FP-Grow`.

Caso: Fraude em Telefonia

A telefonia é o ramo de negócio que mais sofre com tentativas de Fraudes: 39% das tentativas são no setor.[8] A maioria das fraudes ocorrem em dois produtos distintos: subscrição, que é a adesão de novos clientes a planos pós-pagos e compra de créditos para a modalidade de plano pré-pagos. Na subscrição, normalmente o fraudador utiliza documentos falsos ou roubados. Na compra de créditos de pré-pagos, o fraudador usa cartões de crédito roubados ou opera em conluio com vendedores e operadores.

A empresa deste case operava de forma reativa: quando um número grande de transações ilegítimas era detectado, novas vendas eram bloqueadas. Este processo reativo só trazia efeito após várias transações fraudulentas já terem sido consolidadas. Não havia mecanismo de avaliação prévia da transação ou sistema de bloqueio da venda.

Na implementação do projeto, o primeiro grande desafio foi extrair e transformar os dados de diversas fontes, algumas delas acessadas através de serviços que entregavam pacotes de dados não estruturados. Os dados, para a construção do modelo, eram carregados diariamente usando-se um processo de amostragem, devido ao grande volume de transações. A amostragem usava um processo de estratificação, devido à raridade da classe fraude nos dados históricos.

O algoritmo de classificação então construía um modelo com características das transações legítimas e fraudulentas. Cada nova transação era submetida ao modelo antes de sua efetivação, que as classificava como legítima ou frau-

---

[8] http://economia.estadao.com.br/noticias/negocios,telefonia-representa-39-das-tentativas-de-fraude-contra-o--consumidor,152786e

dulenta, impedindo a efetivação da transação em caso de suspeita de fraude. Algumas transações eram selecionadas para uma avaliação "manual" por um auditor. O projeto foi implementado dentro de um contexto de monitoramento contínuo: novas transações eram carregadas periodicamente, a fim de atualizar o modelo preditivo. Dentre os algoritmos de classificação avaliados na construção do modelo, Naïve Bayes apresentou uma ótima taxa de precisão.

Além de tornar o processo automatizado, o uso de algoritmos avançados de classificação trouxe um aumento exponencial no combate à fraude, reduzindo em mais de 98% as transações fraudulentas. O mecanismo de ação pró-ativo, deixou o processo robusto e seguro, minimizando riscos e trazendo segurança para o processo comercial da operadora.

8. OUTRAS TÉCNICAS

Um conjunto de outras técnicas de análise de dados, como Mineração de Texto e Teoria dos Grafos é estuda neste capítulo.

Na Parte II, poderemos estudar, na prática, alguns dos conceitos explanados neste capítulo.

Mineração de Texto

Na seção em que estudamos dados não estruturados, vimos que este tipo de informação corresponde a mais de 80% dos dados produzidos. Este é também o tipo de dado que mais cresce. A mineração de texto está diretamente relacionada com dados não estruturados, pois o texto produz informação e conhecimento de forma explícita, basta lermos o texto para entendermos o seu significado.

Um processo de mineração de dados inicialmente constrói um corpus, que é um conjunto de textos de um ou mais documentos. Os documentos que formam o corpus podem ter origens diversas, por exemplo: disco, internet, um banco de dados ou sistema de ECM. Estes documentos de origens diversas podem ter seus dados em diferentes formatos: texto plano, HTML, pdf, entre outros. A construção do corpus vai coletar estes dados de todas as suas fontes e armazená-los em um repositório volátil ou permanente. Uma fonte volátil, como a memória RAM de um computador, possui melhor desempenho, porém menor capacidade. Uma fonte permanente, como armazenamento em disco ou em um gerenciador de banco de dados, possui desempenho inferior, mas maior capacidade de armazenamento.

Criado o corpus, normalmente diversas operações são realizadas sobre este. Uma operação usual é a remoção das chamadas stop words, que são palavras sem valor semântico para o processo de mineração. São exemplos palavras como "mesmo", "aos", "seus", "quem", "nas", "me". Cada idioma tem seu próprio conjunto de stop words, e é claro, elas podem variar de acordo com os objetivos da mineração. Outras operações que são normalmente realizadas sobre um corpus são: steming, que busca extrair os radicais de palavras, de modo que palavras com o mesmo significado sejam agrupadas juntas; remoção de pontuação, numeração, símbolos e linguagens de marcação, como tags HTML.

Findando os tratamentos, a mineração de dados pode produzir uma matriz de termos com suas respectivas frequências, que pode ser utilizado para classificar documentos, analisar sentimento, construir uma nuvem de palavras entre outras aplicações.

Em alguns tipos de aplicações de mineração de texto, como tradução e correção ortográfica, ou mesmo uma análise de sentimentos mais avançada, há uma necessidade de entendimento mais avançado do texto. Entra então a área de processamento de linguagem natural (PLN), no inglês, *natural language processing* (NLP) que busca este entendimento. Muito embora tenha havido avanços significativos, é um problema complexo dado às estruturas e ambiguidades que envolvem a linguagem humana, agravada pela morfologia distinta de cada linguagem.

Distância Levenshtein

A distância de Levenshtein é uma métrica usada para analisar a diferença entre dois textos. Pois, exemplo a distância entre "rua" e "sua" é um. Já entre "Elena" e "Elisa" são dois. A distância é calculada pelo número de operações necessárias para um texto ficar igual ao outro. Suas aplicações na ciência de dados são muitas: em qualidade de dados para buscar registros, como clientes, duplicados, mas que foram digitados de forma semelhante; corretores ortográficos ou tradutores; reconhecimento ótico de caracteres (OCR); entre outros.

Teoria dos Grafos

Um grafo é um elemento formado por pontos conectados, como o demonstrado na figura 8.1. Tecnicamente, um ponto é chamado de vértice, e a conexão, de arresta. As arestas podem ou não ter direção. A teoria dos grafos como quase tudo na matemática não é algo novo, seus primeiros problemas datam do século XVIII. Porém, com o advento das redes sociais eles ganharam destaque, muitos estudos estão sendo realizados e várias ferramentas e algoritmos novos têm surgido.

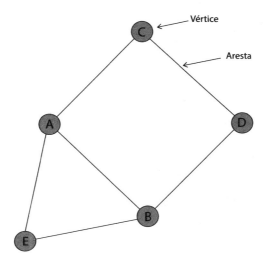

Figura 8.1: Grafo

Na prática, a teoria dos grafos é utilizada para soluções de problemas em economia, matemática, medicina, ciências sociais, biologia, entre outros.

Os vértices de um grafo são representados por "V", e as arestas por "A". O grau de um vértice é o número de vezes em que as arestas incidem no mesmo. Por exemplo, observando a figura 8.2, o vértice "A" tem grau 4, enquanto o vértice "C" tem grau 2.

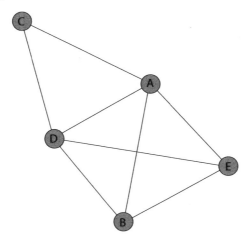

Figura 8.2: grau de um Grafo

Dois vértices ligados por uma aresta são adjacentes. Como uma aresta liga sempre dois vértices, a soma do grau de todos os vértices é o dobro do número de arestas. Uma aresta pode ligar-se ao mesmo vértice, temos então um laço. Um grafo regular é aquele que todos os vértices têm o mesmo grau. Dois grafos são ditos isomorfos quando de fato eles representam a mesma estrutura. Na figura 8.3, os dois grafos são isomorfos.

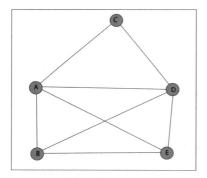 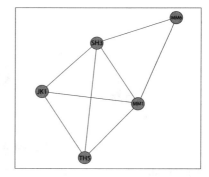

Figura 8.3: Grafos isomorfos

Uma aplicação prática e clássica é encontrar o menor caminho. Imagine uma empresa de entregas com uma rota por diversos pontos da cidade, o caminhão de entregas deve fazer o menor percurso possível, retornando para o mesmo ponto de onde saiu, economizando tempo e combustível.

Analisando sua Rede Social

Se você utiliza uma rede social como o Facebook e tem curiosidade de ver seus amigos e a relação entre eles através de um grafo, você pode fazer isso de forma bem simples e rápida, não é preciso nenhum tipo de especialidade, basta seguir as etapas abaixo:

1. Baixe e instale o aplicativo Gephi (https://gephi.github.io/). Gephi é um software open source para análise de grafos;
2. Entre no Facebook através de um navegador. Na barra de buscas, digite "netvizz", que é um plugin capaz de extrair diversos tipos de informação de sua rede social;

Serão exibidas diversas informações sobre o aplicativo. Mais abaixo, os módulos disponíveis. Você pode escolher qualquer um, porém,

8. OUTRAS TÉCNICAS

recomendo iniciar com "personal network", que vai trazer a relação entre seus amigos;
3. Na próxima tela, leia as instruções e marque as opções que desejar;
4. Clique em "iniciar";
Aguarde o processamento, pode levar alguns minutos;
5. Em "Your gdf file", escolha "salvar como" e digite um nome amigável, com extensão .gdf;
6. Abra o aplicativo Gephi;
7. Clique em "Abrir Arquivo", selecione o arquivo .gdf salvo anteriormente;
8. Localize a janela "Distribuição", selecione "Fruchterman Reingold" e clique em "Executar";
9. Clique na guia "Visualização", na parte superior do aplicativo;
10. Marque "mostrar rótulos", na janela "Configurações de Visualização";
11. Clique no botão "atualizar", logo abaixo;
12. Altere o zoom usando o scroll whell de seu mouse;

O grafo de sua rede deverá estar semelhante ao grafo de exemplo da figura 8.4.

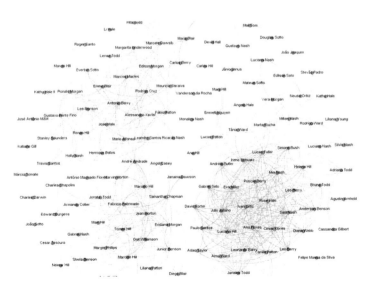

Figura 8.4: Grafo de rede social

Lei de Benford

Frank Benford, em 1938 e Simon Newcomb, em 1881, através de observações, propuseram a que é hoje conhecida como Lei de Benford, uma lei estatística bastante curiosa.

Primeiramente, vamos entender o que é primeiro dígito: trata-se do dígito mais à esquerda, independente de quantos algarismos o número é formado. Observe a figura 8.5.

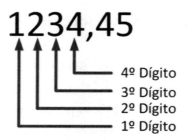

Figura 8.5: Dígitos

Agora, observe o conjunto de dados de faturamento na tabela 8.1. Na primeira célula, o dígito mais à esquerda, ou primeiro digito, é o digito 2.

Tabela 8.1: Dados de Faturamento				
2519,07	479,96	3962,28	1681,68	170,53
986,3	693,48	2646,8	2594,5	947,35
570,16	774,97	427,82	1148,41	947,35
1096,95	-1991,94	427,82	1478,64	435,92
2399,8	1159,19	930,47	1040,95	1282,36
3917,35	4784,35	419,98	839,4	779,25
2472,45	14228	2151,09	975,84	347,14
492,74	3135,46	3584,46	370,48	747,47
2472,45	1547,97	14228	1239,84	898,44
2472,45	1570,57	1044,58	4784,35	930,47

8. OUTRAS TÉCNICAS

Entendido o primeiro dígito, qual será a frequência esperada de cada dígito à esquerda, em uma população de dados numéricos? A princípio, como são 9 dígitos possíveis (de 1 até 9), imagina-se que a frequência esperada de um dígito qualquer seja de 11,11%. Por exemplo, a frequência esperada do dígito 1, como primeiro dígito, seria de 11,11%.

Porém, a Lei de Benford nos diz algo bem diferente. Em uma população de dados numéricos, produzidos naturalmente, a frequência esperada do primeiro dígito ser 1, é algo em torno 30,1%, para o dígito 2 é 17,6% etc. A Lei traz a distribuição esperada para todos os 9 primeiros dígitos, conforme podemos ver na figura 8.6.

Digito	Probabilidade
1	30,1%
2	17,6%
3	12,5%
4	9,6%
5	7,9%
6	6,7%
7	5,8%
8	5,1%
9	4,6%

Figura 8.6: Distribuição de probabilidade na Lei de Benford

O cálculo da distribuição de cada dígito se dá pela fórmula log 10 (1 + 1/ Dígito). No gráfico da figura 8.7, as barras mostram a frequência de dígitos, à esquerda, encontrados em uma variável. A linha pontilhada mostra a frequência esperada dos dígitos.

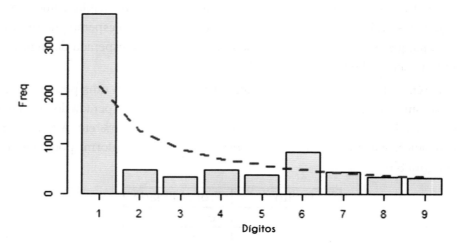

Figura 8.7: Análise de primeiro dígito

Mas qual o significado da diferença entre um percentual encontrado e o percentual esperado pela Lei? A diferença pode significar que os dados foram alterados ou inventados, mas ela apenas mostra sinais de fumaça, não sendo conclusiva. Na prática, a Lei pode ser aplicada para analisar faturamento, variação de preços, bolsa de valores, contas a pagar, dados de eleições entre muitos outros.

A Lei de Benford vai além, ela nos dá a probabilidade da ocorrência do segundo, terceiro e quarto dígito. Também, dígitos podem ser analisados em conjunto. A figura 8.8 mostra a análise dos dois primeiros dígitos, cujos valores possíveis são valores entre 10 até 99.

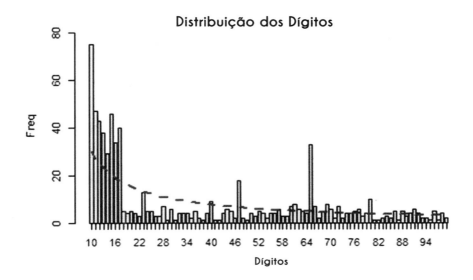

Figura 8.8: Análise dos dois primeiros dígitos

Case: Grafos para Cartéis

Cartel é um acordo secreto entre empresas de uma mesma atividade, buscando fixar o preço de seus produtos, desta forma, não há livre concorrência. A relação de parentesco, entre sócios de diferentes empresas de ramos de atividades semelhantes, não necessariamente indica a presença de um cartel, mas é um sinal de fumaça: na prática, empresas de fachada são criadas para formação de cartéis e participação em processos licitatórios, cujos sócios são parentes em diferentes graus ou até mesmo por afinidade (sogro, padrasto, genro etc.). O grafo é uma excelente técnica para desvendar relações ocultas entre sócios de diferentes empresas de um mesmo ramo, que são suspeitas de cartel ou mesmo que participaram em conjunto de processos licitatórios com valores vultosos, principalmente devido ao fato de que estas relações podem ser altamente complexas. Além de mostrar as relações, o grafo facilmente exibe "peças" faltantes para o fechamento de ciclos de relações, normalmente devido ao fato que estas relações não estão datificadas: um filho "bastardo", por exemplo, e desta forma cria subsídios para investigações futuras. A figura 8.9 mostra um grafo parcial de um suposto cartel com dados fictícios.

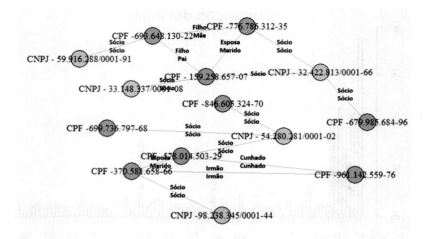

Figura 8.9: Grafo de suposto cartel

9. VISUALIZAÇÃO DE DADOS

O processo de analisar dados nada mais é do que descrever um fato: contar uma história. A visualização de dados tem um papel fundamental em contar esta história e, por isso, está da mesma forma intimamente relacionada com a ciência de dados. Visualizar dados permite resumir informações, comunicar de forma mais efetiva, compreender, explorar, interpretar e analisar. Este capítulo traz boas práticas na produção de visualização de dados.

Percepção

A capacidade do cérebro humano em dar ordem a dados varia de acordo com a técnica visual utilizada. Por exemplo, temos dificuldade em ordenar dados expressos através de ângulos ou áreas. Proponho que faça um pequeno teste, observe o gráfico de setores, popularmente conhecido como gráfico de pizza (figura 9.1) e tente ordenar os setores de forma decrescente, ou seja, ordene os setores do maior até o menor.

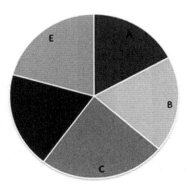

Figura 9.1: Gráfico de setores

Em testes informais realizados com alunos, a ordem dominante atribuída foi C, B, E, D e A. Agora observe a figura 9.2: temos exatamente os mesmos dados, porém representados de formas diferentes. Agora fica fácil percebermos que a ordem é C, E, B e D, sendo que estes dois últimos têm a mesma área, e finalmente A.

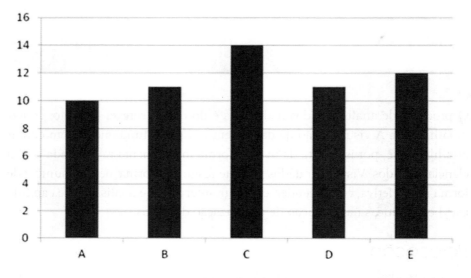

Figura 9.2: Gráfico de barras

No primeiro exemplo, com o gráfico de setores, utilizamos área e ângulo para demonstrar dados. O segundo gráfico, um gráfico de barras, utilizamos posição em uma escala alinhada. Agora um segundo teste, tente novamente dar ordem às três barras da figura 9.3.

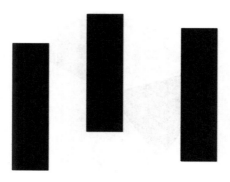

Figura 9.3: Barras sem escala

Difícil? E na figura 9.4, ficou mais fácil? Temos na figura 9.3 dados representados por área, uma das formas de percepção mais difíceis para nosso cérebro, e na figura 9.4, posição em uma escola não alinhada.

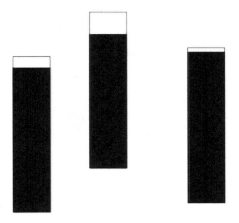

Figura 9.4: Barras com escala não alinhada

O que estes testes têm a nos dizer? Que o nosso cérebro ordena melhor dados representados visualmente em uma escala, alinhada ou não, e sofre para ordenar dados usando ângulos ou áreas. Qual a utilidade destes testes? Entender como é importante utilizar o elemento visual correto em gráficos. Talvez você se pergunte: mas é possível com um pouco de esforço ordenar as barras sem escala. Certo, mas queremos mostrar dados onde o usuário tenha que realizar um "esforço" para compreender a história, ou queremos que ele entenda a história da forma mais fácil e agradável possível?

Uma relação das 10 formas de percepção mais importantes, ordenadas da melhor para a pior nos é dada por Cleveland e McGill [1984]:

- Posição em Escala Comum
- Posição em Escala não alinhada
- Comprimento, direção, ângulo
- Área
- Volume, curvatura
- Sobra, saturação, cor

Uso do Elemento Adequado

A seção anterior não pode ser resumida por "usar sempre gráfico de barras com uma escala". Na verdade, o objetivo é tentar representar a informação com os elementos certos. Embora alguns autores recomendem não usar gráfico de setores, eles têm um papel importante para representar partes de um todo. A tabela 9.1 é um guia de qual elemento visual utilizar conforme o tipo de informação que estiver sendo visualizada:

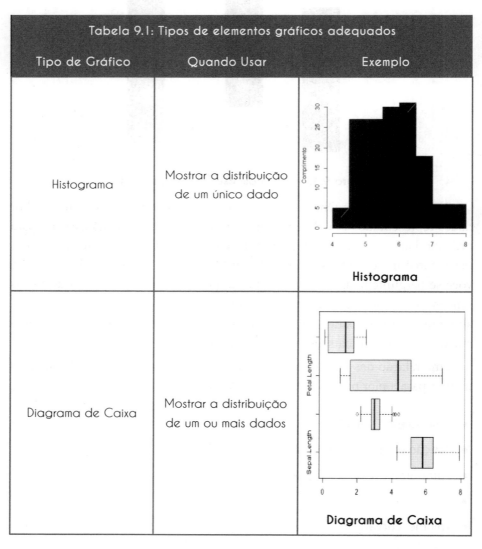

Tabela 9.1: Tipos de elementos gráficos adequados		
Tipo de Gráfico	Quando Usar	Exemplo
Histograma	Mostrar a distribuição de um único dado	Histograma
Diagrama de Caixa	Mostrar a distribuição de um ou mais dados	Diagrama de Caixa

9. VISUALIZAÇÃO DE DADOS

Gráfico de Barras	Quando uma das variáveis é nominal	
Séries Temporais	Quando dados quantitativos são coletados regularmente em uma escala de tempo	
Gráficos de Dispersão	Correlacionar duas variáveis quantitativas	

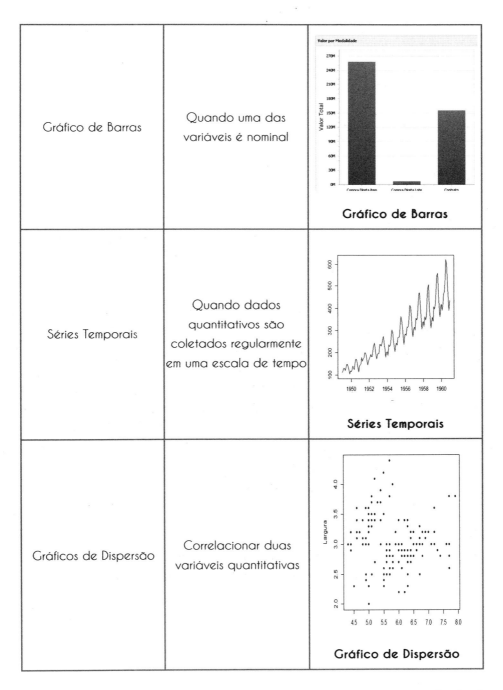

(continua)

(*continuação*)

Tipo de Gráfico	Quando Usar	Exemplo
Gráfico de Setores	Comparar partes de um total	Gráfico de Setores

Abuso de Tinta

Eduard Tufte, professor emérito de estatística na Universidade de Yale, é referência em visualização de dados. Um dos conceitos importante trazidos por ele, o "data-ink ratio" (1983), o qual sugere que a tinta seja utilizada para desenhar dados: tinta que não represente dados deve ser minimizada ao máximo. Na prática, significa que elementos como logos, rótulos, adornos em geral devem ser evitados. A obra que traz este conceito, também sua obra mais importante, *The Visual Display of Quantitative Information*, foi escrita na década de 1970. Nos dias de hoje, talvez Tufte tivesse escrito "data-pixel ratio". Outros importantes "conselhos" de Tufte encontrados na mesma obra são:

- Evitar linhas de grade;
- Não usar *moiré vibration*;
- Elementos visuais devem ter seu eixo horizontal maior que o vertical, na proporção de 1:6. Eixo horizontal deve mostrar a causa, o vertical o efeito.

Case: BAM em Folha de Pagamento

A complexa legislação trabalhista torna a gestão dos processos relacionados à folha de pagamento extremamente penosa para as empresas. Mesmo os modernos sistemas especializados e processos internos robustos têm dificuldades em manter os processos em conformidade com a legislação, normas coletivas e dissídios. A empresa deste case, com milhares de funcionários, estava com um passivo trabalhista grande e aumentado de forma descontrolada devido à ações trabalhistas. O passivo era gerado porque a legislação não era cumprida. Por exemplo, um funcionário não deve fazer mais de 2 horas extras diárias. Não havia mecanismo eficiente para controlar a quantidade de horas extras cumpridas por dia.

Os gestores gostariam de ter um controle em tempo real dos eventos que geravam o passivo. O sistema de folha possuía apenas relatórios operacionais. Não existia data mart de folha de pagamento e a implementação de um seria excelente ferramenta gerencial, mas não proveria os controles necessários sobre as exceções.

O projeto propôs a implementação de um BAM, do inglês *Business Activity Monitoring,* ou Monitoramento de Atividades de Negócio. Inicialmente, foram identificados quais eventos causam as ações judiciais. Foram identificados vários eventos, a lista abaixo apresenta alguns:

- Afastamento de estáveis;
- Intervalo intrajornada de 11 horas não respeitado;
- Intervalo de almoço inferior a 1 hora;
- Extrapolação de 10 horas de trabalho diário.

A aplicação de BAM monitora em tempo real as exceções notificadas de forma automática ao chefe imediato do funcionário que causou a exceção, bem como, ao diretor de RH. Desta forma, a empresa passou a ter um controle efetivo e em tempo real dos procedimentos críticos da folha de pagamento. Além de produzir informação de qualidade, trazer segurança e controle. Em médio prazo, o projeto deverá provocar a redução significativa de ações trabalhistas e de seu respectivo passivo.

10. ASPECTOS DIVERSOS

Este capítulo reúne diversos outros aspectos relacionados à ciência de dados, que são vistos aqui de forma introdutória.

Governança de Dados

Ativo é o conjunto de bens de uma pessoa física ou jurídica. Os equipamentos de uma indústria na linha de produção são exemplos de ativos. Empresas de modo geral protegem seus ativos: fazem seguros contra roubos, instalam câmeras de vigilância, dão manutenção adequada, qualificam seus funcionários para utilizarem seus equipamentos adequadamente, contratam engenheiros de produção para aperfeiçoar o uso de equipamentos etc.

O dado sempre foi também um ativo organizacional[1]. Porém, o fenômeno que estudamos chamado datafication, provoca que mais fenômenos sejam capturados e registrados digitalmente. Dessa forma, o valor do dado vem se tornando ainda maior.

Se existem uma preocupação com ativos materiais, naturalmente a empresa deve ter procedimentos de governança também sobre seus dados. Uma governança de dados vai reduzir riscos, proteger a reputação da empresa e de seus colaboradores, atender questões regulatórias, melhorar a gestão e consequentemente melhorar o negócio.

Sarbanes-Oxley

Nesta seção, citamos questões regulatórias. Um exemplo de questões regulatórias relacionadas diretamente com governança de dados é a Lei Sarbanes-Oxley, em especial a seção 404. A lei, conhecida também como Sox, foi criada por dois senadores americanos, Paul Sarbanes e Michael Oxley em 2002, e traz uma série de mecanismos visando reduzir riscos de empresas provocarem prejuízos financeiros a investidores e ao mercado em geral. Aplica-se à empresas de capital aberto, com ações negociadas na NYSE (New York Stock Exchange), bolsa de valores de Nova York. Sua criação foi motivada por um dos maiores escândalos financeiros conhecidos, causado pela má gestão e fraudes contábeis e fiscais. A história é contada no documentário Enron (The Smartest Guys in the Room), lançado em 2005 com o título em português: *Enron: Os Mais Espertos da Sala.*

Qualidade de Dados

O fato de haver mais dados e em maior volume, disponível para as organizações, não significa que estes sejam dados de qualidade. Uma das promessas do Big Data é que os requisitos de qualidade e estrutura de dados serão menores do que no data warehouse tradicional. Porém, mesmo em negócios cujos requisitos de qualidade de dados sejam menores, eles ainda assim existem. Não existe mágica para obter valor de dados sem qualidade: onde lixo entra, lixo sai.

Larry P. English (2009), em sua obra clássica *Information Quality Applied: Best Practices for Improving Business Information, Processes, and Systems,* calcula as perdas relacionadas à qualidade de dados em 122 organizações em mais de 1 trilhão de dólares. A qualidade dos dados, ou melhor, a falta de qualidade causa prejuízos em todas as áreas: medicina, aeronáutica, indústria, comércio, serviços, devido à decisões erradas, perda de oportunidades, prejuízos financeiros, perda de clientes e problemas de produção.

A Sonda foi pro espaço...

Mars Climate Orbiter foi uma sonda espacial americana lançada em 1998 e orçada em US$ 125 milhões[1], para estudar o clima de Marte. Devido a um erro entre o sistema da sonda que operava no sistema métrico e cálculos feitos por engenheiros usando unidades inglesas, a sonda se desintegrou meses depois do lançamento, ao iniciar os procedimentos de entrada na órbita de marte.

Análise de Dados para Auditorias

As auditorias internas e externas sempre tiveram uma relação estreita com análise de dados. O processo clássico de auditoria envolve inspecionar documentos. Por questões de tempo e custos, a inspeção de todos os documentos é inviável. Utiliza-se então um processo de amostragem. Este processo vai dar a todos os documentos a mesma chance de serem auditados. Por outro lado, a análise de dados permite que 100% dos eventos sejam inspecionados, de forma mais rápida, segura e com menor custo. A auditoria de dados é conhecida pelo acrônimo CAAT, de *Computer Assisted Auditing Techniques*, ou Técnicas de Auditoria Assistidas por Computador. Muito embora seja possível analisar dados usando qualquer tipo de ferramenta, inclusive uma planilha eletrônica, existem ferramentas no mercado que são conhecidas pela sua especialização no uso para técnicas de análise de dados. Estas ferramentas, em sua maioria, de fato não apresentam nada mais do que técnicas explícitas de auditoria, limitando bastante o arsenal dos auditores em termos de funcionalidades.

Um fato relevante para as auditorias é que se estima, em média, que 5% do faturamento das empresas sejam perdidos com fraudes[2]. A datificação permite que cada vez mais eventos auditáveis estejam disponíveis na forma de dados digitais, aumentando cada vez mais o escopo de eventos auditáveis com o auxílio da tecnologia da informação.

---

[1] http://www.cnn.com/TECH/space/9909/30/mars.metric.02/

[2] http://www.acfe.com

A Fraude

Os noticiários mostram que a fraude é um grande problema global. No Brasil, a Lei 12.846, conhecida como lei anticorrupção, vem para tentar minimizar o problema recorrente da corrupção nas relações comerciais com empresas públicas. Segundo a Association of Certified Fraud Examiners[3], a fraude é causada por três fatores que agem em conjunto, conhecidos como triângulo da fraude: Pressão, Oportunidade e Racionalização. A pressão vem, por exemplo, de uma esposa ou marido, que exige melhores condições financeiras, ou um endividamento. A oportunidade é quando o indivíduo descobre uma forma de fraudar, a qual ele acha que não será descoberto. Finalmente, o indivíduo racionaliza que a fraude não é um crime, que ele é merecedor, que não vai fazer falta para ninguém ou que é só um empréstimo.

Figura 10.1: Triângulo da fraude

---

[3] http://www.acfe.com/fraud-triangle.aspx

A ciência de dados tem um papel cada vez mais importante no combate à fraude, visto que os eventos empresariais estão cada vez mais datificados. Na terminologia da fraude, uma pista de fraude é um sinal de fumaça: o sinal de fumaça traz indícios que requerem uma investigação mais aprofundada em busca de evidências concretas. Existem diversos tipos de análises que podem produzir sinais de fumaça, entre elas informação fora de um padrão de normalidade, falta de informação, sequência de documentos faltantes ou imprecisos, cálculos incorretos, entre outros.

Barings Bank

Um caso clássico de fraude é o do Barings Bank, que foi uma das instituições financeiras mais antigas de Londres, fundada em 1762, até ir à falência quando um de seus funcionários, Nick Leeson, operando sem qualquer tipo de controle interno graças a sucessos em operações passadas, causou um prejuízo de mais de US$ 1 bilhão. A história é contada no livro e filme Rogue Trader, no Brasil lançado com o título A Fraude. Nick Leeson hoje dá palestras, presta consultoria e escreve livros.

Segurança e Privacidade

A era da informação também traz grandes preocupações e escândalos relacionados à segurança e privacidade. Vazamentos de fotos íntimas de celebridades, casos de espionagem internacional com enredos hollywoodianos, crimes desvendados em redes sociais, aplicativos de encontros que podem provocar divórcios.

Em um mundo altamente conectado, estamos deixando rastros digitais, seja lá o que você estiver fazendo. E não é opcional. Ser altamente preocupado com segurança e sigilo dos seus dados torna você menos vulnerável, mas jamais invulnerável, a não ser é claro, que viva em uma ilha isolada, no meio do Pacífico. Os rastros digitais são deixados quando acessamos à internet e executamos uma busca; voltamos a nosso site de compras favorito; "curtimos" algo; postamos uma foto; compartilhamos uma notícia; usamos nosso telefone celular, tenha ele um plano de dados ou não; utilizamos nossos cartões de crédito ou débito etc. Se você dirige um carro moderno, ele também já tem sensores coletando e enviado dados. Mas se ainda não, é uma questão de tempo.

O TripAdvisor é um site, que como centenas de outras mídias sociais, coletam dados. Especificamente o TripAdvisor reúne experiências de viajantes sobre lugares que visitaram e estiveram hospedados. O trecho abaixo é parte da política de privacidade que o usuário concorda quando se cadastra no site[4]:

"[...] Podemos compartilhar certas informações identificadas como pessoais com nossa empresa nos Estados Unidos, assim como nossas subsidiárias e empresas ao redor do mundo que têm o compromisso de oferecer a você uma gama completa de pacotes [...]."

"[...] Não impomos restrições no uso de informações pessoais pela nossa empresa controladora."

"[...] Podemos também partilhar as suas informações pessoais com terceiros especificamente envolvidos com a TripAdvisor, para o fornecimento de serviços à TripAdvisor (como, por exemplo, firmas de pesquisa de mercado, fornecedores de serviços de marketing e agências de publicidade)."

Usando um pouco de sarcasmo, podemos resumir a Política de Privacidade desta mídia social como "fazemos o que queremos com seus dados". O TripAdvisor não é o único. A maioria dos sites de mídia social possuem termos semelhantes, escolhemos este como exemplo.

São comuns os casos de vazamentos de informações pela ação de hackers, mas também é comum empresas utilizarem dados de clientes para fins de marketing, pesquisa, e até competições de mineração de dados. Eles normalmente prometem remover informações pessoais, o que teoricamente tornaria a informação anônima. Porém, a história está cheia de casos de informações que deveriam ser anônimas e, no final, não eram. Um caso épico aconteceu com o AOL em 2006[5], quando publicou 20 milhões de palavras utilizadas em seu mecanismo de busca por 650 mil usuários em um período de três meses. Destes dados teoricamente anônimos surgiram várias histórias curiosas, como a do usuário 927 que acabou virando peça de teatro, e da usuária Thelma Arnold, 62 anos, que teve sua identidade revelada pelo New York Times. O próprio Netflix Prize teve sua dose de escândalos[6], quando em 2007 dois usuários foram identificados através de um cruzamento de dados com Internet Movie Database.

---

[4] http://www.tripadvisor.com.br/pages/privacy.html

[5] http://en.wikipedia.org/wiki/AOL_search_data_leak

[6] http://en.wikipedia.org/wiki/Netflix_Prize

Outros casos recentes são os escândalos envolvendo a NSA, a Agência Nacional de Segurança Americana e seu ex-funcionário terceirizado, Eduard Snowden, quando este revelou que a NSA captura e armazena informações sobre pessoas de todo o mundo. Dados dão conta que a NSA construiu um Data Center avaliado em US\$ 1,2 bilhão em Utah[7]. Este é um indício de que, na era Big Data, a NSA armazena tudo o que coleta, mesmo que no momento não exista um valor analítico imediato e evidente para o dado. Armazenar dados para um provável uso futuro, é conhecido como criação de data lakes, ou lago de dados.

Além de ter abalado as relações diplomáticas entre Estados Unidos e vários outros países, o caso da NSA provavelmente acelerou os trâmites da Lei nº 12.965, conhecida como o Marco Civil da Internet, que busca definir princípios, direitos e garantias para os usuários da Internet no Brasil.

Outro caso emblemático são os documentos secretos de guerras no Afeganistão e Iraque divulgados pelo WikiLeaks, uma organização sediada na Suécia que mantém um site onde publica documentos de empresas e governos com assuntos secretos e polêmicos. Seu fundador, Julian Assange, se envolveu em diversas polêmicas, inclusive acusações de crimes sexuais cometidos na Suécia. Encontra-se, desde 2012, refugiado na embaixada do Equador em Londres. Assange teme ser extraditado para a Suécia e uma posterior extradição para os Estados Unidos, onde seria processado por espionagem e fraude.

O direito à privacidade está sujeito à políticas de privacidade e legislações ainda arcaicas. O fato é que as mudanças sociais e culturais causadas pela internet ocorrem de forma muito mais rápida do que a sociedade, as empresas e a própria legislação conseguem se adequar. A sociedade já sofreu mudanças nessa nova era, porém, é só o começo. Nós, usuários, ainda não sabemos até que ponto nossa privacidade está sendo invadida, se existem leis para nos proteger dessa provável invasão, ou ainda, até onde isso pode chegar. Os humanos se comportam de formas extremas quando o assunto é privacidade: preocupação paranoica, a ponto de não usar um telefone celular ou promiscuidade total sob o lema "não tenho nada a esconder". O fato é que a privacidade é, acima de tudo, um direito; não se trata apenas de ter o que esconder ou ser um criminoso.

---

[7] http://www.baguete.com.br/noticias/telecom/12/01/2011/eua-investe-us-12-bi-em-super-data-center

Projetos de Dados

Um projeto de dados é qualquer projeto que envolva dados, em qualquer etapa do seu ciclo de vida. É definido como projeto porque trata do desenvolvimento de algo único, durante um período de tempo finito. Depois de construído, o projeto entra em produção, passa a ser uma operação e não mais um projeto. Existem projetos de dados com os mais variados objetivos e com todo tipo de complexidade: construção de data marts e data warehouses, desenvolvimento de modelos preditivos, extração e transformação de dados para produção de arquivos, integração de aplicações, desenvolvimento de projetos de business intelligence. Projetos de dados podem envolver diferentes tecnologias e terem seus próprios requisitos de infraestrutura com equipes multidisciplinares.

Um projeto de dados, do ponto de vista de gerência de projetos, não difere de qualquer outro tipo de projeto, onde deve haver gestão das partes interessadas, definição de escopo, custos e orçamento, gestão de riscos, um planejamento de comunicações e todos os demais processos definidos pelas boas práticas.

Como em todo projeto, a gestão de riscos deve ter uma atenção especial. Um projeto de dados está sujeito a riscos comuns de projeto de tecnologia, como por exemplo, recursos humanos: mão de obra qualificada é escassa e sujeita à alta rotatividade. Mas existem ainda os riscos inerentes ao tipo de projeto que está sendo desenvolvido. Projetos de dados, embora seja um termo muito abrangente para projetos mais variados, apresentam uma série de riscos específicos, e que devem ser gerenciados com especial atenção pelos gerentes de projetos. A lista a seguir mostra alguns destes riscos:

- **Viabilidade técnica**: de forma simplista, um projeto de dados trata de extrair, transformar, analisar e entregar dados. Parece simples, já fizemos isso tantas vezes! Porém, existem riscos frequentemente não evidentes, que só vão ficar claro depois de um grande esforço já empenhado. Os dados de fato são acessíveis? Talvez seja difícil acreditar, mas existem dados que foram armazenados por tecnologias que tornam seu acesso inviável – dados criptografados ou desenvolvidos em tecnologias antigas e descontinuadas, bem como, sistemas de arquivos proprietários, exemplos que impedem o acesso a dados. O volume de dados é gerenciável? Aplicações de streaming em tempo real podem ser simplesmente inviáveis do ponto de vista de infraestrutura; extrair, transmitir, analisar e entregar. O dado pode se tornar defasado já durante a extração.

10. ASPECTOS DIVERSOS

- **Disponibilidade de especialistas**: projetos de dados necessitam de especialistas no negócio. Embora especialistas de mercado (consultores) possam auxiliar, normalmente existem necessidades que são específicas da empresa. Aqui, devemos considerar alguns pontos. Em uma estrutura matricial, o especialista estará subordinado ao chefe do departamento, um especialista normalmente é uma pessoa muito ocupada. Ou seja, nem o especialista nem o seu chefe podem examinar o projeto de dados como prioridade. Resultado: um risco muito grande ao projeto pela indisponibilidade do especialista.

- **Tecnologia imatura**: novas soluções prometem tornar viáveis, ou mais fáceis sanar problemas que antes eram mais difíceis ou de alto custo. Porém, estas novas soluções podem vir acompanhadas de uma série de riscos: tecnologias imaturas, ou seja, com problemas ainda não resolvidos; falta de mão de obra qualificada; suporte técnico inexistente; adequação a um conjunto limitado de arquiteturas e sistemas operacionais; entre outros.

- **Qualidade dos Dados**: higienizar dados faz parte de muitos projetos de dados. Existem ferramentas no mercado especializadas nesta atividade. Porém, existem casos em que os dados estão em tão mau estado que não existem algoritmo, software ou técnica no mundo que vá tornar possível um processo automatizado de higienização: apenas um humano será capaz de prover tal limpeza. Porém, uma intervenção humana em um processo contínuo pode tornar o projeto inviável devido ao tempo, ao custo e aos riscos de uma intervenção humana contínua.

Como são riscos, eles podem ou não ocorrer. No caso de ocorrência, o gerente do projeto deve dispor de um plano. A ocorrência do risco não significa o fim do projeto, principalmente se existir uma gestão de riscos ativa. Porém, a gestão de riscos é parte das boas práticas de gerência de projetos e está além do escopo desta obra.

Case: Produção e Auditoria e Obrigações Acessórias

A complexidade tributária e regulatória brasileira é de fato um grande desafio para o mundo corporativo. Este desafio tem se estendido para o mundo dos dados através de um grande número de obrigações acessórias, que deve ser produzidos em arquivos eletrônicos e entregues regularmente para agências reguladoras, fiscalizadoras ou arrecadadoras.

Do ponto de vista de dados, o desafio se faz altamente complexo devido a fatores como:

- Grande número de obrigações acessórias: Uma empresa brasileira de grande porte pode ter que enviar mais de 200 obrigações acessórias anualmente;

- Complexidades das obrigações: Uma única obrigação pode conter milhares de dados, que devem ser coletados em departamentos diferentes;

- Falta de padronização: embora as obrigações normalmente sejam em texto plano ou XML, do ponto de vista estrutural, normalmente não há um padrão quanto à formação de registros, separadores, formatação, casas decimais, entre outros;

- Complexidade da Legislação: Além de complexa, a legislação muda com frequência. Novas obrigações acessórias são incluídas, e obrigações já existentes mudam sua estrutura. Para tornar ainda mais complexo e oneroso o processo, empresas podem estar sujeitas à diferentes obrigações, conforme o país, estado e até município onde mantêm operações.

Além das etapas normais de um processo de geração de dados (extrair, transformar e gerar), obrigações acessórias devem ter obrigatoriamente uma etapa complementar: auditoria. A auditoria se refere ao conteúdo dos arquivos gerados, e não do processo em si. Uma obrigação acessória é uma confissão eletrônica, e tem intrinsecamente um risco associado. Afinal, a informação que está sendo transmitida pelo arquivo é correta, íntegra, completa e precisa?

A auditoria neste contexto tem uma característica diferenciada: não basta o processo certificar que a extração e transformação de dados foi executada corretamente gerando informação de qualidade, é preciso também averiguar se os dados, no sistema de origem, estão corretos, o que nos leva a um processo de simulação paralela.

10. ASPECTOS DIVERSOS

Do ponto de vista de recursos humanos, além dos especialistas nos processos inerentes a extrair e transformar dados, são necessários especialistas nas áreas específicas para as quais as obrigações acessórias se destinam. Estes especialistas alimentam o sistema de análise de dados com o que, no jargão de auditoria, são conhecidas como regras. Estas regras, uma vez desenvolvidas, devem ser atualizadas para refletir as mudanças das respectivas legislações.

PARTE II

PRÁTICA

11. CURSO DE R

Instruções Gerais

A segunda parte desta obra é dedicada à implementação prática de várias técnicas de análise de dados. Para estes exemplos serão utilizadas os softwares Weka e R. O R será utilizado na maioria dos exemplos. O Weka em casos específicos com algoritmos diferenciados ou funcionalidades de mais fácil compreensão em sua interface gráfica. A escolha destes dois produtos se deu por fatores como: serem gratuitos; instalação simples; possuírem já implementados, seja através de pacotes ou nativamente de todas as técnicas de análise de dados estudadas. É importante destacar que, mesmo que o leitor não utilize uma destas ferramentas nem tenha planos de utilizá-las no futuro, a prática dos conceitos será de qualquer forma proveitosa, visto que teremos apenas mudanças de sintaxe, de linhas de comandos ou de interfaces.

O Capítulo 12 é um curso na linguagem Weka . Se o leitor é familiarizado com estes produtos, pode passar diretamente para a parte prática, no Capítulo 13.

Os dados utilizados nos exemplos serão indicados em cada atividade, e poderão ter sua origem em uma destas três hipóteses: serem dados de exemplo que acompanham a ferramenta; dados disponíveis no repositório UCI Machine Learning Repository em http://archive.ics.uci.edu/ml/ ou ainda disponíveis no site desta obra, em http://www.livrocienciadedados.com.br ou no site da editora, em http://www.altabooks.com.br (procure pelo nome do livro).

Introdução ao R

O R é uma linguagem de programação interpretada e procedural para estatística e mineração de dados, além de um poderoso ambiente para produção de gráficos. Como uma ferramenta estatística, o usuário vai encontrar milhares de funções estatísticas prontas para o uso, sem necessariamente ter que entender como elas foram codificadas. Trata-se de um projeto open source extremamente bem-sucedido e popular, tanto no meio acadêmico como corporativo. O R é um projeto extremamente ativo com, pelo menos, duas novas versões por ano e novas funcionalidades sendo disponibilizadas através de pacotes quase que semanalmente.

Durante este estudo, você vai perceber que o R é fracamente tipado, o que por um lado traz flexibilidade, por outro pode trazer resultados inesperados. Outro ponto de atenção do R é que as informações são processadas em memória. Se por um lado isso traz um ótimo desempenho, por outro, sua capacidade de processamento termina junto com a memória, mas existem soluções para contornar estas questões.

Usando R com RGui

Você pode utilizar o R em ambiente Windows, Linux ou Macintosh. De maneira geral, os comandos são idênticos nos três ambientes. Você pode obter o R a partir do site do projeto, em http://www.r-project.org/. A instalação do R em qualquer sistema operacional é extremamente simples, por isso, o processo não será detalhado.

O R é um ambiente de programação de linha de comando, isso significa que o usuário não encontrará uma interface gráfica: a operação do ambiente é basicamente através de códigos digitados.[1] Um conjunto de código, na linha de comando para ser executado, é uma expressão. Uma expressão pode ou não conter chamadas de funções. Na instalação padrão do R, é instalado o RGui, uma interface de linha de comando. Os exemplos neste documento foram todos executados no Rgui.

O RGui possui diversos menus com funções que na sua maioria podem ser executadas também através da linha de comando. À medida que estas funções forem sendo exploradas, vamos também informar a opção de execução através de um menu.

---

[1] Existem pacotes, como Commander e Rattle, que oferecem uma interface de Janelas com entrada de comandos de forma mais amigável

Entendendo a Linha de Comando

O R é sensível à letras maiúsculas e minúsculas. Normalmente, as funções usam uma sintaxe camelcase, onde a primeira letra de uma função é minúscula e as demais são maiúsculas, sem separação por espaços. Funções podem ou não requerer parâmetros, que neste guia serão tratados como argumentos. Os argumentos devem ser informados entre os parênteses que vêm logo após o nome da função. Se nenhum argumento for informado, ainda assim deve-se abrir e fechar os parênteses.

Outro ponto de extrema flexibilidade do R é a forma como informamos os argumentos em uma função. Você pode nomear os argumentos ou informá-los sem nomes, mas em uma ordem pré-determinada. Por exemplo, a função `lm` possui mais de dez argumentos que podem ser informados. No primeiro código exemplificado abaixo, são passados os dois primeiros argumentos, e os demais são ignorados. O R sabe quais argumentos são pela ordem dos mesmos:

```
> lm(y ~ x , cars)
```

Neste outro exemplo, a função é chamada da mesma forma, porém, os argumentos são nomeados. Obviamente que o resultado será o mesmo:

```
> lm(formula=y ~ x ,data= cars)
```

Pode-se ainda misturar argumentos nomeados ou não nomeados. O importante a lembrar é que, se o argumento não estiver na ordem esperada, ele deve ser nomeado:

```
> lm(y ~ x , cars, qr=FALSE)
```

Em seção posterior veremos como obter uma lista de argumentos de uma função com o comando `args`.

Como um programa de linha de comando, você deve digitar na posição do cursor e teclar "Enter". Neste momento, o R executa o comando. Um comando pode gerar uma saída, sendo uma mensagem de erro, dados de um data frame ou mesmo um valor de uma variável: a saída será sempre apresentada logo abaixo do comando executado. No exemplo abaixo, o comando `getwd` tem como saída o diretório de trabalho. Vamos saber mais sobre o diretório de trabalho em seção posterior.

```
> getwd()
[1] "C:/Users/Fernando/Documents"
```

Se você digitar vários comandos separados por ponto e vírgula, o R irá executá-los simultaneamente apenas após o enter:

```
> getwd(); a=3; print(a)
[1] "C:/Users/Fernando/Documents"
[1] 3
```

Ainda é possível que o R complete comandos que não foram totalmente digitados teclando "Tab" duas vezes.

Limpando a Tela

Normalmente, qualquer programação em R requer a digitação de dezenas de linhas de comandos, que produzem grande quantidade de saída, através de dados e mensagens, ou seja, rapidamente seu console estará cheio de texto. O RGui vai criar uma barra de rolagem e manterá o cursor na parte debaixo do console, de forma que você possa rolar rapidamente em busca de um comando ou saída anterior. Porém, quando você quiser limpar a tela, poderá fazê-lo rapidamente teclando "Ctrl + L".

Histórico

Você pode navegar entre os últimos comandos para reutilização através das teclas seta para cima e seta para baixo. É possível ainda obter uma lista dos últimos comandos digitando `history`. Esta função sem argumentos lista em uma nova janela os últimos 26 comandos digitados. Você pode ainda limitar o número de comandos na saída através do argumento `max.show`. No exemplo abaixo, o R lista os últimos cinco comandos executados:

```
> history(max.show=5)
```

Pacotes

Quando instalamos o R, um conjunto extenso de funcionalidades está automaticamente à disposição do usuário. Porém, o poder da ferramenta é potencializado através dos pacotes. Não há como usar o R sem instalar algum pacote para obter conjuntos de funcionalidades extras. Durante a escrita desse guia, haviam disponíveis mais de três mil pacotes, desenvolvidos e mantidos por dezenas de programadores ao redor do mundo.

Pacotes podem ser obtidos pelo CRAN, acrônimo para *Comprehensive R Archive Network*. O CRAN é uma rede de servidores no mundo que hospedam binários do R e arquivos relacionados como documentos, códigos-fonte e os próprios pacotes. Existem quatro espelhos do CRAN no Brasil: um na Universidade Federal do Paraná, outro na Fundação Oswaldo Cruz e dois na Universidade de São Paulo. Embora você possa baixar e instalar pacotes manualmente, o R permite que os pacotes sejam baixados e instalados de forma simples, através de menus do RGui ou digitando alguns comandos no console.

Para instalar um pacote, basta acessar o "Pacotes" e "Carregar pacote", conforme figura 11.1.

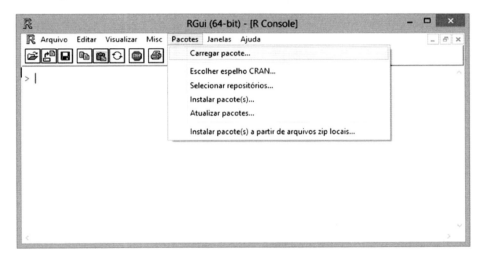

Figura 11.1: Menu pacote, carregar pacote

Inicialmente, você terá que escolher um espelho do CRAN, recomenda-se que o usuário escolha um espelho do CRAN próximo de onde se encontra. Observe na figura 11.2 a tela de escolha do espelho do CRAN.

Figura 11.2: Escolha de Espelho do CRAN

Em seguida os pacotes disponíveis são listados, conforme a figura 11.3, basta localizar e selecionar o pacote e clicar em "OK". O R fará o download e a instalação do pacote de forma automática.

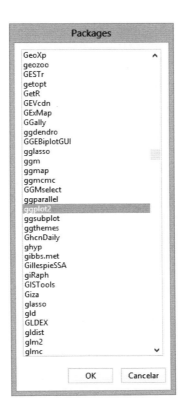

Figura 11.3: Seleção de Pacote

Após a instalação, o pacote precisa ser carregado antes de sua utilização. Veremos como carregar pacotes na próxima seção.

Gerenciando Pacotes pelo Console

Embora seja simples instalar e carregar pacotes através das telas disponíveis pelo RGui, a linha de comando oferece muito mais flexibilidade.

Primeiramente vamos ver quais pacotes estão instalados. A função `installed.packages` lista os pacotes instalados. Esta função traz diversas informações sobre cada pacote, como dependência e licença. Em uma nova instalação do R, podemos ver que diversos pacotes são instalados por padrão:

INTRODUÇÃO À CIÊNCIA DE DADOS

```
> installed.packages()
Package              LibPath                                    Version
base      "base"    "C:/Program Files/R/R-2.15.3/library" "2.15.3"
boot      "boot"     "C:/Program Files/R/R-2.15.3/library" "1.3-7"class
"class"    "C:/Program Files/R/R-2.15.3/library" "7.3-5"

cluster   "cluster"  "C:/Program Files/R/R-2.15.3/library" "1.14.3"

codetools "codetools" "C:/Program Files/R/R-2.15.3/library" "0.2-8"

compiler  "compiler"  "C:/Program Files/R/R-2.15.3/library" "2.15.3"

datasets  "datasets"  "C:/Program Files/R/R-2.15.3/library" "2.15.3"

foreign   "foreign"  "C:/Program Files/R/R-2.15.3/library" "0.8-52"

graphics  "graphics"  "C:/Program Files/R/R-2.15.3/library" "2.15.3"

grDevices "grDevices" "C:/Program Files/R/R-2.15.3/library" "2.15.3"

grid      "grid"     "C:/Program Files/R/R-2.15.3/library" "2.15.3"

KernSmooth "KernSmooth" "C:/Program Files/R/R-2.15.3/library" "2.23-8"

lattice   "lattice"  "C:/Program Files/R/R-2.15.3/library" "0.20-3"

MASS      "MASS"     "C:/Program Files/R/R-2.15.3/library" "7.3-23"

Matrix    "Matrix"   "C:/Program Files/R/R-2.15.3/library" "1.0-11"

methods   "methods"  "C:/Program Files/R/R-2.15.3/library" "2.15.3"

mgcv      "mgcv"     "C:/Program Files/R/R-2.15.3/library" "1.7-22"

nlme      "nlme"     "C:/Program Files/R/R-2.15.3/library" "3.1-108"

nnet      "nnet"     "C:/Program Files/R/R-2.15.3/library" "7.3-5"

parallel  "parallel"  "C:/Program Files/R/R-2.15.3/library" "2.15.3"

rpart     "rpart"    "C:/Program Files/R/R-2.15.3/library" "4.1-0"

spatial   "spatial"  "C:/Program Files/R/R-2.15.3/library" "7.3-5"

splines   "splines"  "C:/Program Files/R/R-2.15.3/library" "2.15.3"

stats     "stats"    "C:/Program Files/R/R-2.15.3/library" "2.15.3"

stats4    "stats4"   "C:/Program Files/R/R-2.15.3/library" "2.15.3"

survival  "survival"  "C:/Program Files/R/R-2.15.3/library" "2.37-2"

tcltk     "tcltk"    "C:/Program Files/R/R-2.15.3/library" "2.15.3"

tools     "tools"    "C:/Program Files/R/R-2.15.3/library" "2.15.3"

utils     "utils"    "C:/Program Files/R/R-2.15.3/library" "2.15.3"
```

Para instalar um novo pacote, utilize a função `install.packages`. Minimamente você deve informar o nome do pacote. É comum pacotes terem dependência de outros pacotes, a função `install.packages` apenas com o nome do pacote não instalará dependências. Para instalar automaticamente todas as dependências do pacote, sugere-se utilizar o argumento booleano `dependencies`, definido seu valor como verdadeiro. Caso não se tenha previamente definido um espelho do CRAN para baixar o pacote, você deverá defini-lo no momento da instalação. No exemplo abaixo, é feita a instalação do pacote `ggplot2`2, com o parâmetro `dependencies` definido como "verdadeiro" (`TRUE`). O pacote `ggplot2`, que será estudado no capítulo de pacotes e produtos adicionais, tem diversas dependências, por isso, a saída exibida a seguir é parcial:

```
> install.packages("ggplot2",dependencies=TRUE)
--- Please select a CRAN mirror for use in this session ---
also installing the dependencies 'colorspace', 'stringr',
'RColorBrewer', 'dichromat', 'munsell', 'labeling', 'Spar-
seM', 'sp', 'mvtnorm', 'evaluate', 'plyr', 'digest', 'gtable',
'reshape2', 'scales', 'proto', 'quantreg', 'Hmisc', 'mapproj',
'maps', 'hexbin', 'maptools', 'multcomp', 'testthat'
tentando a URL 'http://www.vps.fmvz.usp.br/CRAN/bin/windows/
contrib/2.15/colorspace_1.2-1.zip'
Content type 'application/zip' length 395051 bytes (385 Kb)
URL aberta
downloaded 385 Kb
install.packages(c("tree","maptree"))
```

Obviamente, você só precisa instalar um pacote uma única vez. Porém, instalar não é suficiente para podermos utilizá-lo. Por questões de performance, na inicialização do R, carregam alguns pacotes básicos, os demais devem ser carregados pelo usuário na medida em que sejam necessários. Para carregar um pacote, utilize a função `library`, passando como argumento o nome do pacote:

```
> library(ggplot2)
```

---

2 http://cran.r-project.org/web/packages/ggplot2/index.html

Você pode verificar os pacotes carregados através da função `search`. No exemplo abaixo, podemos ver que temos dez pacotes carregados, nove que são carregados por padrão pelo R em uma instalação, mais o pacote Ggplot2 que carregamos anteriormente:

```
> search()
 [1] ".GlobalEnv"         "package:ggplot2"    "package:stats"
"package:graphics"   "package:grDevices"  "package:utils"
"package:datasets"   "package:methods"
 [9] "Autoloads"          "package:base"
```

É uma boa prática descarregar o pacote quando o mesmo não for mais preciso. Claro que isso fará pouca diferença com relação a um ou dois pacotes, porém, em um longo processo de análise de dados, a quantidade de pacotes carregados e mantidos em memória pode fazer diferença, principalmente para um ambiente como o R onde por padrão os dados são mantidos em memória. A função `detach` descarrega o pacote. No exemplo a seguir, descarregamos o pacote Ggplot2 carregado anteriormente:

```
> detach("package:ggplot2")
```

Normalmente, você não vai querer desinstalar um pacote previamente instalado, pois para tal será necessário um novo download de um espelho do CRAN. De qualquer forma, o R dispõe da função `remove.packages` para remover um pacote já instalado. No exemplo a seguir, o pacote Ggplot2, instalado no início dessa seção, é removido:

```
> remove.packages("ggplot2")
```

Finalmente, para saber os pacotes que são carregados por padrão quando iniciamos o R, podemos usar a função `getOption` com o argumento `defaultPackages`, conforme exemplo abaixo:

```
> getOption("defaultPackages")
[1] "datasets" "utils"     "grDevices" "graphics"  "stats"
"methods"
```

Obtendo Ajuda

Como toda linguagem de programação popular, o R possui vasto material na Web: Fóruns, tutoriais, documentos em sites diversos e no CRAN. Também a instalação padrão do R traz uma série de manuais que podem ser acessados através do Menu do RGui. Porém, novamente, a melhor forma de se obter ajuda de funções é através da linha de comando, principalmente devido à velocidade e precisão.

A ajuda na linha de comando carregará um arquivo HTML instalado localmente na sua máquina. O comando `help.start` abre a página inicial da ajuda:

```
> help.start()
If nothing happens, you should open
'http://127.0.0.1:29671/doc/html/index.html' yourself
```

Para obter ajuda sobre uma função específica, utilize a função `help`, informando como parâmetro o comando que se quer consultar:

```
> help("search")
```

Obtém-se o mesmo efeito através de um ponto de interrogação seguido do comando:

```
> ?search
```

Se você não tem certeza do comando ou se sua sintaxe pode utilizar a função `apropos`. Esta função vai listar todos os termos semelhantes em que há um arquivo de ajuda disponível:

```
> apropos("search")
[1] ".__C__hsearch" "help.search"   "RSiteSearch"   "search"
"searchpaths"
```

Se você lembrar da função, mas tiver dúvida sobre os argumentos da mesma, pode utilizar a função `args`. Basta passar o nome da função como argumento. No exemplo abaixo, consultamos os argumentos da função `sd`, utilizada para calcular o desvio padrão:

```
> args("sd")
function (x, na.rm = FALSE)
NULL
```

Arquivos e Diretórios

Em processos de análise de dados, normalmente temos que importar dados originados das mais diversas fontes para análise. Especificar em linha de comando a localização absoluta de arquivos pode ser um trabalho cansativo e demorado. O R usa o conceito de diretório de trabalho. Por padrão, ao ler ou gravar arquivos, o diretório de trabalho será utilizado como local padrão de busca e gravação de arquivos. Estando no diretório de trabalho, é preciso apenas informar o nome do arquivo, sem necessidade do caminho absoluto. O Diretório de trabalho padrão estará no caminho C:/Users/[Usuario]/Documents, podendo variar de acordo com seu sistema operacional. Você pode obter o diretório de trabalho atual através da função `getwd`, como no exemplo abaixo:

```
> getwd()
[1] "C:/Users/Fernando/Documents"
```

Para alterar o diretório de trabalho, usa-se a função `setwd`. No exemplo abaixo, alteramos o diretório de trabalho para a pasta Data e em seguida verificamos que a mudança surtiu efeito com a função getwd:

```
> setwd("C:/Data")
> getwd()
[1] "C:/Data"
```

Para ler os arquivos e subdiretórios de uma pasta, podemos usar a função `dir`. Sem argumentos, a função lista o diretório padrão. Se quisermos listar arquivos e subdiretórios de outra pasta, basta especificar a mesma como argumento. No exemplo abaixo, listamos os arquivos e pastas da pasta de trabalho:

```
> dir()
 [1] "01_heights_weights_genders.csv"        "Test.RData"
"Biblioteca"                    "cat.txt"
 [5] "census.csv"                            "Data.csv"
"data.txt"                      "desktop.ini"
```

Opções de Configuração

Mais de uma dezena de configurações do R podem ser visualizadas pela função `getOption` e alteradas através de "option". Por exemplo, por padrão, o separador decimal do R é o ponto. Podemos nos certificar disso através de uma simples operação aritmética:

```
> 2/3
[1] 0.6666667
```

Para consultar se de fato o ponto é o separador decimal definido, usamos getOption com o argumento OutDec:

```
> getOption("OutDec")
[1] "."
```

Em seguida, usamos options para alterar o separador de ponto para vírgula, logo já efetuamos um teste:

```
> options(OutDec=",")
> 2/3
[1] 0,6666667
```

A lista de opções de configurações é muita extensa, e o recomendado é que você gaste alguns minutos para estudá-las. Para acessar as opções disponíveis, use o comando help ("Options").

Encerrando o R

Você pode encerrar o R fechando a janela principal do RGui ou através da função q, do inglês *quit*. Independente das formas, uma caixa de diálogo será exibida com a mensagem "Salvar imagem da área de trabalho?", com as opções "Yes", "No" e "Cancel". O R é capaz de salvar o estado da sua seção de trabalho atual, isso é feito através de um arquivo com extensão nomeada como rdata gravado no seu diretório de trabalho. A próxima vez que o R for iniciado, ele automaticamente carregará sua seção através deste arquivo. Se você optar por salvar a seção, os objetos ou variáveis criados ou carregados, quando o ambiente foi fechado, estarão disponíveis na próxima vez que iniciar o R.

Você pode, a qualquer momento, "forçar" o salvamento da área de trabalho através da função save.image. Esta função vai ter o mesmo efeito se você informar "sim" ao sair do programa: vai gravar ou atualizar o arquivo rdata em seu diretório de trabalho.

```
> save.image()
```

Você pode querer ainda ter diferentes seções salvas para diferente projetos. Para isso, basta salvar cada seção em um arquivo rdata diferente. Você pode especificar na função `save.image` o nome do arquivo no qual deseja salvar a seção:

```
> save.image("ProjB.RData")
```

Apenas o arquivo `.RData` é carregado automaticamente quando se inicia a seção do R. Para carregar um diferente arquivo de seção, use a função `load`, informando o nome do arquivo através do parâmetro `file`:

```
> load(file=" ProjB.RData")
```

Tipos de Dados

Os tipos mais comuns de dados do R são `character`, `numeric` e `integer`. Diferente de uma linhagem de programação convencional, a declaração e tipagem de dados no R é feita implicitamente. Em outras palavras, basta você definir a variável e atribuir dados à mesma, que automaticamente a variável é criada e sua classe é atribuída de acordo com o tipo do dado.

Para se atribuir um dado a uma variável, pode-se usar o operador `<-` ou `=`. A primeira convenção nos permite atribuir um valor a uma variável à esquerda `<-` ou mesmo à direita `->`.

No exemplo seguinte, declaramos uma variável de nome `var1` e atribuímos à mesma o valor `10`. Em seguida, digitamos a variável e o R exibe como saída o valor da variável. Queremos, então, verificar que tipo foi atribuído ao objeto, para isso, utilizamos a função `class`, que retorna um texto com o tipo da classe. Neste exemplo, podemos ver que o R definiu nosso objeto com o tipo `numeric`:

```
> var1 <- 10
> var1
[1] 10
> class(var1)
[1] "numeric"
```

No R, uma variável é sempre tratada como um vetor de uma única posição. Observe no próximo exemplo que você pode ler a variável pelo seu símbolo ou definindo explicitamente a posição 1:

```
> x <- 10
> x
[1] 10
> x[1]
[1] 10
```

Opcionalmente, você pode testar o tipo do objeto com a função `is.numeric`. A saída é booleana, ou seja, lógica, podendo assumir apenas valores `True`/`False` (Verdadeiro/Falso), conforme o resultado do teste:

```
> is.numeric(var1)
[1] TRUE
```

Caracteres são representados entre aspas duplas ou simples. Dessa forma, se atribuímos dados entre aspas a uma variável, o R vai entender que estamos criando um objeto do tipo caractere.

```
> var2 <- "Estatística"
> var2
[1] "Estatística"
```

Se você tentar atribuir o texto sem o uso das aspas, terá um erro dizendo que o objeto não foi encontrado. Neste caso, o R entende que você está tentando atribuir o valor de outro objeto a sua variável, e como não encontra, emite uma mensagem de erro. Uma função útil para trabalhar textos é `paste`, ela permite concatenar textos. Observe um simples exemplo a seguir:

```
> alfa <- "Estatística: "
> delta <- "R "
> x <- paste(alfa,delta)
> x
[1] "Estatística: R "
```

Anteriormente vimos que quando atribuímos um valor a uma variável, o objeto criado é do tipo numérico. No entanto, e se quisermos criar uma variável do tipo inteiro? Há, pelo menos, duas maneiras: uma forma é colocando o caractere L após o valor, a outra, é usando a função as.integer. O código a seguir, primeiramente, cria um objeto inteiro usando a notação L, em seguida, é criado um novo objeto inteiro usando a conversão para inteiro. Finalmente, verificamos a classe dos dois objetos através da função class:

```
> varInt1 <- 10L
> VarInt2 <- as.integer(10)
> class(varInt1);class(VarInt2)
[1] "integer"
[1] "integer"
```

Existem diversas outras funções de conversão de tipos com a sintaxe semelhante a as.integer, que acabamos de ver, e as as.numeric, as.character, as.vector, entre outras. Veremos mais sobre conversão de tipos ao longo do estudo.

O R pode funcionar como uma potente calculadora de forma simples e intuitiva. As variáveis podem ser declaradas, e as operações aritméticas executadas e testadas. No exemplo a seguir, duas variáveis são declaradas, e em seguida, o resultado de sua divisão é atribuído a uma terceira variável:

```
> Pop <- 5345L
> Cons <- 45667778L
> Med <- Cons / Pop
> Med
[1] 8544.018
```

Como é normal em linguagem de programação e na notação científica, o R resolve primeiro operações de multiplicação e divisão, em seguida, soma e subtração. Pode-se resolver problemas de precedência usando parênteses: as operações entre parênteses são resolvidas antes das demais operações. Observe no exemplo abaixo como o uso de parênteses muda completamente o resultado da operação:

```
> 6 * 2 + 10
[1] 22
> 6 * (2 + 10)
[1] 72
```

Quando você cria objetos, eles ficam disponíveis no ambiente até serem removidos. Os objetos podem ser removidos explicitamente, através da função `rm`, ou quando o R for fechado, não optando por gravar uma imagem da área de trabalho, caso contrário, os objetos poderão se acumular em seu ambiente ocupando recursos desnecessários.

Você pode listar os objetos disponíveis, no ambiente, através da função `objects`. No exemplo a seguir, não há objetos disponíveis:

```
> objects()
character(0)
```

Criamos um objeto e chamamos novamente a função `objects`:

```
> val <- 10
> objects()
[1] "val"
```

Vamos ver um exemplo do uso da já mencionada função `rm`, que remove um objeto do ambiente. Inicialmente, testamos a existência do objeto, usamos `rm` para removê-lo, chamamos novamente o objeto e temos uma mensagem de erro. Finalmente, verificamos que não há mais objeto no ambiente:

```
> val
[1] 10
> rm(val)
> val
Erro: objeto 'val' não encontrado
> objects()
character(0)
```

Às vezes, pode ser interessante fazer uma limpeza em objetos esquecidos e, conforme a quantidade, pode ser inviável remover um a um usando `rm`. Uma opção pode ser apagar o arquivo rdata, apresentado em seção anterior. Opcionalmente, você pode combinar a função `rm` com `objects`. A função `rm` pode receber uma lista de valores para remover. No próximo exemplo, usamos a função `list` para transformar o retorno da função `objects` em uma lista.

```
> a <- 10
> b <- 10
> c <- 20
> objects()
[1] "a" "b" "c"
>  rm(list=objects())
> objects()
character(0)
```

A função `list` pode ser utilizada também para criar um objeto do tipo lista, o que será assunto para seção posterior.

Conhecendo Valores não Disponíveis

Valores não disponíveis são representados no R por NA (not avaliable). É importante conhecer o que são e como eles se comportam, pois muitas vezes, a ocorrência de um resultado inesperado em uma expressão qualquer pode vir de valores não disponíveis.

Primeiramente, vamos criar um tipo NA:

```
> a <- NA
> a
```

Uma operação qualquer sobre um valor não disponível, resulta em um valor não disponível:

```
> a + 1
[1] NA
```

Podemos testar se um valor não está disponível usando `is.na`:

```
> is.na(a)
[1] TRUE
```

Em seção posterior estudaremos como omitir valores não disponíveis em uma operação qualquer.

Comentários

Em uma linguagem de programação, um comentário é um trecho de texto junto ao código fonte que o compilador ou interpretador vai ignorar. Qual a função? Documentar o código, dar dicas para quem estiver tentando entendê-lo, anotar pendências ou itens a melhorar, entre tantas outras. Comentários são, na verdade, estruturas comuns em qualquer linguagem de programação. No R, marca-se um comentário com o caractere `#`. Quando o R encontra este caractere, entende que a partir daquele ponto, todo o texto encontrado deve ser ignorado, até a próxima quebra de linha.

Vejamos um exemplo de uso de comentário:

```
> #Testar se o valor de "a" é NA
> is.na(a)
```

Operadores

A tabela 11.1 traz uma lista dos principais operadores aritméticos suportados pelo R:

Tabela 11.1: Operadores	
+	Adição
-	Subtração
*	Multiplicação
/	Divisão
^	Potência

Tipos booleanos são normalmente suportados no R. Um valor verdadeiro é representado por TRUE, enquanto um valor falso por FALSE, com todas as letras em maiúsculo. Opcionalmente, pode-se abreviar TRUE por T e FALSE por F.

```
> Retorno <- TRUE
> Retorno
[1] TRUE
```

Os operadores lógicos usados pelo R estão na tabela 11.2 e são semelhantes a outras linguagens de programação:

Tabela 11.2: Operadores Lógicos	
|	Ou
&	E
isTRUE(x)	Testa se é verdadeiro
!=	Não igual há
!x	Não é
<	Menor que
<=	Menor ou igual que
>	Maior que
>=	Maior ou igual que
==	Exatamente igual a

O operador til (~), no R, é utilizado para separar a variável de resposta à esquerda e a variável de previsão à direita. Veremos um exemplo prático do uso deste operador em seção posterior.

Operadores Diversos

Na tabela 11.3, é apresentada uma relação de diversos operadores e funções presentes no R.

Tabela 11.3: Operadores Diversos		
Função/Operador	Sintaxe	Exemplo
Modo	%%	> 10 %% 2 [1] 0
Divisão de Inteiros	%/%	> 10 %/% 3 [1] 3
Pi	pi	> pi [1] 3.141593
Potência	^	> 2^2 [1] 4
Valor absoluto	abs	> abs(-100) [1] 100
Logaritmo	log	> log(2,base=5) [1] 0.4306766
Fatorial	fatorial	> fatorial(4) [1] 24
Raiz quadrada	sqrt	> sqrt(4) [1] 2
Seno	sin	> sin(10) [1] -0.5440211
Coseno	cos	> cos(10) [1] -0.8390715
Tangente	tan	> tan(10) [1] 0.6483608

Fórmulas

O R permite que sejam construídas expressões que representam fórmulas utilizando-se o símbolo til (~) para separar a variável de resposta ou dependente. As variáveis independentes devem ficar à direita do til, já as dependentes são postas à esquerda do símbolo. Se a fórmula se constitui de mais de uma variável independente, elas podem estar separadas pelo símbolo de adição (+). No código seguinte, na primeira linha, temos quatro variáveis utilizadas para prever `class`. No segundo exemplo ou segunda linha, o ponto indica que todas as variáveis serão utilizadas para prever `class`.

```
> fórmula = class ~ checking_status + duration + credit_history
+ purpose
> fórmula = class ~ .
```

Datas

O R possui algumas estruturas para tratar datas, a principal é `date`. Date armazena uma data desde 1 de janeiro de 1970, sem hora.

A função `as.Date` converte um conjunto de caracteres em uma data. Estudaremos mais sobre conversões em seção posterior. No exemplo a seguir, criamos um objeto do tipo `data` e em seguida verificamos o valor registrado.

```
> data <- as.Date("2013-01-31")
> data
[1] "2013-01-31"
```

Você pode realizar operações aritméticas sobre datas. No exemplo a seguir, verificamos a diferença entre duas datas.

```
> data <- as.Date("2013-01-31")
> data2 <- as.Date("2013-01-25")
> dif <- data - data2
> dif
Time difference of 6 days
```

Também é possível formatar a saída da data da maneira que lhe convir. Para isso, use o caractere % seguido do símbolo que representa a parte da data a ser exibida. A tabela 11.4 indica os caracteres e sua parte equivalente à data:

Tabela 11.4: Formatação de Data

Caractere	Parte da Data
d	Dia do mês.
a	Dia da Semana abreviado.
A	Dia da semana não abreviado.
m	Representação numérica do mês.
b	Mês abreviado.
B	Mês sem abreviação.
y	Ano com dois dígitos.
Y	Ano com quatro dígitos.

Desde que você use a sintaxe % mais o caractere, você pode misturar outros elementos a gosto na formatação da sua data. Neste primeiro exemplo, formatamos a data para o formato tradicional da cultura brasileira. Observe que usamos %d para definir o dia, %m para o mês em formato numérico, e %Y para o ano com quatro dígitos. Outros caracteres como o / incluído entre a notação da data, no exemplo abaixo, podem ser incluídos normalmente:

```
> data <- as.Date("2013-03-25")
> format(data, format="%d/%m/%Y")
[1] "26/03/2013"
```

Neste segundo exemplo, imprimimos a data por extenso. Usamos %A para o dia da semana sem abreviação, seguido do dia, mês sem abreviação e ano com quatro números. Incluímos ao longo da formatação vírgula, espaços e texto.

```
> format(data, format="%A, %d de %B de %Y")
[1] "segunda-feira, 25 de março de 2013"
```

Como estudamos, o tipo Date armazena apenas datas. Já a classe POSIXct e POSIXlt podem ser utilizados para representar datas com minutos e segundos. Para mais detalhes, consulte a ajuda do R.

Estruturas de Objetos

Até o momento, vimos vetores de uma única posição. Nas próximas seções, vamos estudar classes que podem armazenar conjunto de dados em diversas estruturas e formas. As principais classes que estudaremos estão na tabela 11.5.

Tabela 11.5: Classes	
Classe	Descrição
Vetores	Um conjunto simples de valores de mesmo tipo.
Matrizes	Conjunto de linhas e colunas, onde cada coluna deve ter o mesmo tipo de dado.
Arrays	Arrays podem ter mais de duas dimensões. No mais, são semelhantes as matrizes.
Listas	Permite agrupar listas de diferentes objetos, que podem ter inclusive diferentes tipos e tamanhos.
Data Frames	Semelhante a uma tabela de um banco de dados.
Séries Temporais	Estrutura para séries de dados temporais.
Fatores	Estrutura para variáveis categóricas.

Conjuntos de Dados Nativos do R

A instalação nativa do R traz diversos conjuntos de dados clássicos em diversos formatos que podem ser utilizados em testes e estudos no R. No nosso estudo, vamos utilizá-los de forma que você não vai precisar instalar ou importar dados de outras fontes.

Você pode obter uma lista dos dados nativos do R através da função `data`. A lista abaixo é parcial e a saída se dá em uma nova janela:

```
> data()
Nile                Flow of the River Nile
Orange              Growth of Orange Trees
OrchardSprays       Potency of Orchard Sprays
```

```
PlantGrowth          Results from an Experiment on Plant Growth
Puromycin            Reaction Velocity of an Enzymatic Reaction
Seatbelts            Road Casualties in Great Britain 1969-84
Theoph               Pharmacokinetics of Theophylline
Titanic              Survival of passengers on the Titanic
ToothGrowth          The Effect of Vitamin C on Tooth Growth in
                     Guinea Pigs
UCBAdmissions        Student Admissions at UC Berkeley
UKDriverDeaths       Road Casualties in Great Britain 1969-84
UKgas                UK Quarterly Gas Consumption
USAccDeaths          Accidental Deaths in the US 1973-1978
USArrests            Violent Crime Rates by US State
USJudgeRatings       Lawyers' Ratings of State Judges in the US
                     Superior Court
```

Para visualizar um conjunto de dados, basta digitar o nome do objeto no console. A saída abaixo é parcial:

```
> USArrests
             Murder Assault UrbanPop Rape
Alabama        13.2     236       58 21.2
Alaska         10.0     263       48 44.5
Arizona         8.1     294       80 31.0
Arkansas        8.8     190       50 19.5
California      9.0     276       91 40.6
Colorado        7.9     204       78 38.7
Connecticut     3.3     110       77 11.1
```

Existem ainda dados em pacotes que podem não estar carregados. Para obter uma lista de todos os conjuntos de dados, inclusive os presentes em outros pacotes, utilize o comando abaixo:

```
> data(package = .packages(all.available = TRUE))
Mensagens de aviso perdidas:
1: In data(package = .packages(all.available = TRUE)) :
   datasets have been moved from package 'base' to package 'datasets'
2: In data(package = .packages(all.available = TRUE)) :
   datasets have been moved from package 'stats' to package 'datasets'
```

Para ler dados de um pacote não carregado, basta carregá-lo e em seguida digitar o nome do conjunto de dados:

```
>library(cluster)
>agriculture
```

Para saber detalhes dos dados, como do que se trata, quem os coletou, entre outros, você pode usar a função `help`, como quando busca ajuda para qualquer função do R. O R traz diversas informações sobre os dados, como número de observações, fonte, data, entre outros.

```
> help(agriculture)
```

Vetores

Um vetor permite armazenar um conjunto de dados do mesmo tipo. A atribuição de valores a um vetor se dá através da sintaxe `c()`, onde o conjunto de valores é listado e separado por vírgula. No exemplo abaixo, são criados três vetores de três tipos diferentes:

```
> vetNum <- c(10,2,3,6,5)
> vetChar <- c("a","b","c")
> vetBool <- c(T,T,F,T)
> vetNum
[1] 10  2  3  6  5
> vetChar
[1] "a" "b" "c"
> vetBool
[1]  TRUE  TRUE FALSE  TRUE
```

Depois de criado, podemos manipular o vetor de diversas formas. Muitas operações que veremos nos próximos exemplos se aplicam a outros tipos de dados compostos, como matrizes, listas e data frames, por isso, eles são importantes mesmo que você não esteja interessado em vetores.

Ao digitar o nome do objeto, o R lista todos os valores do vetor. Porém, às vezes, queremos um subconjunto dos valores. Podemos obter um subconjunto de valores de diversas formas. Como regra geral, o R usa colchetes logo após o nome do objeto, para que seja especificado alguma forma de filtro exibindo parte do resultado. A seguir, usamos o conjunto de dados `rivers` que é nativo do R, onde retornamos apenas o valor da terceira posição do vetor:

```
> rivers[3]
[1] 325
```

No exemplo a seguir, um vetor dentro dos colchetes restringe a saída a três elementos. Os números listados nos colchetes se referem à posição do valor no vetor, e não aos valores em si:

```
> rivers[c(1,3,50)]
[1] 735 325 710
```

Podemos ainda solicitar um intervalo de valores, de acordo com sua posição. Neste caso, usamos dois pontos entre o valor inicial e final do índice que queremos obter. No próximo exemplo, a saída mostra os valores nas posições 1 até 5:

```
> rivers[c(1:5)]
[1] 735 320 325 392 524
```

Opcionalmente, pode nos interessar apenas valores dos vetores maiores ou menores que um determinado valor. Podemos utilizar um ou mais operadores lógicos para filtrar o resultado:

```
> rivers[rivers>1400]
[1] 1459 1450 2348 3710 2315 2533 1885 1770
```

Ou ainda, queremos ter todos os valores, menos o primeiro. Neste caso, usamos o sinal menos (-) na frente do valor de um conjunto, ou mesmo, de um intervalo de valores:

```
> rivers[-1]
 [1]  320  325  392  524  450 1459  135  465  600  330  336  280
[13]  315  870  906  202  329  290 1000  600  505 1450  840 1243
[25]  890  350  407  286  280  525  720  390  250  327  230  265
[37]  850  210  630  260  230  360  730  600  306  390  420  291
[49]  710  340  217  281  352  259  250  470  680  570  350  300
[61]  560  900  625  332 2348 1171 3710 2315 2533  780  280  410
```

```
[73]   460   260   255   431   350   760   618   338   981  1306   500   696
[85]   605   250   411  1054   735   233   435   490   310   460   383   375
[97]  1270   545   445  1885   380   300   380   377   425   276   210   800
[109]   420   350   360   538  1100  1205   314   237   610   360   540  1038
[121]   424   310   300   444   301   268   620   215   652   900   525   246
[133]   360   529   500   720   270   430   671  1770
```

É possível ainda consultar o número de elementos de um vetor com a função `length`, obter o maior valor com a função `max` e o menor valor com a função `min`, ou utilizar a função `sum` para somar os elementos. No exemplo seguinte, obtemos o maior valor, menor valor e o número de observações:

```
> max(rivers)
[1] 3710
> min(rivers)
[1] 135
> length(rivers)
[1] 141
```

Podemos ainda ordenar os elementos do vetor com a função `sort`. No código a seguir, o vetor é ordenado. Porém, a ordenação apenas exibiu os valores ordenadamente, não alterando a ordem dos dados no vetor original. Logo a seguir, ordenamos novamente o vetor e atribuímos o resultado à variável `vetNumOrd`. Dessa forma, é criado um novo vetor com os valores ordenados:

```
> sort(rivers)
[1]    135   202   210   210   215   217   230   230   233   237   246   250
[13]   250   250   255   259   260   260   265   268   270   276   280   280
[25]   280   281   286   290   291   300   300   300   301   306   310   310
[37]   314   315   320   325   327   329   330   332   336   338   340   350
[49]   350   350   350   352   360   360   360   360   375   377   380   380
[61]   383   390   390   392   407   410   411   420   420   424   425   430
[73]   431   435   444   445   450   460   460   465   470   490   500   500
[85]   505   524   525   525   529   538   540   545   560   570   600   600
[97]   600   605   610   618   620   625   630   652   671   680   696   710
[109]   720   720   730   735   735   760   780   800   840   850   870   890
```

```
[121]    900    900    906    981  1000  1038  1054  1100  1171  1205  1243  1270
[133]   1306   1450   1459   1770  1885  2315  2348  2533  3710
> riversOrd <- sort(rivers)
> riversOrd
  [1]    135    202    210    210    215    217    230    230    233    237    246    250
 [13]    250    250    255    259    260    260    265    268    270    276    280    280
 [25]    280    281    286    290    291    300    300    300    301    306    310    310
 [37]    314    315    320    325    327    329    330    332    336    338    340    350
 [49]    350    350    350    352    360    360    360    360    375    377    380    380
 [61]    383    390    390    392    407    410    411    420    420    424    425    430
 [73]    431    435    444    445    450    460    460    465    470    490    500    500
 [85]    505    524    525    525    529    538    540    545    560    570    600    600
 [97]    600    605    610    618    620    625    630    652    671    680    696    710
[109]    720    720    730    735    735    760    780    800    840    850    870    890
[121]    900    900    906    981  1000  1038  1054  1100  1171  1205  1243  1270
[133]   1306   1450   1459   1770  1885  2315  2348  2533  3710
```

Para uma ordenação decrescente, podemos usar o argumento `decreasing`, definindo o mesmo como verdadeiro. Seu valor padrão é falso:

```
> sort(rivers,decreasing=TRUE)
  [1]   3710   2533   2348   2315   1885   1770   1459   1450   1306   1270   1243   1205
 [13]   1171   1100   1054   1038   1000    981    906    900    900    890    870    850
 [25]    840    800    780    760    735    735    730    720    720    710    696    680
 [37]    671    652    630    625    620    618    610    605    600    600    600    570
 [49]    560    545    540    538    529    525    525    524    505    500    500    490
 [61]    470    465    460    460    450    445    444    435    431    430    425    424
 [73]    420    420    411    410    407    392    390    390    383    380    380    377
 [85]    375    360    360    360    360    352    350    350    350    350    340    338
 [97]    336    332    330    329    327    325    320    315    314    310    310    306
[109]    301    300    300    300    291    290    286    281    280    280    280    276
[121]    270    268    265    260    260    259    255    250    250    250    246    237
[133]    233    230    230    217    215    210    210    202    135
```

Sort ordena os itens do vetor, porém, não sabemos qual o índice original de cada item ordenado. A função order, em vez de valores, retorna o índice do valor ordenado dentro do vetor:

```
> order(rivers)
  [1]    8   17   39  108  129   52   36   42   91  117  133   34   56   87   76
 [16]   55   41   75   37  127  138  107   13   30   72   53   29   19   49   61
 [31]  103  124  126   46   94  123  116   14    2    3   35   18   11   65   12
 [46]   81   51   27   60   78  111   54   43  112  119  134   97  105  102  104
 [61]   96   33   47    4   28   73   88   48  110  122  106  139   77   92  125
 [76]  100    6   74   95    9   57   93   84  136   22    5   31  132  135  113
 [91]  120   99   62   59   10   21   45   86  118   80  128   64   40  130  140
[106]   58   85   50   32  137   44    1   90   79   71  109   24   38   15   26
[121]   63  131   16   82   20  121   89  114   67  115   25   98   83   23    7
[136]  141  101   69   66   70   68
```

Anteriormente, foi mencionada a flexibilidade do R como linguagem de programação. Isto agora vai começar a ficar mais claro. Se você tiver dois vetores de mesmo tamanho e quiser somar os valores em cada posição, basta somar os dois vetores. Observe o exemplo no código:

```
> vetNum = c(10,2,3,6,5)
> vetNum2 = c(4,5,3,9,12)
> vetNum + vetNum2
[1] 14  7  6 15 17
```

Observe que a saída é o resultado da soma de cada posição dos dois vetores vetNum e vetNum2. Se os vetores a serem somados não tiverem o mesmo número de registros, o R vai exibir uma mensagem de aviso e vai realizar a soma, porém, o resultado será um tanto confuso: quando no vetor A não for encontrado um elemento na mesma posição do vetor B, o R fará a "soma" com o primeiro elemento do vetor B, em seguida, com o segundo e sucessivamente. Observe o próximo código. Comportamento semelhante ocorrerá se você somar um vetor com um único valor; todos os elementos do vetor serão somados a este valor.

```
> vetNum
[1] 10  2  3  6  5
> vetNum + 5
[1] 15  7  8 11 10
```

Já estudamos os valores não disponíveis, NA, que significa *not avaliable,* ou seja, não existe um valor disponível. Já vimos também que fazer uma operação com um valor não disponível normalmente vai resultar em NA. Veja o exemplo no código:

```
> vetNum
[1] 10  2  3  6  5
> vetNum3
[1]  1  2  3 NA NA
> vetNum + vetNum3
[1] 11  4  6 NA NA
```

Observe que o resultado de 6 + NA é igual a NA, e o mesmo acontecendo com 5 + NA. Podemos preencher as posições de NA com zeros. Para alterar o valor de uma posição qualquer de um vetor, basta informar a posição em colchetes e atribuir o novo valor:

```
> vetNum3[4:5] <- 0
> vetNum3
[1] 1 2 3 0 0
> vetNum + vetNum3
[1] 11  4  6  6  5
```

Observe que definimos que as posições 4 até 5 são atribuídas com zero (poderíamos ter usado `vetNum3[c(4,5)] <- 0`), exibimos os valores de `vetNum3` e verificamos que os valores não disponíveis são, agora, zero. Em seguida, somamos os vetores.

Também podemos omitir valores não disponíveis em operações aritméticas, de modo que o resultado não será NA. Para isso, usamos o argumento `na.rm`. No exemplo, criamos um vetor onde uma posição é NA. Executamos a função `sd` para calcular o desvio padrão, e como esperado, o resultado é NA. Por fim, executamos a mesma função, porém, definimos `na.rm` como verdadeiro, logo a função omite os valores não disponíveis no cálculo:

```
> a <- c(10,15,20,NA)
> sd(a)
[1] NA
> sd(a,na.rm=TRUE)
[1] 5
```

Além de valores não disponíveis (NA) o R representa valores impossíveis por NaN: *not a number,* ou não é um número, e INF para números infinitos. Existe ainda o valor NULL, semelhante a um NULL de banco de dados relacionais. Veja o exemplo abaixo:

```
> 0 / 0
[1] NaN
```

Matrizes e Arrays

A matriz é uma estrutura de dados com duas dimensões: linhas e colunas. Arrays são matrizes que podem conter mais de duas dimensões. O número de dimensões em um Array é ilimitado. Uma característica da matriz é que ela comporta apenas um tipo de dados, diferentemente da classe Data Frame que estudaremos em outra seção. Antes de criar matrizes, vamos estudar sua estrutura, para tal, vamos usar a matriz USPersonalExpenditure que é nativa do R. Comece digitando o nome da matriz no console:

```
> USPersonalExpenditure
                     1940    1945    1950  1955   1960
Food and Tobacco     22.200  44.500  59.60 73.2  86.80
Household Operation  10.500  15.500  29.00 36.5  46.20
Medical and Health    3.530   5.760   9.71 14.0  21.10
Personal Care         1.040   1.980   2.45  3.4   5.40
Private Education     0.341   0.974   1.80  2.6   3.64
```

Um primeiro ponto a observar é que no R diversas classes permitem que linhas sejam nomeadas, assim como colunas. Um fato bastante estranho para quem está acostumado com bancos de dados relacionais ou mesmo planilhas.

Você pode acessar linhas ou colunas através de seu índice usando a notação "matriz[linha, coluna]", onde deve-se informar o índice da linha e da coluna respectivamente. Por exemplo, se quisermos ler o valor da primeira linha na terceira coluna, usamos a notação:

```
> USPersonalExpenditure[1,3]
[1] 59.6
```

Caso queira visualizar a primeira e terceira linha e apenas a primeira e terceira coluna, basta usar a notação "c" que estudamos para referência a vetores:

```
> USPersonalExpenditure[1:2,c(1,3)]
                    1940 1950
Food and Tobacco    22.2 59.6
Household Operation 10.5 29.0
```

Ou ainda definir intervalos de linhas ou colunas:

```
> USPersonalExpenditure[1:2,1:3]
                    1940 1945 1950
Food and Tobacco    22.2 44.5 59.6
Household Operation 10.5 15.5 29.0
```

Valores para linhas e colunas podem ser omitidos. Omitindo-se valor para linha e incluindo-se a primeira coluna, a matriz é invertida, as linhas ficando como cabeçalhos de colunas e os valores para a primeira coluna são listados:

```
> USPersonalExpenditure[,1]
   Food and Tobacco Household Operation  Medical and Health
             22.200              10.500               3.530
      Personal Care   Private Education
              1.040               0.341
```

Se informarmos linha omitindo um valor de índice para coluna, é listada a primeira linha com todas as colunas:

```
> USPersonalExpenditure[1,]
1940 1945 1950 1955 1960
22.2 44.5 59.6 73.2 86.8
```

Você pode ainda acessar linhas e colunas pelos seus nomes:

```
> USPersonalExpenditure["Food and Tobacco","1940"]
[1] 22.2
```

Para criar uma matriz, usamos a função `matrix`. Basicamente, devemos fornecer um vetor de dados, definir o número de linhas, o número de colunas e se o preenchimento dos valores se dará por linha ou por coluna. Observe o exemplo:

```
> Mtrx = matrix(c(1,2,3,4,5,6),nrow=2,ncol=3,byrow=TRUE)
> Mtrx
     [,1] [,2] [,3]
[1,]    1    2    3
[2,]    4    5    6
```

Definir `byrow` como falso, vai mudar a ordem de preenchimento por colunas em vez de linhas. Veja a diferença no resultado:

```
> Mtrx = matrix(c(1,2,3,4,5,6),nrow=2,ncol=3,byrow=FALSE)
> Mtrx
     [,1] [,2] [,3]
[1,]    1    3    5
[2,]    2    4    6
```

Observe que nossa matriz não tem nomes em linhas ou colunas. A função `dimnames` permite adicionar nomes ao objeto:

```
> dimnames(Mtrx) = list(c("Lin1","Lin2"),c("Col1","Col2","C
ol3"))
> Mtrx
     Col1 Col2 Col3
Lin1    1    3    5
Lin2    2    4    6
```

Da mesma forma que podemos ler um valor pelo índice da linha e da coluna, podemos alterar qualquer valor através da mesma sintaxe. Primeiramente, atribuímos o conjunto de dados `USPersonalExpenditure` a uma nova variável para não alterar os dados de exemplo do R. Em seguida, lemos os dados para ter certeza que a operação ocorreu normalmente. Finalmente, alteramos o valor da primeira linha na segunda coluna, atribuindo ao mesmo o valor 55. Para ter certeza que o novo valor foi atribuído, exibimos novamente os dados:

```
> newUSP <- USPersonalExpenditure
> newUSP
```

```
                        1940     1945    1950  1955   1960
Food and Tobacco       22.200  44.500  59.60  73.2  86.80
Household Operation 10.500  15.500  29.00  36.5  46.20
Medical and Health     3.530   5.760   9.71  14.0  21.10
Personal Care          1.040   1.980   2.45   3.4   5.40
Private Education       0.341   0.974   1.80   2.6   3.64
> newUSP[1,2] <- 55
> newUSP
                        1940     1945    1950  1955   1960
Food and Tobacco       22.200  55.000  59.60  73.2  86.80
Household Operation 10.500  15.500  29.00  36.5  46.20
Medical and Health     3.530   5.760   9.71  14.0  21.10
Personal Care          1.040   1.980   2.45   3.4   5.40
Private Education       0.341   0.974   1.80   2.6   3.64
```

Dim é uma função interessante para sabermos as dimensões da matriz. Observe no exemplo:

```
> dim(USPersonalExpenditure)
[1] 5 5
```

Listas

A lista é uma classe curiosa: pode conter diversos objetos de estruturas diferentes, em posições diferentes da lista. Pode-se dizer que uma lista comporta um vetor de objetos. Por exemplo, uma lista pode conter um vetor, uma matriz e até outra lista. Vamos começar visualizando a lista `ability.cov`, que é distribuída junto com o R:

```
> ability.cov
$cov
         general picture  blocks   maze reading   vocab
general   24.641   5.991  33.520  6.023  20.755  29.701
picture    5.991   6.700  18.137  1.782   4.936   7.204
blocks    33.520  18.137 149.831 19.424  31.430  50.753
maze       6.023   1.782  19.424 12.711   4.757   9.075
reading   20.755   4.936  31.430  4.757  52.604  66.762
vocab     29.701   7.204  50.753  9.075  66.762 135.292
```

```
$center
[1] 0 0 0 0 0 0

$n.obs
[1] 112
```

Veja que esta lista é composta de três elementos: cov, center e n.obs. Podemos acessar um elemento da lista usando a notação lista$elemento, por exemplo. Para ler os elementos de n.center, usamos o comando abaixo:

```
> ability.cov$center
[1] 0 0 0 0 0 0
```

No código a seguir, confirmamos que os elementos que compõe uma lista podem ser de classes diferentes. Usando a função class, podemos observar que cov é uma matriz e center é um vetor numérico:

```
> class(ability.cov$cov)
[1] "matrix"
> class(ability.cov$center)
[1] "numeric"
```

Você pode ler, alterar ou incluir elementos em uma lista de acordo com o tipo de dado da posição da lista. Por exemplo, o primeiro elemento é uma matriz, que conforme estudamos em seção anterior, pode ser acessada através do índice da linha e da coluna:

```
> ability.cov$cov[1,3]
[1] 33.52
```

Porém, você pode acessar os elementos do vetor diretamente pelo índice do vetor e do elemento. O índice do elemento do vetor deverá estar entre dois colchetes. Já o índice do valor do elemento, estará de acordo com a estrutura deste. Por exemplo, se for um data frame devemos informar linha e coluna, se for um vetor, apenas a posição no índice, entre outros.

```
> ability.cov[[1]][2,1]
[1] 5.991
> ability.cov[[3]][1]
[1] 112
```

Criamos uma lista através da função `list`. Como a lista pode agrupar elementos heterogêneos, basta indicar um vetor de elementos para a função. No próximo exemplo, montamos uma lista de quatro elementos com a já conhecida matriz `USPersonalExpenditure`, um elemento de outra lista, um vetor e um elemento caractere. Em seguida, verificamos a estrutura da lista:

```
> minhaLista <- list(USPersonalExpenditure,ability.cov$center,
c(2,5,6,9),"Elemento")
> minhaLista
[[1]]
                       1940    1945   1950  1955   1960
Food and Tobacco      22.200 44.500 59.60 73.2 86.80
Household Operation   10.500 15.500 29.00 36.5 46.20
Medical and Health     3.530  5.760  9.71 14.0 21.10
Personal Care          1.040  1.980  2.45  3.4  5.40
Private Education      0.341  0.974  1.80  2.6  3.64


[[2]]
[1] 0 0 0 0 0 0


[[3]]
[1] 2 5 6 9


[[4]]
[1] "Elemento"
```

Data Frame

Um data frame é a classe que mais se assemelha a uma tabela em um banco de dados. Diferente da matriz, um data frame suporta colunas com tipos de dados diferentes, como uma tabela em um banco de dados.

Existe bastante semelhança entre as funções para manipular uma matriz e um data frame. No exemplo a seguir, listamos os dados do data frame `animals`, que é distribuído junto com a instalação padrão do R:

```
> animals
    war fly ver end gro hai
ant   1   1   1   1   2   1
bee   1   2   1   1   2   2
cat   2   1   2   1   1   2
cpl   1   1   1   1   1   2
chi   2   1   2   2   2   2
cow   2   1   2   1   2   2
duc   2   2   2   1   2   1
eag   2   2   2   2   1   1
ele   2   1   2   2   2   1
fly   1   2   1   1   1   1
fro   1   1   2   2  NA   1
her   1   1   2   1   2   1
lio   2   1   2  NA   2   2
liz   1   1   2   1   1   1
lob   1   1   1   1  NA   1
man   2   1   2   2   2   2
rab   2   1   2   1   2   2
sal   1   1   2   1  NA   1
spi   1   1   1  NA   1   2
wha   2   1   2   2   2   1
```

Podemos ler ou alterar valores através do índice ou pelo nome da linha e coluna. Nada de novo até aqui:

```
> animals[5,5]
[1] 2
> animals["ant","gro"]
[1] 2
```

Na lista, podemos acessar um elemento pelo nome usando o $ após o nome da lista. Em data frames, esta mesma sintaxe traz um vetor com todos os elementos da coluna descrita após o $:

```
> animals$war
 [1] 1 1 2 1 2 2 2 2 2 1 1 1 2 1 1 2 2 1 1 2
```

DNase é outro conjunto de dados que é distribuído com o R. No exemplo abaixo, verificamos a classe de duas diferentes colunas do mesmo data frame. Podemos, dessa forma, comprovar o suporte a diferentes classes, ou tipos, em diferentes colunas de um mesmo data frame:

```
> class(DNase$Run)
[1] "ordered" "factor"
> class(DNase$conc)
[1] "numeric"
```

Para criar um data frame, usamos a função `data.frame`. No exemplo, criamos três vetores, cada um com três elementos. Por fim, criamos o data frame "pessoas", que recebe como parâmetro os três vetores e tem como nome de suas colunas o nome dos vetores.

```
> Índice = c(1, 2, 3)
> Nomes = c("Maria","Pedro","José")
> Brasileiro = c(TRUE,TRUE,FALSE)
> pessoas = data.frame(Indice,Nomes,Brasileiro)
> pessoas
  Índice Nomes Brasileiro
1      1 Maria       TRUE
2      2 Pedro       TRUE
3      3  José      FALSE
```

Podemos ver que o R inferiu corretamente os tipos já na criação dos vetores.

```
> class(pessoas$Indice)
[1] "numeric"
> class(pessoas$Nomes)
[1] "factor"
> class(pessoas$Brasileiro)
[1] "logical"
```

Se na criação de um vetor colocamos números e caracteres, o R vai transformar todos os elementos em caracteres. Se usarmos um conjunto qualquer de dados como argumento para a função `edit`, o R abrirá um editor de dados visual, onde o usuário poderá alterar dados ou até mesmo incluir novas colunas. Para ser funcional, você deve atribuir o resultado da edição a uma variável, que vai conter a nova versão dos dados alterados. No exemplo a seguir, abrimos a lista `DNase` em modo de edição, os valores alterados serão atribuídos à variável `Dados`:

```
> Dados <- edit(DNase)
```

	Run	conc	density	var4	var5	var6	var7
1	1	0.04882812	0.017				
2	1	0.04882812	0.018				
3	1	0.1953125	0.121				
4	1	0.1953125	0.124				
5	1	0.390625	0.206				
6	1	0.390625	0.215				
7	1	0.78125	0.377				
8	1	0.78125	0.374				
9	1	1.5625	0.614				
10	1	1.5625	0.609				
11	1	3.125	1.019				
12	1	3.125	1.001				
13	1	6.25	1.334				
14	1	6.25	1.364				
15	1	12.5	1.73				
16	1	12.5	1.71				
17	2	0.04882812	0.045				
18	2	0.04882812	0.05				
19	2	0.1953125	0.137				

Figura 11.4: Edit

Na figura 11.4, podemos ver a janela `edit`.

Adicionando um único valor em uma coluna, criará a coluna no objeto resultante, os demais valores serão preenchidos com NA.

Se você usar `edit` sem atribuir a função a uma variável, ao fechar o editor, a função será impressa no console do R. Este é um comportamento padrão do R, da mesma forma se atribuímos a saída a uma variável, o resultado é armazenado e não impresso no console, e neste caso, para visualizar os resultados, devemos imputar a variável no console ou usar a função `print`. Caso você deseje alterar a fonte original dos dados, `DNase` no nosso exemplo, podemos usar a função `fix`, que tem comportamento semelhante a `edit`, porém, atribui o resultado à mesma variável.

```
> fix(DNase)
```

Séries Temporais

Séries temporais são observações sequências coletadas ao longo de um tempo. O R suporta séries temporais tanto através de funções quando em estrutura de dados. Podemos observar, por exemplo, o conjunto de dados `AirPassengers`, distribuído nativamente com o R, que tem dados de passageiros de voos internacionais entre 1949 e 1960 de uma empresa área:

```
> class(AirPassengers)
[1] "ts"
> AirPassengers
     Jan Feb Mar Apr May Jun Jul Aug Sep Oct Nov Dec
1949 112 118 132 129 121 135 148 148 136 119 104 118
1950 115 126 141 135 125 149 170 170 158 133 114 140
1951 145 150 178 163 172 178 199 199 184 162 146 166
1952 171 180 193 181 183 218 230 242 209 191 172 194
1953 196 196 236 235 229 243 264 272 237 211 180 201
1954 204 188 235 227 234 264 302 293 259 229 203 229
1955 242 233 267 269 270 315 364 347 312 274 237 278
1956 284 277 317 313 318 374 413 405 355 306 271 306
1957 315 301 356 348 355 422 465 467 404 347 305 336
1958 340 318 362 348 363 435 491 505 404 359 310 337
1959 360 342 406 396 420 472 548 559 463 407 362 405
1960 417 391 419 461 472 535 622 606 508 461 390 432
```

A função `ts` pode ser utilizada para criar uma série temporal. Como argumentos, devemos informar o vetor com as observações, a data de início, de fim e a frequência. No exemplo a seguir, com observações, definimos um vetor de 1 a 48, com data inicial em janeiro de 2010 e final em dezembro de 2013, e frequência como 12, ou seja, mensal:

```
> mst <- ts(c(1:48), start=c(2010, 1), end=c(2013, 12), fre-
quency=12)
> mst
     Jan Feb Mar Apr May Jun Jul Aug Sep Oct Nov Dec
2010   1   2   3   4   5   6   7   8   9  10  11  12
2011  13  14  15  16  17  18  19  20  21  22  23  24
2012  25  26  27  28  29  30  31  32  33  34  35  36
2013  37  38  39  40  41  42  43  44  45  46  47  48
```

Fatores

Os fatores do R são utilizados para variáveis categóricas. Fatores podem ser utilizados tanto pela sua representação numérica como textual. Sua utilidade é variada, mas, por exemplo, podemos usar uma variável "fator" para representar os meses do ano. Quando quisermos efetuar cálculos, como a diferença entre determinados meses, podemos usar a representação numérica. Já para exibir o mês resultante do cálculo, podemos usar a representação textual.

Fatores também são eficientes no controle de recursos computacionais, se um caractere se repete no fator, o R o armazenará apenas uma vez.

Neste exemplo, criamos um fator de sete posições, e atribuímos um vetor de rótulos para os dias da semana. O argumento `ordered` permite ainda que o vetor seja ordenado, permitindo, por exemplo, que se compare logicamente diferentes elementos dentro do mesmo fator.

```
> dias <- factor(c(1:7),labels=c("Dom","Seg","Ter","Qua","Qui"
,"Sex","Sab"),ordered=TRUE)
> dias
[1] Dom Seg Ter Qua Qui Sex Sab
Levels: Dom < Seg < Ter < Qua < Qui < Sex < Sab
```

Outras Funções

Na próxima seção, vamos estudar diversas funções nativas que são úteis no dia a dia da utilização do R.

Attach, Detach e With

Supondo que você tenha que realizar diversas operações sobre o data frame `cars`, outro conjunto de dados nativo do R, ficará um pouco cansativo, a todo o momento, ter que citar qual o nome do conjunto de dados mais a coluna ou linha. Uma forma de minimizar a digitação é usando a tecla "Tab", como já estudamos. Porém, uma alternativa mais interessante é usar a função `attach`. Esta função coloca o conjunto de dado no caminho de busca do R, de forma que você possa acessar colunas, por exemplo, simplesmente pelo nome da coluna.

No código seguinte, primeiramente, observamos alguns registros de `cars`. Tentamos, em seguida, somar a coluna velocidade usando apenas o nome da coluna. Obtemos um erro. Usamos, então, a função `attach` com o argumento cars. Repetimos a mesma função de soma, desta vez com sucesso, pois agora, cars está no caminho de buscas do R e ele encontrou a coluna speed. Finalmente, removemos o data frame do conjunto de buscas do R usando detach.

```
> head(cars)
  speed dist
1     4    2
2     4   10
3     7    4
4     7   22
5     8   16
6     9   10
> sum(speed)
Erro: objeto 'speed' não encontrado
> attach(cars)
> sum(speed)
[1] 770
> detach(cars)
```

Recomenda-se que os objetos sejam removidos do caminho de buscas depois do uso, não por uma questão de racionalizar recursos computacionais, mas porque seu caminho de buscas pode ficar carregado com muitas informações e ocorrer ambiguidades entre nomes de objetos.

A função with tem efeito semelhante, porém, ela não adiciona nada ao caminho de busca do R, a facilidade é apenas no momento da chamada da função. Ao chamar with, devemos informar o objeto e operação a ser executada. Observe a seguir uma forma de obter o resultado do exemplo anterior sem precisar adicionar e remover o objeto no caminho de buscas do R:

```
> with(cars,sum(speed))
[1] 770
```

Criando Sequências

Uma forma simples de produzir, ou mesmo selecionar intervalos de sequências numéricas, é usando dois pontos (`:`) como operador. Já usamos esta técnica anteriormente: o número à esquerda indica o início do intervalo e o da direita, o fim. Observe o exemplo:

```
> var1 <- c(1:10)
> var1
 [1]  1  2  3  4  5  6  7  8  9 10
```

Uma forma mais elaborada de criar uma sequência é com a função `seq`, onde, além do valor inicial e final, podemos definir os intervalos de incremento da sequência. A seguir, alguns exemplos:

```
> seq(from=10,to=100,by=10)
 [1]  10  20  30  40  50  60  70  80  90 100
> seq (from=1,to=10,by=0.5)
 [1]  1.0  1.5  2.0  2.5  3.0  3.5  4.0  4.5  5.0  5.5  6.0
6.5  7.0  7.5  8.0
[16]  8.5  9.0  9.5 10.0
```

Length

A função `length` também já foi rapidamente estudada. Ela retorna o tamanho de uma estrutura em número de posições. Ela também pode ser utilizada para alterar o tamanho de uma estrutura qualquer. No exemplo seguinte, criamos dois vetores e verificamos o comprimento de cada um. Em seguida, definimos que o vetor `varA` deve ser do mesmo comprimento de `varB`. Neste caso, como uma nova posição foi adicionada, ela é preenchida com NA.

```
> varA <- c(10,15,20,25)
> varB <- c(10,15,20,25,30)
> length(varA)
[1] 4
> length(varB)
[1] 5
> length(varA) <- length(varB)
```

```
> length(varA)
[1] 5
> varA
[1] 10 15 20 25 NA
```

Scan

Adicionar dados ao R pode ser um processo cansativo. Para construirmos um vetor, temos que digitar vários elementos separados por vírgulas, e ainda entre aspas ou apóstrofes, quando forem caracteres. Estudaremos mais adiante como importar arquivos ou conectar a um banco de dados, porém, a digitação é sempre inevitável. A função scan facilita a entrada de dados pelo teclado, onde os valores podem ser digitados livremente. Quando o usuário termina a digitação, um vetor é formado. Para entender a função scan, siga os seguintes passos:

- Use a função scan, atribuindo a função a uma variável que será o vetor com os dados digitados;

```
> meuVetor = scan()
```

- Inicie a digitação dos dados, separando os mesmos com espaços;
- Tecle "Enter". Você pode digitar mais dados ou teclar "Enter" novamente. Se você digitar "Enter" sem entrar informação, o R entende que a digitação terminou e cria o vetor.

Abaixo você pode ver um exemplo completo:

```
> meuVetor = scan()
1: 1 2 3 4 6
6: 7 9 10
9:
Read 8 items
> meuVetor
[1]  1  2  3  4  6  7  9 10
```

Por padrão, a função scan espera valores numéricos, portanto, se você digitar um caractere ou um valor booleano, por exemplo, o R emitirá uma mensagem de erro. Você pode usar o argumento what para especificar que a entrada é de outro tipo de dado. No exemplo, é feita a entrada de valores do tipo caractere:

```
> meuVetor = scan(what="character")
1: Curitiba Rio Manaus
4:
Read 3 items
> meuVetor
[1] "Curitiba" "Rio" "Manaus"
Por fim, criamos e lemos dados de um vetor booleano:
> meuVetor = scan(what="boolean")
1: TRUE FALSE FALSE FALSE TRUE
6:
Read 5 items
> meuVetor
[1] "TRUE"  "FALSE" "FALSE" "FALSE" "TRUE"
```

Conversões de Tipos

Assim como em uma linguagem de programação tradicional, é comum a necessidade do R em converter dados entre diferentes tipos.

O R possui uma série de funções e formas de conversão de valores. De uma maneira geral, você pode usar a sintaxe as.[classe] para converter um tipo. Observe no exemplo a seguir. Primeiramente, criamos um objeto do tipo caractere, para depois convertê-lo a numérico. Usamos a função class para testar os tipos dos objetos.

```
> var <- "9"
> class(var)
[1] "character"
> var1 <- as.numeric(var)
> class(var1)
[1] "numeric"
```

A lista de possíveis conversões é grande:

- `as.numeric()`
- `as.character()`
- `as.vector()`
- `as.matrix()`
- `as.data.frame()`
- `as.Date()`
- `as.factor()`

Vamos a alguns exemplos. Convertendo um data frame para uma lista é extremante simples:

```
> class(cars)
[1] "data.frame"
> lista = as.list(cars)
> class(lista)
[1] "list"
```

O contrário, uma lista para um data frame, também é possível:

```
> class(ability.cov)
[1] "list"
> dataframe <- as.data.frame(ability.cov)
> class(dataframe)
[1] "data.frame"
```

Importando Dados

Até o momento, usamos dados que já eram parte de algum pacote do R ou que digitamos no console. Sabemos que na vida real precisamos colocar dentro do nosso ambiente de análise dados de outras fontes. A origem destas fontes de dados pode ser as mais diversas e heterogêneas possíveis: arquivos em texto, planilhas, bancos de dados, mainframes etc.

Nativamente, o R nos permite importar vários tipos de dados, porém, através de pacotes específicos, conseguimos obter dados de um número ainda maior de fontes. Nesta seção, vamos ver como importar arquivos em texto e csv em disco.

A função mais comum do R para importar dados é `read.table`. Na sua forma mais simples, você deve atribuir à função uma variável que será criada com o tipo data frame, e informar o caractere usado-o como separador das informações.

Antes do primeiro exemplo, é importante recordar o conceito de diretório de trabalho estudado anteriormente. Você pode informar o caminho absoluto ou completo do arquivo, dependendo de sua localização. Se o arquivo estiver na área de trabalho, basta informar o nome do arquivo seguido de sua extensão. Se ele estiver em outro diretório, você deverá informar todo o caminho (absoluto). Eventualmente, você ainda pode informar o caminho a partir do diretório de trabalho.

No próximo código, importamos o arquivo fraude.csv. Note que como não informamos o caminho, o R procurará o mesmo no diretório de trabalho. O argumento sep indica o separador dos dados, que no nosso exemplo é ponto e vírgula (;):

```
> tabela <- read.table("Fraud.csv",sep=";")
> class(tabela)
[1] "data.frame"
```

Se você não souber a localização do arquivo, ou mesmo que prefira localizar o arquivo em vez de digitar o caminho, a função `file.choose` abre uma caixa de diálogo para que você possa localizar o arquivo no seu computador. Observe o exemplo:

```
> arquivo <- file.choose()
> tabela <- read.table(arquivo,sep=";")
```

Se preferir, pode incluir `file.choose` diretamente no argumento do nome do arquivo na função `read.table`:

```
> tabela <- read.table(file.choose(),sep=";")
```

A função `read.table` tem uma série de argumentos que podem ser usados para adaptar a sua importação aos mais diferentes tipos de arquivos. A tabela 11.6 traz alguns dos principais argumentos.

Tabela 11.6: Argumentos de read.table

Argumento	Função
header	Booleano, indica se a primeira linha possui o cabeçalho dos dados.
sep	Define o separador dos dados.
row.names	Vetor com nomes para linhas.
col.names	Vetor com nomes para colunas.
dec	Define o caractere usado como separador decimal.

O R dispõe ainda de algumas funções úteis para visualizar conteúdo de diretórios, desta forma você pode, por exemplo, visualizar o nome de um arquivo ou de diretórios antes de proceder à importação. List.files lista arquivos de um diretório. Sem qualquer argumento, ele listará os arquivos do diretório de trabalho. Para definir uma pasta específica, basta informar o caminho. No próximo exemplo, listamos o conteúdo da pasta C:\Data:

```
> list.files("C:\\Data")
[1] "census.csv" "Data.csv"    "Fraud.csv"   "Older"
```

Para listar um subdiretório a partir do diretório de trabalho, podemos usar o ponto (.) como notação, que é entendido pelo R como o caminho absoluto a partir daquele local:

```
> dir(".\\older")
[1] "Fraud.csv"
```

Lendo e Salvando Dados em Disco

Opcionalmente, o R pode salvar em disco objetos em um formato próprio. Este formato é binário e passível de ser carregado novamente apenas pelo R, ou seja, você não vai conseguir abri-lo em um editor de texto. Tal funcionalidade é muito útil para transferir dados entre diferentes computadores, compartilhar informações e até mesmo como uma forma de backup.

Primeiramente, para salvar dados em disco, precisamos definir apenas os objetos e o nome do arquivo. Se quisermos salvar o arquivo no diretório de trabalho, um nome é suficiente, porém, para armazená-lo em outro local, uma unidade de rede, por exemplo, é preciso informar o caminho completo.

A função `save` permite que vários objetos sejam salvos em uma única expressão. Tradicionalmente, arquivos de dados do R têm a extensão rdata, que é opcional, mas será utilizada em nosso exemplo.

No exemplo, primeiro criamos uma cópia do objeto e em seguida utilizamos o comando `save` para salvá-lo em disco:

```
> carros <- cars
> save(carros,file="carros.rdata")
```

Você poderá neste momento visualizar o arquivo `carros.rdata` em seu diretório de trabalho. Vamos agora carregar os dados utilizando a função `load`, porém, para termos certeza que o objeto foi carregado, primeiramente removemos "carros" da memória usando a função `rm`. Para termos certeza de que ele foi removido com a função `rm`, carregamos o arquivo usando `load` e lemos o cabeçalho do objeto:

```
> rm(carros)
> carros
Erro: objeto 'carros' não encontrado
> load("carros.RData")
> head(carros)
  speed dist
1     4    2
2     4   10
3     7    4
4     7   22
5     8   16
6     9   10
```

É importante salientar que em um mesmo arquivo através de uma única chamada da função `save`, podemos salvar diversos objetos simultaneamente. O nome do arquivo não precisa ter relação com o nome dos objetos que o arquivo contém. No exemplo seguinte, salvamos dois objetos em um mesmo arquivo:

```
> save(cars,Titanic,file="carros.rdata")
```

Head e Tail

Um ambiente de linha de comando não é muito amigável para a visualização de dados em forma tabular. Quando imprimimos dados no console, os problemas podem ser variados: o limite de visualização de 99.999 linhas, que na verdade é o limite de impressão e pode ser alterado através das configurações `options` já estudadas; o R não cria barras de rolagem horizontal ao imprimir dados, em consequência, colunas que não caibam na primeira impressão serão impressas ao final das linhas das primeiras colunas; entre outros problemas.

O R possui diversas funções que permite visualizar e analisar partes ou ainda sumarizar dados, como veremos a seguir.

`Head` e `tail` permitem visualizar os primeiros e últimos registros de um objeto, respectivamente.

```
> head(DNase)
  Run        conc density
1   1 0.04882812   0.017
2   1 0.04882812   0.018
3   1 0.19531250   0.121
4   1 0.19531250   0.124
5   1 0.39062500   0.206
6   1 0.39062500   0.215
> tail(DNase)
    Run  conc density
171  11  3.125   0.994
172  11  3.125   0.980
173  11  6.250   1.421
174  11  6.250   1.385
175  11 12.500   1.715
176  11 12.500   1.721
```

Por padrão, ambos os comandos exibem os seis primeiros ou últimos registros. O parâmetro n permite que seja definido um valor referente ao número de registros que devem ser impressos. No exemplo seguinte, definimos quatro como a quantidade dos primeiros registros que devem ser exibidos:

```
> head(DNase,n=4L)
  Run       conc density
1   1 0.04882812   0.017
2   1 0.04882812   0.018
3   1 0.19531250   0.121
4   1 0.19531250   0.124
```

Sumarizando Dados

A função `summary` faz um resumo de um objeto. O resumo é apresentando por coluna. Para cada coluna, a função traz informações como valor mínimo, máximo, médio, mediano e quartis. No próximo exemplo, podemos ver o sumário sobre o objeto já conhecido `DNase`:

```
> summary(DNase)
     Run            conc               density
 10     :16   Min.   : 0.04883   Min.   :0.0110
 11     :16   1st Qu.: 0.34180   1st Qu.:0.1978
 9      :16   Median : 1.17188   Median :0.5265
 1      :16   Mean   : 3.10669   Mean   :0.7192
 4      :16   3rd Qu.: 3.90625   3rd Qu.:1.1705
 8      :16   Max.   :12.50000   Max.   :2.0030
 (Other):80
```

Visualizando Nomes de Linhas e Colunas

Como já discutimos em seção anterior, o console do RGui não é muito bom em visualizar dados. O problema maior é se existem muitas colunas no conjunto de dados com o qual estamos trabalhando, o RGui vai empilhar as colunas na medida em que elas cabem em sua resolução de tela. Para este problema, nem mesmo funções como `head` ou `tail` poderão ajudar.

Uma boa alternativa é, inicialmente, visualizarmos as colunas disponíveis no conjunto de dados, desta forma, podemos encontrar quais são importantes para nosso objetivo. O R possui as funções `rownames` e `colanames` que permitem a visualização e alteração de nomes de linhas e colunas de dados. Observe:

```
> colnames(USArrests)
[1] "Murder"   "Assault"   "UrbanPop"  "Rape"
> rownames(USArrests)
[1] "Alabama"         "Alaska"          "Arizona"         "Arkansas"
[5] "California"      "Colorado"        "Connecticut"     "Delaware"
[9] "Florida"         "Georgia"         "Hawaii"          "Idaho"
[13] "Illinois"       "Indiana"         "Iowa"            "Kansas"
[17] "Kentucky"       "Louisiana"       "Maine"           "Maryland"
[21] "Massachusetts"  "Michigan"        "Minnesota"       "Mississippi"
[25] "Missouri"       "Montana"         "Nebraska"        "Nevada"
[29] "New Hampshire"  "New Jersey"      "New Mexico"      "New York"
[33] "North Carolina" "North Dakota"    "Ohio"            "Oklahoma"
[37] "Oregon"         "Pennsylvania"    "Rhode Island"    "South Carolina"
[41] "South Dakota"   "Tennessee"       "Texas"           "Utah"
[45] "Vermont"        "Virgini          "Washington"      "West Virginia"
[49] "Wisconsin"      "Wyoming"
```

Funções Cumulativas

As funções cumulativas acumularão o valor de linhas ou colunas da operação indicada. Por exemplo, `cumsum` soma os valores coluna a coluna. Observe o exemplo seguinte. Os dados já conhecidos de `AirPassengers`, nativos do R, mostram, em milhares, os passageiros transportados em voos internacionais entre 1949 e 1960:

```
> AirPassengers
     Jan Feb Mar Apr May Jun Jul Aug Sep Oct Nov Dec
1949 112 118 132 129 121 135 148 148 136 119 104 118
1950 115 126 141 135 125 149 170 170 158 133 114 140
1951 145 150 178 163 172 178 199 199 184 162 146 166
1952 171 180 193 181 183 218 230 242 209 191 172 194
1953 196 196 236 235 229 243 264 272 237 211 180 201
1954 204 188 235 227 234 264 302 293 259 229 203 229
```

```
1955 242 233 267 269 270 315 364 347 312 274 237 278
1956 284 277 317 313 318 374 413 405 355 306 271 306
1957 315 301 356 348 355 422 465 467 404 347 305 336
1958 340 318 362 348 363 435 491 505 404 359 310 337
1959 360 342 406 396 420 472 548 559 463 407 362 405
1960 417 391 419 461 472 535 622 606 508 461 390 432
```

Cumsum vai acumular os valores linha a linha. O resultado contém ainda 12 colunas, porém a 12ª coluna, ao invés do valor referente a dezembro, vai trazer o valor acumulado de todos os meses:

```
> cumsum(AirPassengers)
  [1]    112    230    362    491    612    747    895   1043   1179
1298   1402   1520
 [13]   1635   1761   1902   2037   2162   2311   2481   2651   2809
2942   3056   3196
 [25]   3341   3491   3669   3832   4004   4182   4381   4580   4764
4926   5072   5238
 [37]   5409   5589   5782   5963   6146   6364   6594   6836   7045
7236   7408   7602
 [49]   7798   7994   8230   8465   8694   8937   9201   9473   9710
9921  10101  10302
 [61]  10506  10694  10929  11156  11390  11654  11956  12249  12508
12737  12940  13169
 [73]  13411  13644  13911  14180  14450  14765  15129  15476  15788
16062  16299  16577
 [85]  16861  17138  17455  17768  18086  18460  18873  19278  19633
19939  20210  20516
 [97]  20831  21132  21488  21836  22191  22613  23078  23545  23949
24296  24601  24937
[109]  25277  25595  25957  26305  26668  27103  27594  28099  28503
28862  29172  29509
[121]  29869  30211  30617  31013  31433  31905  32453  33012  33475
33882  34244  34649
[133]  35066  35457  35876  36337  36809  37344  37966  38572  39080
39541  39931  40363
```

Cumprod executará o produto (multiplicar) em vez de somar. Executando cumprod sobre o mesmo conjunto de dados, teremos resultados, nas últimas linhas, igual a inf (valor infinito). Cummax e cummin retornam o valor máximo e mínimo respectivamente, porém, cumulativamente: a cada novo valor, é feita uma nova avaliação, permanecendo o valor máximo (ou mínimo), até o final do conjunto de dados. No exemplo a seguir, observe a repetição de valores como 132, 148 etc. Isto se dá porque na acumulação estes valores são maiores que os avaliados.

```
> cummax(AirPassengers)
  [1] 112 118 132 132 132 135 148 148 148 148 148 148 148 148
148 148 148 149
 [19] 170 170 170 170 170 170 170 170 178 178 178 178 199 199
199 199 199 199
 [37] 199 199 199 199 199 218 230 242 242 242 242 242 242 242
242 242 242 243
 [55] 264 272 272 272 272 272 272 272 272 272 272 272 302 302
302 302 302 302
 [73] 302 302 302 302 302 315 364 364 364 364 364 364 364 364
364 364 364 374
 [91] 413 413 413 413 413 413 413 413 413 413 413 422 465 467
467 467 467 467
[109] 467 467 467 467 467 467 491 505 505 505 505 505 505 505
505 505 505 505
[127] 548 559 559 559 559 559 559 559 559 559 559 559 622 622
622 622 622 622
```

Aplicando Funções Sobre Linhas ou Colunas

Com o R, ainda é possível aplicar uma função sobre todos os valores de linhas ou colunas. A função `apply` aplica a função especificada sobre um conjunto de dados definido no primeiro parâmetro. O segundo parâmetro deve ser informado como 1 para aplicar a função sobre linhas ou 2 para aplicar sobre colunas. O terceiro parâmetro é a função. No próximo exemplo, aplicamos a função `median`, para calcular a mediana, inicialmente sobre a coluna, e em seguida, sobre a linha da matriz `USPersonalExpenditure`, que é nativa do R:

```
> apply(USPersonalExpenditure,1,median)
   Food and Tobacco Household Operation Medical and Health
Personal Care
              59.60               29.00                 9.71
2.45
   Private Education
```

```
             1.80
> apply(USPersonalExpenditure,2,median)
 1940   1945   1950   1955   1960
 3.53   5.76   9.71 14.00 21.10
```

Tabelas de Contingência

A função `table` produz uma tabela de contingência, muito utilizada para analisar a relação entre dados de observações. Para entender a função, vamos primeiro estudar os dados do data frame `infert`, que acompanha o R e traz observações de infertilidade após aborto induzido ou espontâneo. Este data frame traz 248 observações em oito colunas. Inicialmente, analisamos os primeiros registros do data frame:

```
> head(infert)
education age parity induced case spontaneous stratum pooled.stratum
1 0-5yrs   26    6        1    1           2       1              3
2 0-5yrs   42    1        1    1           0       2              1
3 0-5yrs   39    6        2    1           0       3              4
4 0-5yrs   34    4        2    1           0       4              2
5 6-11yrs   3    3        1    1           1       5             32
6 6-11yrs  36    4        2    1           1       6             36
```

Em todo o conjunto de dados existem apenas três valores distintos para `education`: `0-5yrs`, `6-11yrs` e `12+ yrs`. Se quisermos entender quantos abortos induzidos, coluna `induced`, ocorreram por cada faixa de `education`, podemos usar uma tabela de contingência. No exemplo seguinte, pode-se observar, por exemplo, que com 0 a 5 anos de educação foram percebidos, no conjunto de dados analisados, quatro observações com nenhum aborto, duas observações com um e seis observações de aborto induzido:

```
> table(infert$education,infert$induced)

          0  1  2
 0-5yrs   4  2  6
 6-11yrs 78 27 15
 12+ yrs 61 39 16
```

Para analisar mais dados, basta adicioná-los como argumento na função. Você pode, inclusive, simplesmente passar o objeto como argumento.

Números Aleatórios

A resolução de problemas em uma linguagem de programação normalmente nos levam à necessidade da geração de números aleatórios. Em estatística e aprendizagem de máquina, a produção de conjuntos de números aleatórios é fundamental. Normalmente, linguagens de programação tradicionais possuem funções de alto nível para esta finalidade. O R não é diferente.

A função `sample` produz números aleatórios dentro de um intervalo definido. Sua utilização básica recebe o tamanho da amostra:

```
> sample(10)
 [1]  3 10  5  2  9  4  1  6  7  8
```

Podemos ainda definir um intervalo de números de onde os valores serão retirados. É possível também, através do argumento `replace`, de tipo booleano, definir se haverá substituição. A substituição determinará se um valor será colocado de volta no conjunto de dados originais, concorrendo para ser novamente escolhido na amostra. Se no conjunto de dados originais não houver valores repetidos, basicamente `replace` configurado como verdadeiro definirá que na amostra gerada não haverá valores repetidos.

```
> amostra <- sample(1:1000,size=10,replace=FALSE)
> amostra
 [1] 634 941 693 842 384 390 585 527 970 196
```

Se rodarmos `sample` novamente, como é esperado em uma função para gerar números aleatórios, provavelmente os números gerados serão diferentes. Porém, em algumas situações, vamos querer repetir um processo ou obter um mesmo resultado obtido em etapa anterior. Nesse caso, podemos usar a função `set.seed` imediatamente antes de chamar `sample`. `Set.seed` deve receber um argumento do tipo inteiro, esse argumento vai garantir que os números aleatórios gerados posteriormente sejam sempre os mesmos. `Set.seed` deve ser chamado sempre anteriormente à chamada de `sample`. Observe a seguir que nas duas últimas chamadas a função `set.seed` não foi chamada, e os valores produzidos foram diferentes.

```
> set.seed(2013)
> sample(1:1000,size=10,replace=FALSE)
 [1] 464 952 784 762 252 723 908 793 927 813
> set.seed(2013)
> sample(1:1000,size=10,replace=FALSE)
 [1] 464 952 784 762 252 723 908 793 927 813
> sample(1:1000,size=10,replace=FALSE)
 [1]   5 247 753 856 622 712 973 935  77 327
> sample(1:1000,size=10,replace=FALSE)
 [1] 550  46  75 808 271 462 156 669 804 456
```

Vamos agora tentar um exemplo prático. Você já foi apresentado a `rivers`, um vetor com o comprimento de 141 rios americanos. Supondo que você queira extrair aleatoriamente algumas observações de `rivers`, você pode usar `sample` para selecionar estes elementos através de seu índice. Como sabemos que são 141 rios, definimos o intervalo de números aleatórios entre 1 e 141, e definimos `replace` como falso para não haver substituição:

```
> amostra <- sample(1:141,size=10,replace=FALSE)
> rios <- rivers[c(amostra)]
> rios
 [1]  735 1270  411  525  270  336  291 1171  600  306
```

Estruturas de Programação

O R possui um amplo conjunto de estruturas tradicionais de linguagens de programação: decisão, laços, tratamento de erros, funções etc. Pela minha experiência no R, estas estruturas são mais úteis em scripts, para execução em lote, que em análises ad hoc, aquelas criadas enquanto estamos validando nosso código. Porém, mesmo que você não vá produzir scripts, precisará criar um laço em algum momento.

Estruturas Condicionais

`If` permite avaliar uma condição e executar uma expressão, se a condição for verdadeira. Sua forma básica pode ser vista no exemplo abaixo:

```
> a <- 1
> b <- 5
> if (a<b) print("Menor")
[1] "Menor"
```

É claro que podemos ter uma seção `else`:

```
> if (a<b) print("Menor") else print ("Maior")
[1] "Menor"
```

Na condição, podemos usar qualquer operador lógico suportado pelo R e já estudado, como | (ou), & (E) ou == (igual).

```
> if (a>0 & a<=1) print("verdadeiro")
[1] "verdadeiro"
```

Outro elemento a ser conhecido são as chaves. No R, ele tem como função agrupar um conjunto de expressões que pertencem a um mesmo bloco. Por exemplo, se temos diversas expressões a serem executadas quando uma condição é verdadeira, agrupamentos todas entre a abertura e o fechamento das chaves. O mesmo se aplica a outros tipos de estruturas, como laços e funções, que estudaremos a seguir. Observe o exemplo:

```
+ > if (a>0 & a<=1)
+ {
+ print("verdadeiro")
+ print("Mais uma função")
+ } else
+ {
+ print("falso")
+ print("Mais uma função")
+ }
```

Laços

Entre as estruturas de repetição, também conhecidas como laços, estão disponíveis as mais usuais: `repeat`, `while` e `for`. Também estão disponíveis as funções `break` e `next`. Break interrompe o laço. Next faz com que o laço execute uma próxima vez, o que pode não fazer sentido, já que o laço normalmente vai executar novamente, ao chegar no fim da estrutura. Porém, em alguns problemas algorítmicos queremos abreviar a repetição, se alguma condição se tornar verdadeira.

Vamos a alguns exemplos. No que segue, `repeat` é executado até que a variável "a" seja igual a 5. Dentro da estrutura do laço, delimitado pelas chaves, ocorre um teste para verificar se o valor foi atingido, e em caso verdadeiro, aborta o laço, caso contrário, o laço seria "infinito". No bloco `else`, o valor do objeto "a" é impresso.

```
> a<-0
> repeat {
+ if (a == 5) break else
+ a<-a+1
+ print(a) }
[1] 1
[1] 2
[1] 3
[1] 4
[1] 5
```

A estrutura `while` repete enquanto a condição expressa no argumento especificado for verdadeira, desta forma, não há necessidade de usar `break` quando chegar a hora de interromper o laço. Neste exemplo, executamos a mesma tarefa do exemplo anterior:

```
> while (a < 5) {
+ a <- a + 1;
+ print(a) }
[1] 1
[1] 2
[1] 3
[1] 4
[1] 5
```

A função `for` também é interessante, ela permite percorrer um conjunto de valores, atribuindo o mesmo a uma variável. O laço encerra automaticamente quando os valores se esgotarem. No exemplo a seguir, percorremos a primeira coluna do conjunto de dados `women`, nativo do R, e em seguida imprimimos o valor:

```
> for (i in women[,1]) print(i)
[1] 58
[1] 59
[1] 60
[1] 61
[1] 62
[1] 63
[1] 64
[1] 65
[1] 66
[1] 67
[1] 68
[1] 69
[1] 70
[1] 71
[1] 72
```

Criando Funções

Funções são blocos de códigos cujo objetivo principal é reutilização. Um exemplo de função? Na verdade, tudo o que estudamos durante este capítulo são implantações de funções. No exemplo abaixo, temos o código da função sd, nativa do R, para cálculo do desvio padrão:

```
function (x, na.rm = FALSE)
{
    if (is.matrix(x)) {
        msg <- "sd(<matrix>) is deprecated.\n Use apply(*, 2,
sd) instead."
        warning(paste(msg, collapse = ""), call. = FALSE, do-
main = NA)
        apply(x, 2, sd, na.rm = na.rm)
    }
    else if (is.vector(x))
        sqrt(var(x, na.rm = na.rm))
    else if (is.data.frame(x)) {
        msg <- "sd(<data.frame>) is deprecated.\n Use sapply(*,
sd) instead."
```

(continua)

(continuação)

```
        warning(paste(msg, collapse = ""), call. = FALSE, do-
main = NA)
        sapply(x, sd, na.rm = na.rm)
    }
    else sqrt(var(as.vector(x), na.rm = na.rm))
}
```

Criar sua própria função é simples, você vai precisar definir os argumentos e as expressões da função. Por padrão, no R, a função retorna o valor da última linha, portanto, você pode, mas precisa chamar a função `return`. Caso você opte por usar `return`, qualquer valor produzido após a chamada será ignorado.

A função exemplo a seguir é para avaliar se um número é par. Ela então recebe um argumento e retorna verdadeiro ou falso. A maneira clássica de calcular se um número é par é calculando o seu módulo, se o resultado é zero, o número é par. No R, o operador módulo é representado por `%%`. Nossa função deve testar se o módulo do valor é igual a zero, o resultado deste teste é um valor booleano:

```
> par = function(x){
+
+ x%%2 == 0
+
+ }
```

Pronto. Agora é só chamar a função passando um valor como parâmetro:

```
> par(10)
[1] TRUE
> par(5)
[1] FALSE
```

Porém, talvez nem tudo saia como planejado. Podemos querer que nossa função aceite apenas números inteiros. O R possui algumas funções de mensagens, que servem para notificar o usuário sobre alguma coisa que está acontecendo dentro da função. `Stop` causa a parada da função, `warning` e `message` exibem mensagens, porém, a execução da função continua.

Vamos então mudar a função de forma que, se o valor passado como parâmetro não for inteiro, seja exibido um aviso, porém, a execução da função continuará. Para testar o valor usamos uma estrutura de condição seguido de `is.integer`, função que retorna um valor booleano de teste de inteiro. O ponto de exclamação (`!`) é um caractere equivalente ao operador NOT, ou NÃO:

```
> par = function(x){
+ if (! is.integer(x)) warning("Valor não inteiro")
+ x%%2 == 0
+ }
> par(2)
```

Vamos testar nossa função. Já estudamos que o operador L determina que um valor seja inteiro, caso contrário, ele será tratado como numérico. Na primeira chamada da função, o argumento é 2L, por isso a função retorna TRUE sem qualquer mensagem. Na segunda chamada, o argumento é 2, a função é executada e a mensagem de aviso é exibida:

```
> par(2L)
[1] TRUE
> par(2)
[1] TRUE
Mensagens de aviso perdidas:
In par(2) : Valor não inteiro
```

Como tratar o outro caso do argumento ser um caractere? Existem algumas alternativas. A primeira é testar o argumento e chamar a função `stop`, que exibe a mensagem e interrompe a execução da função. O R também possui a implementação da tradicional dobradinha `try/Catch` e `finnaly`. Para saber mais, consulte a ajuda do R.

12. CURSO DE WEKA

O Weka é um produto especializado em aprendizado de máquina, composto por uma interface gráfica, desenvolvido e mantido pela University of Waikato, Nova Zelândia. O aprendizado de máquina é uma subárea da inteligência artificial, que busca produzir algoritmos capazes de fazer com que computadores aprendam e não somente executarem algoritmos. Em comum com o R, é um produto portável e open source. Porém, enquanto o R é executado por comandos, o Weka é usando principalmente através de interfaces gráficas. Também se diferenciam pelo fato do R ter aplicações e funcionalidades mais abrangentes, enquanto o Weka é especializado em aprendizado de máquina.

O Weka usa um formato de arquivo próprio chamado Arff, acrônimo para *Attribute-Relation File Format*. Trata-se de um arquivo ASCII com uma estrutura formada por um cabeçalho e uma seção com os dados separados por vírgula.

Quando executar, no Weka estarão disponíveis quatro aplicativos, conforme figura 12.1: O Weka Explorer, o principal ambiente onde as tarefas de aprendizado de máquina podem ser executadas; o Experimenter, para criar e avaliar experimentos em aprendizado de máquina; o KnowledgeFlow, um workflow para construir e executar tarefas definindo as etapas do fluxo; o Simple CLI, para uso do Weka na linha de comando.

Figura 12.1: Weka

Weka Explorer

O Weka Explorer é o principal aplicativo. Ele está divido em guias que permitem que o processo de mineração seja executado em etapas.

As guias são:

- Preprocess: Nesta guia, os dados devem ser importados. Neste ambiente, também podem ser aplicados filtros, exportar dados e visualizar diversas informações descritivas dos dados importados;
- Classify: Execução de tarefas de classificação;
- Associate: Execução de tarefas de regras de associação;
- Select Attributes: Execução de algoritmos de seleção de atributos;
- Visualize: Alguns recursos de visualização de dados;

Pré-processamento

Para auxiliar no entendimento das telas, acompanhe a numeração das funcionalidades entre parênteses, observando a figura 12.2.

O pré-processamento possui uma série de funcionalidades, mas a primeira que deve ser executada é a importação de dados. Para importar um arquivo arff, clique no botão "Open file..." (1). Como a instalação do Weka acompanha vários arquivos com dados de exemplos reais em formato arff, você pode encontrá-los no subdiretório data da instalação padrão do Weka, por exemplo:

"C:\Program Files\Weka-3-6\data". O caminho pode variar de acordo com a sua instalação e versão do Weka. Outros formatos, como .csv, também podem ser importados. Os dados que estão importados nas figuras de exemplo são do arquivo "credit-g.arff". Logo que o arquivo é carregado, diversas informações sobre os dados ficam disponíveis nesta etapa, como quantidade de registros e atributos (2). Quando selecionamos um atributo em "Attributes" (3), no painel "Selected attribute" (4) à direita, são exibidos dados sobre o atributo, como tipos, valores faltantes e resumos estatísticos. O Weka vai supor que a classe é o último atributo, e logo abaixo do painel de resumo do atributo selecionado, é mostrado graficamente como o atributo selecionado está distribuído nos valores da classe (5). Se você clicar em "Visualize All" (6), será aberta em uma nova tela um gráfico de distribuição da classe de cada um dos atributos, que será estudado na próxima seção. Na caixa de combinação, logo acima da distribuição da classe (7), é possível alterar a coluna que contém a classe, caso ela não esteja na última coluna. Você ainda pode abrir os dados em uma janela para edição clicando em "Edit..." (8). Por fim, a tela de pré-processamento permite ainda a aplicação de filtros (9), que são operações diversas, aplicadas sobre o conjunto de dados. O Weka possui uma grande variedade de filtros divididos em supervisionados e não supervisionados.

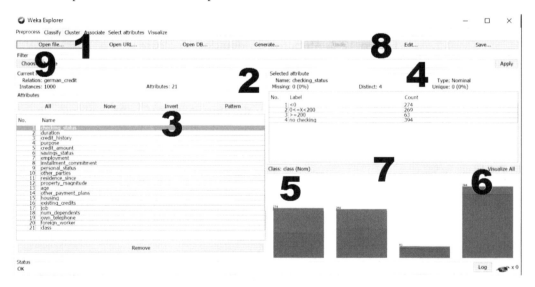

Figura 12.2: Pré-Processamento

A figura 12.3 mostra como cada um dos 20 atributos dos dados `credit` estão distribuídos na classe. Note que existem apenas duas cores, pois os valores da classe de `credit` podem ser apenas dois: "good" ou "bad".

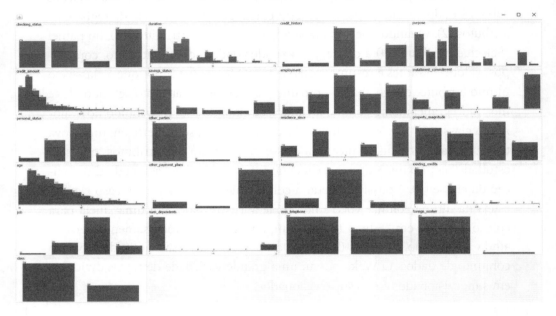

Figura 12.3: Atributos distribuídos na classe

Classificação

Para executar tarefas de classificação da guia "Classify", um conjunto de dados deve estar carregado.

Acompanhe na figura 12.4 o passo a passo:

Primeiramente, clique em "Choose" (1), para escolher o algoritmo de classificação. Existem dezenas de algoritmos distribuídos em oito categorias. Tudo a fazer é selecionar o algoritmo. O algoritmo atualmente selecionado está descrito ao lado do botão "Choose" (2). Existem opções de teste que podem ser alteradas (3), e ainda opções avançadas no botão "More options..." (4), que podem variar de acordo com o algoritmo. Logo abaixo, você pode definir qual atributo é a classe do conjunto de dados (5), lembrando sempre que a última coluna é o padrão. Para iniciar o processamento, clique em "Start" (6). A Janela "Result list"

(7) manterá um registro para cada processamento executado, clicando com o botão direto sobre o resultado, existem diversas opções disponíveis como salvar o log em disco, salvar o modelo, ou até mesmo visualizar diagramas de alguns tipos de algoritmos, como por exemplo, uma árvore de decisão como a J48. Em "Classifier output" (8), é gerado o log de processamento, que vai variar de acordo com o tipo do algoritmo, além de informações como a precisão, taxa de erro e matriz de confusão.

Figura 12.4: Classificação

Agrupamento

Para executar uma tarefa de agrupamento, o processo é semelhante ao da classificação.

Acompanhe na figura 12.5: selecione o algoritmo em "Choose" (1), ao contrário das dezenas de algoritmos disponíveis para classificação, existem pouco mais de dez algoritmos de agrupamento disponíveis. Em "Cluster mode" (2), existem diversas opções de processamento. Por exemplo, se você quiser avaliar o desempenho do algoritmo em comparação com algum atributo, a classe dos dados, por exemplo, pode marcar a opção "Classes to cluster evaluation" e selecionar qual atributo é a classe a ser avaliada. Em "Ignore attributes" (3), é possível selecionar atributos que não serão considerados na divisão dos agrupamentos. Para iniciar o processamento, clique em "Start" (4). A janela "Result list" (5) manterá um registro para cada processamento executado. Em "Clusterer output" (6), é gerado o log de processamento, que vai variar de acordo com o tipo do algoritmo utilizado.

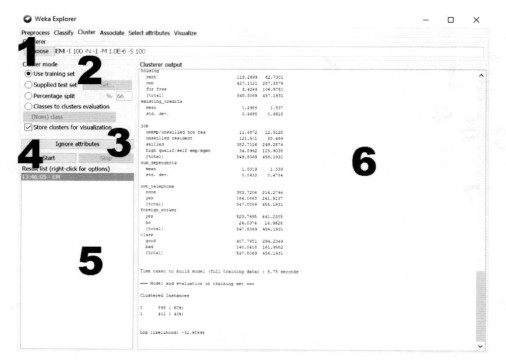

Figura 12.5: Agrupamento

Regras de Associação

Para rodar regras de associação, na guia "Preprocess" importe o arquivo "supermarket.arff", que faz parte dos dados de exemplo do Weka. Este conjunto de dados possui mais de quatro mil transações de compras e é ideal para experimentar algoritmos de regras de associação.

Após importar os dados, clique na guia "Associate" e acompanhe na figura 12.6: existem seis algoritmos de associação. Em "Choose" (1), você pode selecionar o algoritmo, e também, alterar algum parâmetro antes do processamento, clicando no nome do algoritmo selecionado (2). Para criar as regras, clique em "Start" (3). A janela "Result list" (4) manterá um registro para cada processamento executado. Em "Associator output" (5), é gerado o log de processamento, que vai variar de acordo com o tipo do algoritmo utilizado. Ao final, as regras serão listadas.

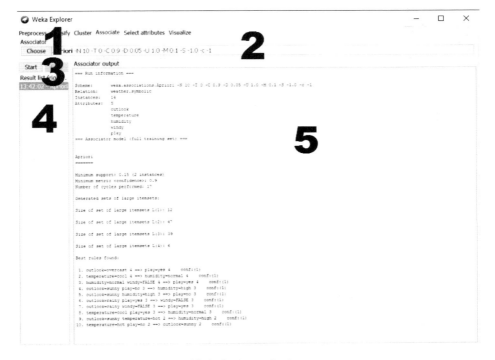

Figura 12.6: Regras de Associação

Seleção de Atributos

Para seleção de atributos, importe novamente "credit-g.arff" e clique em "Select atributes". Acompanhe na figura 12.7: em "Attribute Evaluator" (1), selecione o algoritmo, e em "Search Method" (2), o método de busca. O Weka pode recomendar o método de busca adequado ao algoritmo. Defina o modo de seleção de atributo (3), defina a classe (4) e clique em "Start" (5). A janela "Result list" (6) manterá um registro para cada processamento executado. Em "Attribute selection output" (7), será exibido o resultado do processamento, e obviamente, o ranking ou o subconjunto dos atributos selecionados.

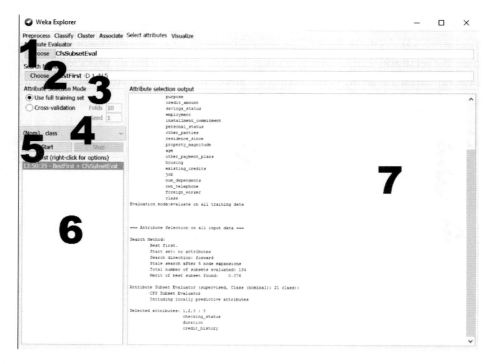

Figura 12.7: Seleção de Atributos

Weka KnowledgeFlow

O KnowledgeFlow permite executar mineração de dados na forma de um workflow. Todas as funcionalidades disponíveis através do aplicativo explorer, podem também ser utilizadas através do KnowledgeFlow. As tarefas são adicionadas, configuradas e conectadas em ordem de execução. No Capítulo 16, há um exemplo completo do uso deste aplicativo, por isso, ele não será detalhado nesta seção.

13. ANÁLISES EXPLORATÓRIAS

Este capítulo examina, na prática, técnicas de análises exploratórias de dados. Todos os exemplos são implementados na ferramenta R.

Medidas de Dispersão e de Centro

O R pode gerar facilmente medidas de dispersão e centro com as funções listadas na tabela 13.1.

Tabela 13.1: Funções de Medidas de Dispersão e Centro	
Medida	Função
Média	mean()
Mediana	median()
Variância	var()
Desvio Padrão	sd()

Ainda, a função `summary` traz um resumo com várias medidas para dados numéricos. No código a seguir, usamos a função `sd` para calcular o desvio padrão da variável "Sepal.Length" do conjunto de dados nativo do R iris, em seguida, geramos um sumário de todos os quatro atributos deste conjunto de dados. O parâmetro `[,1:4]` indica que vamos usar todas as linhas, por isso, o valor antes da vírgula foi deixando em branco, com as quatro primeiras colunas do conjunto de dados.

```
> sd(iris$Sepal.Length)
```

```
[1] 0.8280661
> summary(iris[,1:4])
  Sepal.Length    Sepal.Width     Petal.Length    Petal.Width
 Min.   :4.300   Min.   :2.000   Min.   :1.000   Min.   :0.100
 1st Qu.:5.100   1st Qu.:2.800   1st Qu.:1.600   1st Qu.:0.300
 Median :5.800   Median :3.000   Median :4.350   Median :1.300
 Mean   :5.843   Mean   :3.057   Mean   :3.758   Mean   :1.199
 3rd Qu.:6.400   3rd Qu.:3.300   3rd Qu.:5.100   3rd Qu.:1.800
 Max.   :7.900   Max.   :4.400   Max.   :6.900   Max.   :2.500
```

Diagrama de Dispersão

No R, plot é uma função genérica para produção de gráficos. O tipo de gráfico gerado dependerá da classe do objeto. Simplesmente passando-se uma ou duas variáveis numéricas, já teremos um diagrama de dispersão. No exemplo a seguir, temos um bloco de códigos usando a função plot, passando como parâmetros as duas medidas da Sepal de iris.

O gráfico produzido pode ser visualizado na figura 13.1.

```
> plot(iris$Sepal.Length, iris$Sepal.Width)
```

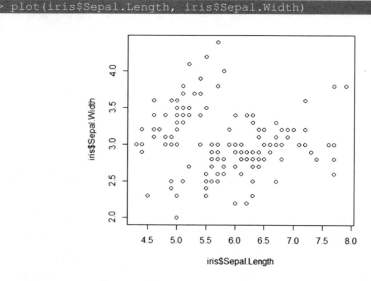

Figura 13.1: Gráfico de Dispersão Simples

A função plot permite que se aplique uma grande quantidade de recursos para personalizar o gráfico. A tabela 13.2 apresenta os principais argumentos que podem ser utilizados com a função.

Tabela 13.2: Argumento para plot

Argumento	Função
ylab	Texto para o eixo Y (vertical).
xlab	Texto para o eixo X (horizontal).
col	Cor dos pontos. Para saber todas as cores possíveis, use a função colors() no console do R. Permite constantes em textos ou numéricas.
main	Título principal do gráfico.
pch	Caractere que será utilizado nos pontos. Ver figura 13.2.
type	Tipo do Gráfico. As opções são: p: Pontos; l: Linhas; o: Linhas e Pontos sobrepostas; b: Linhas e pontos; s: Escalas; h: Histograma; n: Sem linhas ou pontos.

0 =	□	13 =	⊠	
1 =	○	14 =	⊠	
2 =	△	15 =	■	
3 =	+	16 =	●	
4 =	×	17 =	▲	
5 =	◇	18 =	◆	
6 =	▽	19 =	●	
7 =	⊠	20 =	•	
8 =	✱	21 =	○	
9 =	⊕	22 =	□	
10 =	⊕	23 =	◇	
11 =	⋈	24 =	△	
12 =	⊞	25 =	▽	

Figura 13.2: Opções para o argumento pch

O código seguinte utiliza a maioria dos argumentos apresentados: textos personalizados para os dois eixos, título e cor. Observe que o argumento pch recebe o valor 20, conforme figura 13.2, e na figura 13.3, o gráfico foi gerado com os caracteres presentes na tabela 13.2.

```
> plot( iris$Sepal.Length, iris$Sepal.Width,ylab= "Largura"  ,
xlab = "Comprimento",   col="blue", main="Iris", pch=20)
```

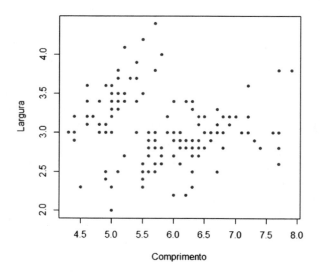

Figura 13.3: Iris com vários argumentos alterados

Diversos pontos no gráfico ficaram sobrepostos pelo fato de algumas instâncias terem valores iguais ou semelhantes para os mesmos atributos. Uma opção é usar uma função de tremulação, jitter, em uma das variáveis. No próximo exemplo, cujo código pode ser visto a seguir, esta função é aplicada sobre a variável "Sepal.Length". No mesmo exemplo, atribuímos ao argumento col, que define a cor dos pontos, o valor da espécie de iris, definido na coluna "Species". Note que a coluna "Species" da iris tem valores como setosa, versicolor e virgínica, que não representam cores. Porém, esta variável é do tipo fator, a qual a função cor, na verdade, usa o índice do fator para definir a cor, cujos valores são 1,2 e 3. Na figura 13.4, podemos ver o resultado.

```
> plot( jitter(iris$Sepal.Length), iris$Sepal.Width,ylab=
"Largura"  , xlab = "Comprimento",  col=iris$Species,
main="Iris", pch=20)
```

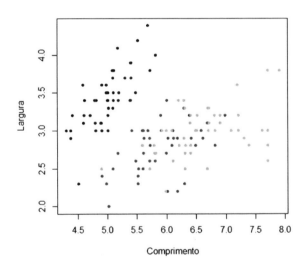

Figura 13.4: Iris com jitter e cores para espécie

Diagrama de Setor

O diagrama de setor, popularmente conhecido como gráfico de pizza, pode ser facilmente gerado no R usando a função pie. Sabendo que temos 50 instâncias de cada espécie do conjunto de dados iris, vamos produzir um gráfico de setor que mostre a soma total da largura da pétala de cada espécie. No exemplo do bloco de código a seguir, primeiramente, usamos a função `aggregate` com o argumento `sum`, para somar a largura da pétala por espécie. Na linha de código seguinte, podemos observar o resultado. Basta agora usar a função `pie` passando como valores os totais das pétalas, e para o rótulo de cada setor, passamos a coluna com as espécies. Para o argumento cor, passamos um vetor com valores quaisquer, pois as cores padrão do gráfico não são muito atraentes visualmente.

```
> setor = aggregate(Petal.Width ~ Species, data = iris, sum)
> setor
     Species Petal.Width
1     setosa        12.3
2 versicolor        66.3
3  virgínica       101.3
> pie(setor$Petal.Width, labels=setor$Species,
main="Iris",col=c(2,3,4))
```

O resultado pode ser visto na figura 13.5.

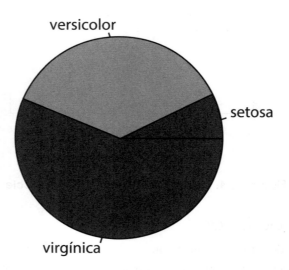

Figura 13.5: Diagrama de setor

Gráfico de Barras

Podemos aproveitar o conjunto de dados setor gerado na seção anterior e produzir rapidamente um gráfico de barras, usando a função `barplot`. No exemplo a seguir, informamos os dados para as barras e seus respectivos nomes. Usamos o mesmo vetor de cores. A função box produz uma moldura no gráfico. O resultado pode ser visualizado na figura 13.6.

```
> barplot(setor$Petal.Width, names.arg=setor$Species,
main="Iris",col=c(2,3,4))
> box()
```

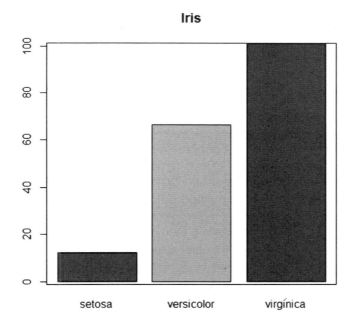

Figura 13.6: Gráfico de Barras

Com os dois últimos gráficos, podemos concluir que a espécie virgínica tem as pétalas mais largas, mas neste exemplo, o gráfico de barras é mais adequado. Primeiro porque como estudamos no Capítulo 9, nosso cérebro percebe melhor valores em uma escala comum. Justificaria o gráfico de setores se estivéssemos comprando partes de um total, porém, o total da largura das pétalas é uma informação sem significado em nossa análise.

Diagrama de Caixa

No R, a função `boxplot` produz diagramas de caixa. A função é flexível no sentido de que se passarmos diversas variáveis numéricas na mesma chamada de função, serão gerados múltiplos diagramas em um mesmo gráfico. Na tabela 13.3, podemos ver os principais argumentos da função, apenas os dois últimos não são conhecidos até o momento: `horizontal` e `notch`. A tabela explica a função de cada argumento.

Tabela 13.3: Argumentos de boxplot	
Argumento	Função
ylab	Texto para o eixo Y (vertical).
xlab	Texto para o eixo X (horizontal).
col	Cor de fundo das caixas.
main	Título principal do gráfico.
data	Conjunto de dados utilizado no diagrama.
horizontal	Argumento lógico que define se as caixas serão desenhadas horizontalmente ou verticalmente.
notch	Argumento lógico que se definido com verdadeiro desenha um entalhe nas caixas, na altura da mediana.

O bloco de código seguinte gera um diagrama de caixa utilizando os argumentos mais importantes. Observe que o primeiro argumento especifica as quatro primeiras colunas do conjunto de dados iris. O argumento `data` não precisaria ser especificado no exemplo, pois no primeiro argumento, o conjunto de dados já está especificado. `Data` seria útil, por exemplo, se não queremos ter de listar todas as variáveis precedidas do nome do conjunto de dados. O resultado deste bloco de código pode ser visto na figura 13.7. Experimente gerar outros diagramas alterando os valores dos argumentos.

```
> boxplot( iris[1:4] , data=tabela, main="Iris" ,      xlab =
"Variáveis" , col="blue" , horizontal=FALSE, notch=TRUE  )
```

13. ANÁLISES EXPLORATÓRIAS

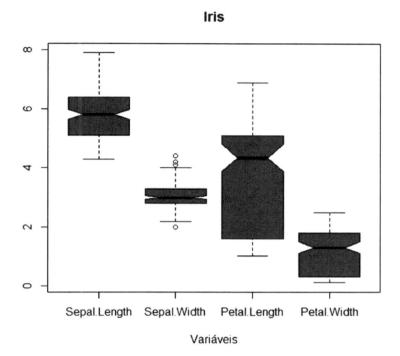

Figura 13.7: Diagrama de caixa

Os digramas nos mostram que as quatro variáveis possuem distribuições bem distintas, como "Petal.Length" com valores mais dispersos. A variável menos dispersa é "Sepal.Width", porém, por outro lado, esta é a única variável que apresentou outliers: um inferior e três superiores. Você pode facilmente ver os parâmetros que a função `boxplot` utilizou para gerar o gráfico no código a seguir. Nele, o primeiro comando exibe estes argumentos. O item `out` da lista exibe os outliers, note que cada outlier é representando no gráfico por um ponto.

```
> boxplot.stats(iris$Sepal.Width)
$stats
[1] 2.2 2.8 3.0 3.3 4.0

$n
[1] 150
```

```
$conf
[1] 2.935497 3.064503

$out
[1] 4.4 4.1 4.2 2.0
```

Histograma

A função `hist` produz um histograma. Ao contrário do diagrama de caixa, você deve gerar um histograma para cada variável. A tabela 13.4 mostra os principais argumentos da função. Argumentos ainda não conhecidos são `density` que define a densidade das quebras, e `breaks`, que definirá quantas quebras o gráfico deve ter.

Tabela 13.4: Argumentos de hist	
Argumento	Função
ylab	Texto para o eixo Y (vertical).
main	Título principal do gráfico.
density	Define a densidade do gráfico.
breaks	Define o número de quebras do gráfico.

O próximo bloco de código produz o histograma da figura 13.8. Sugiro que o leitor experimente outros valores, principalmente para os argumentos `density` e `breaks`.

```
> hist( iris$Sepal.Length , main="Iris",  xlab= "Comprimento",
ylab="Frequência", col="blue" , density=50,breaks=10  )
```

O que o diagrama nos mostra? Que o comprimento da sépala da iris está distribuído entre 4 e 8, com frequência próxima de 30 nas medidas entre 5,5 e 6,5.

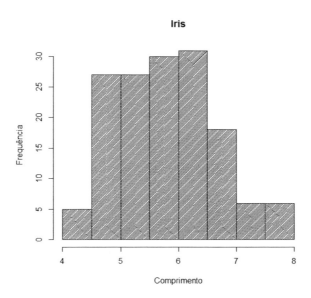

Figura 13.8: Histograma

Nuvem de Palavras

Para criação de nuvem de palavras, vamos usar o pacote Wordcloud[1].Este não é um pacote nativo do R, portanto, caso você ainda não o tenha instalado, deve executar a instalação usando a função install.packages. Para mais informações, consulte o Capítulo 11.

Para gerar o diagrama, basicamente é preciso passar uma lista de palavras com suas respectivas frequências. Palavras com maiores frequências terão maior destaque. Além de palavras e de suas frequências, a função wordcloud tem várias outras configurações que podem ser visualizadas na tabela 13.5.

---

[1] http://cran.r-project.org/web/packages/wordcloud/index.html

Tabela 13.5: Argumentos de wordcloud	
Argumento	Função
words	Relação de palavras a serem utilizadas na nuvem.
freq	Frequência das palavras.
min.freq	Indica a frequência mínima necessária para que uma palavra seja incluída na nuvem.
random.order	Se verdadeiro, as cores serão escolhidas de forma aleatória. Caso contrário, serão baseadas na frequência da palavra.
colors	Vetor de cores para uso nas palavras. Algumas opções: "black" – gera toda a nuvem na cor preta; "brewer.pal(8, "Dark2")" – palheta de cor cerveja; "rainbow(8)" – palheta de cores baseada no arco-íris; "gray(seq(0.1,0.9,length=10))" – escalas de cinza.
use.r.layout	Alterna o algoritmo de detecção de colisão entre o R e C++.
rot.per	Percentual de palavras caso sejam rotacionadas (90 graus). Por exemplo, para rotacionar todos, informe 1; para rotacionar a metade, 0,5; para não rotacionar, informe 0.

vfont	Fonte para a impressão das palavras, algumas opções são:
	c("serif","plain");
	c("gothic english","plain");
	c("script","plain").

O conjunto de dados para este exemplo, "wordcloud.csv", deve ser baixado no site do livro ou da editora. O arquivo, resultado de uma mineração de texto, possui em uma coluna a palavra, e na segunda, a frequência encontrada da palavra. A figura 13.9 mostra os primeiros registros do arquivo.

Editor de dados

	Words	Freq
1	Data Mining	5
2	R	5
3	Machine Learning	3
4	Analysis	4
5	Data Science	4
6	Big Data	3
7	Visualization	3
8	BI	3
9	Database	3
10	Statistics	3

Figura 13.9: Primeiros registros do arquivo wordcloud

No bloco de código a seguir, o pacote Wordcloud é carregado, lembrando mais uma vez que este deve estar previamente instalado. Em seguida, a função `read.csv` importa o arquivo "wordcloud.csv", que é atribuído à variável `nuvem`. Finalmente, a função `wordcloud` imprime a nuvem de palavras, usando os atributos `words` e `freq` de nosso conjunto de dados. Diversos outros parâmetros são utilizados para personalizar a `nuvem`, como uma palheta de cores no argumento `colors`, e um percentual de rotação de 50% definido no argumento `rot.per`. A fonte é mantida como padrão, porém, você pode facilmente alterá-la com o argumento `vfont`. A figura 13.10 mostra o resultado. Eventualmente, mensagens de alerta poderão informar que algumas palavras não puderam ser impressas, isto porque o algoritmo que organiza as palavras não encontrou espaço para colocá-las. Você pode minimizar a ocorrência deste problema aumentando a frequência mínima das palavras a serem impressas.

```
> library(wordcloud)
> nuvem = read.csv(“wordcloud.csv”,header=T,sep=";")
> wordcloud(words=nuvem$Words,freq=nuvem$Freq,min.freq=1,
random.order=TRUE,colors=brewer.pal(8,"Dark2"),use.r.layout=TR
UE,
rot.per=0.5)
```

Figura 13.10: Nuvem de Palavras

Caras de Chernoff

Para criação de Caras de Chernoff, vamos usar o pacote Aplpack[2]. Este não é um pacote nativo do R, portanto, caso você ainda não o tenha instalado, deve executar a instalação usando a função `install.packages`.

A função `faces` imprime os rostos através de 15 argumentos que vão definir expressões da face. Exemplos de expressões são altura do rosto, largura da boca, sorriso, entre outros. Cada um destes argumentos pode receber um valor entre 1 e 7, que logicamente representa expressões diferentes. Os principais argumentos são a matriz de pesos para as expressões dos rostos, os textos atribuídos a cada rosto, e o tipo de face, que pode receber três valores diferentes, conforme a tabela 13.6.

---

[2] http://cran.r-project.org/web/packages/aplpack/index.html

Tabela 13.6: Argumentos de faces	
Argumento	**Função**
xy	Matriz de rostos. Pesos atribuídos a cada expressão do rosto devem ser valores entre 1 e 7.
labels	Texto exibido em cada rosto.
face.type	Tipos de faces, os valores possíveis são: 0 - Rostos apenas com linhas e sem cores; 1 - Rostos coloridos; 2 - Rostos de Papai Noel.

O conjunto de dados para este exemplo, "faces.csv", deve ser baixado no site do livro ou da editora. O arquivo, com 6 instâncias, possui 16 colunas, sendo a primeira o texto para dar nomes aos rostos, e as colunas 2 até 16 os pesos atribuídos a cada característica do rosto. A figura 13.11 exibe a estrutura do arquivo (algumas colunas foram omitidas).

Editor de dados

	Nome	AlturaRosto	LarguraRosto	EstruturaRosto	AlturaBoca	LarguraBoca
1	Contabil	1	2	3	4	5
2	Fiscal	2	3	4	5	6
3	RH	3	4	5	6	7
4	Compras	4	5	6	7	1
5	CP	5	6	7	1	2
6	CR	6	7	1	2	3

Figura 13.11: Dados de faces.csv

O próximo código mostra a geração das Caras de Chernoff a partir do arquivo detalhado no parágrafo anterior. Inicialmente, o pacote Aplpack é carregado, o arquivo "faces.csv" é importado e atribuído à variável rostos. Finalmente, a função `faces` recebe como argumento as colunas 2 até 16, com os pesos para as expressões do rosto, ao argumento `labels` é atribuído a variável nome, e definimos o tipo de face em `face.type` como zero, de forma a imprimir apenas linhas. O resultado pode ser visualizado na figura 13.12.

```
> library(aplpack)
> rostos = read.csv("faces.csv",sep=";")
> faces(rostos[,2:16],labels=rostos$Nome, face.type=0)
```

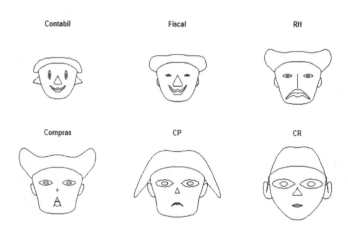

Figura 13.12: Caras de Chernoff

14. ANÁLISES EXPLÍCITAS NA PRÁTICA

Normalmente qualquer tipo de ferramenta de análise de dados, desde a mais simples planilha eletrônica ao mais sofisticado software estatístico, proverá mecanismos para executar análises explícitas. Como o modelo relacional é predominante em sistemas departamentais, dados podem vir já desnormalizados ou em vários arquivos normalizados, neste caso, a primeira etapa da análise explícita é a execução de junções. Nesta seção, o objetivo será checar alguns cálculos executados em um sistema de faturamento. Vamos utilizar dois arquivos "Faturas.csv" e "Fatura_Itens.csv", que são dados de exemplos da publicação e devem ser importados no R. Na figura 14.1, podemos ver um diagrama dos dois conjuntos de dados. "FATURA_ITENS" possui uma coluna "SUB_TOTAL" que deve ser o produto de "QUANTIDADE" pelo "PRECO_UNITARIO" . Já "FATURAS", na coluna "VALOR", deve contemplar a soma do "SUB_TOTAL" de todos os "FATURA_ITENS". A coluna de relação entre as duas tabelas é "ID_FATURA". O objetivo desta análise é executar uma simulação paralela em duas etapas: primeiro, checar se a coluna "SUB_TOTAL" de "FATURA_ITENS" está calculada corretamente; segundo, checar se a coluna "VALOR" de "FATURAS" possui de fato o total de todos os itens de "FATURA_ITENS" correspondentes.

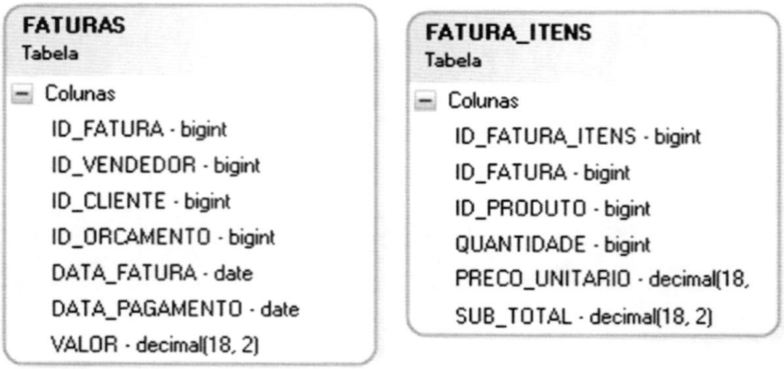

238 — INTRODUÇÃO À CIÊNCIA DE DADOS

FATURAS
Tabela
- Colunas
    - ID_FATURA · bigint
    - ID_VENDEDOR · bigint
    - ID_CLIENTE · bigint
    - ID_ORCAMENTO · bigint
    - DATA_FATURA · date
    - DATA_PAGAMENTO · date
    - VALOR · decimal(18, 2)

FATURA_ITENS
Tabela
- Colunas
    - ID_FATURA_ITENS · bigint
    - ID_FATURA · bigint
    - ID_PRODUTO · bigint
    - QUANTIDADE · bigint
    - PRECO_UNITARIO · decimal(18,
    - SUB_TOTAL · decimal(18, 2)

Figura 14.1: Faturas e Fatura_Itens

Recalculando Sub_Total

A primeira etapa de nosso processo será desnormalizar "FATURAS" e "FA-TURA_ITENS", construindo uma única tabela. Isto porque o processo de análise será extremamente mais simples e não existe, neste contexto de recálculo, preocupação com redundância ou integridade de dados. A maneira mais comum de realizar uma desnormalização é através de uma junção. Podemos realizar junções de várias formas, porém, a mais usual é utilizando uma linguagem declarativa como SQL. O R, embora não seja um gerenciador de banco de dados, permite que, com a instalação de pacotes como o Sqldf[1] executemos consultas SQL em data frames, mesmo eles residindo na memória do R. No código a seguir, carregamos o pacote Sqldf e importamos os arquivos "Faturas.csv" e "Fatura_Itens.csv", que criam os objetos `faturas` e `faturas _ itens`.

```
> library(sqldf)
> faturas = read.csv("Faturas.csv",sep=";")
> fatura_itens = read.csv("Fatura_Itens.csv",sep=";")
```

Para executar uma instrução SQL, basta passá-la como argumento para a função `sqldf`, que retornará um objeto data frame com o resultado da consulta. Se atribuirmos o resultado da função a uma variável, como no exemplo do código a seguir, criamos um novo data frame, que é na verdade, um pro-

---

[1] http://cran.r-project.org/web/packages/sqldf/index.html

cesso de desnormalização de `faturas` com `fatura _ itens`. No exemplo, uma instrução SQL gera um data frame de nome `faturasds`, que contém a tabela "FATURAS", as colunas "ID_FATURA", "VALOR" e "QUANTIDADE". Da tabela "FATURA_ITENS", a tabela de resultado contém "QUANTIDADE", "PRECO_UNITARIO" e "SUB_TOTAL". Vamos atribuir "TOTAL" à coluna "VALOR" da tabela "FATURAS", dessa forma, nossa simulação paralela ficará mais didática e legível.

```
> faturasds = sqldf("SELECT faturas.ID_FATURA,faturas.VA-
LOR as TOTAL,fatura_itens.QUANTIDADE,fatura_itens.PRECO_
UNITARIO,fatura_itens.SUB_TOTAL FROM faturas INNER JOIN fatu-
ra_itens on faturas.ID_FATURA = fatura_Itens.ID_FATURA")
> head(faturasds)
  ID_FATURA    TOTAL QUANTIDADE PRECO_UNITARIO SUB_TOTAL
1         1 5141.67          2          36.70     73.40
2         1 5141.67          6         552.99   3317.94
3         1 5141.67          7         154.99   1084.93
4         1 5141.67         15          44.36    665.40
5         2 2434.29          1         220.42    220.42
6         2 2434.29          1         339.99    339.99
```

Podemos checar os valores de diversas formas, inclusive com mais código SQL. Porém, quando temos o objeto de nossa análise desnormalizado em uma única tabela, as funções nativas do R são mais flexíveis e simples de utilizar. No código a seguir, criamos uma nova coluna no data frame, `faturasds`, "NOVO_SUB_TOTAL", que recebe o produto da "QUANTIDADE" pelo "SUB_TOTAl" original. Agora, tudo a fazer é usar a função `subset` para visualizar apenas as linhas em que existe diferença entre "SUB_TOTAL" e "NOVO_SUB_TOTAL", usando a função `round` para considerar apenas duas casas decimais, dessa forma, subset nos retorna 8 registros onde esta diferença é significativa.

```
> faturasds$NOVO_SUB_TOTAL = faturasds$QUANTIDADE *
faturasds$PRECO_UNITARIO
> subset(faturasds2,round(faturasds2$NOVO_SUB_TOTAL,2) !=
round(faturasds2$SUB_TOTAL,2))
  ID_FATURA    TOTAL QUANTIDADE PRECO_UNITARIO SUB_TOTAL NOVO_SUB_TOTAL
89       15  2472.45          2          17.99     39.98          35.98
553     140 14950.00          5        2990.00   1950.00       14950.00
```

```
560  142  2151.09     1      18.79      11.28        18.79
561  142  2151.09     1     189.99     114.00       189.99
562  142  2151.09     2     184.28     221.14       368.56
563  142  2151.09     2     209.99     252.38       419.98
564  142  2151.09     2    1239.59    1487.51      2479.18
565  142  2151.09     4      26.99      64.78       107.96
```

Recalculando Total

Podemos agora utilizar o conjunto de dados já desnormalizado `faturas-ds` para calcular se os totais da fatura estão corretos. Para tanto, devemos somar todas as instâncias com "ID_FATURA" iguais e depois verificar a diferença com "TOTAL". Uma forma simples de resolver este problema é usando uma instrução SQL de agregação `SUM` agrupando pelo "ID_FATURA" e "TOTAL". Depois, podemos novamente utilizar `subset` para filtrarmos apenas os registros com diferenças significativas. Podemos visualizar o exemplo no código:

```
> faturastotais = sqldf("SELECT ID_FATURA,TOTAL,SUM(SUB_TOTAL)
as NOVO_TOTAL FROM faturasds GROUP BY ID_FATURA,TOTAL")
> head(faturastotais)
  ID_FATURA    TOTAL NOVO_TOTAL
1         1  5141.67    5141.67
2         2  2434.29    2934.29
3         3 14228.00   14228.00
4         4  1478.64    1478.64
5         5   410.38     410.38
6         6  4784.35    3784.35
> subset(faturastotais,round(TOTAL,2) != round(NOVO_TOTAL,2))
   ID_FATURA    TOTAL NOVO_TOTAL
2          2  2434.29    2934.29
6          6  4784.35    3784.35
15        15  2472.45    2476.45
48        48   729.61     839.61
64        64  1357.79     957.79
71        71  1044.58     744.58
93        93   110.04     110.22
```

109	109	3586.51	1886.51
113	113	3784.84	4484.84
127	128	641.97	641.91
139	140	14950.00	1950.00
178	179	517.89	617.89
185	186	1964.58	1464.58

15. REGRESSÃO

Neste capítulo, vamos estudar correlação, regressão linear simples e múltipla e regressão logística. Utilizaremos alguns dados nativos da instalação padrão do R e outros que estão disponíveis no site da publicação e deverão ser importados.

Correlação

No R, podemos facilmente produzir a correlação entre duas ou mais variáveis usando a função `cor`. No exemplo a seguir verificamos a correlação entre "height" e "weight" do conjunto de dados nativo do R "women". O resultado é 0,99, o que indica uma correlação positiva forte.

```
> cor(women)
           height    weight
height 1.0000000 0.9954948
weight 0.9954948 1.0000000
```

Regressão Linear Simples

Ainda utilizando o conjunto de dados "women", o nosso objetivo na regressão linear simples será prever a altura a partir do peso da mulher, portanto, nossa variável de resposta é "height" e a variável independente é "weight". Para fazermos a previsão contrária, peso a partir da altura, basta inverter as duas variáveis na fórmula. No R, podemos criar o modelo de regressão linear usando a função `lm`, passando a fórmula e o conjunto de dados como argumentos, conforme o exemplo:

```
> modelo = lm(height ~ weight, data=women)
```

Um modelo de regressão linear produz duas informações: a inclinação da linha de melhor ajuste e o ponto de interceptação da linha no eixo y. O eixo y é onde estará nossa variável de resposta, neste exemplo, "height". A inclinação é também o valor que a variável no eixo y vai aumentar sempre que x aumentar. No código seguinte, podemos ver o modelo criado anteriormente.

```
> modelo

Call:
lm(formula = height ~ weight, data = women)

Coefficients:
(Intercept)          weight
    25.7235          0.2872
```

Construído o modelo, podemos fazer previsões. A fórmula para prever um valor em regressão linear é y = a + bx, onde "y" é a variável de resposta (que queremos prever), "a" é o ponto de intersecção da linha no eixo e "b" o valor da inclinação da linha. Portanto, se quisermos prever qual será a altura de uma mulher que pesa 180 libras (que equivalem a aproximadamente 82 quilogramas), a variável "a" será igual 25.7235 + 180 * 0,2872, resultando em 77,41.

No R, podemos fazer o cálculo "manualmente" usando os dois coeficientes gerados no modelo e aplicando a fórmula, como no exemplo do próximo código, ou usar a função genérica `predict`, que será exaustivamente usada no capítulo de classificação, e é capaz de calcular automaticamente a previsão. Neste primeiro exemplo, faremos o cálculo "manualmente".

```
> peso = 180
> altura = modelo$coefficients[1] + modelo$coefficients[2] *
peso
> altura
(Intercept)
   77.42832
```

No bloco de código logo a seguir, usamos a função `predict`, informando como argumentos o modelo criado, e um objeto `data.frame` com valor 180. O data frame foi criado porque a função `predict` espera encontrar uma variável com o mesmo nome da variável independente. Se nosso data frame contivesse várias linhas, ele faria a previsão de todas simultaneamente.

```
> predict(modelo,data.frame(weight = 180))
       1
77.42832
```

Vamos agora gerar um gráfico de dispersão e linha de melhor ajuste da nossa regressão. Para gerar o gráfico, podemos usar a já conhecida função plot. Para a linha de melhor ajuste, o R disponibiliza a função abline, tudo a fazer é chamá-la depois de produzido o diagrama, passando como argumento o modelo construído. O código de exemplo está a seguir, e o gráfico produzido pode ser visualizado na figura 15.1.

```
> plot(height ~weight, data=women)
> abline(modelo)
```

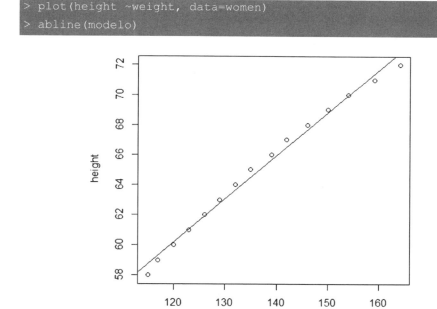

Figura 15.1: Linha de Melhor Ajuste

Observando a figura 15.1, podemos notar que dificilmente as alturas e pesos das mulheres coincidem com a linha de melhor ajuste. Isso porque a regressão descreve a relação entre duas variáveis usando uma reta, que é o melhor ajuste matemático entre as duas variáveis. Quando informamos o valor de um peso para prever a altura, a função `predict` vai buscar exatamente o ponto de interseção da reta. Dito isso, se executamos a função `predict` com um valor que originalmente existia nos dados utilizados para construir o modelo, há uma grande chance de a previsão ser diferente do valor original, a não ser é claro, que casualmente o valor original estivesse na reta. Por exemplo, observe o código do próximo exemplo: nosso conjunto de dados possui, na primeira linha, altura 58 e peso 115. Em seguida, usamos a função `predict` para prever a altura com o peso 115, e a previsão é 58,75. Ou seja, uma diferença de 0,75.

```
> women
    height weight
1       58     115
> predict(modelo,data.frame(weight = 115))
        1
58.75712
```

O modelo construído pela função `lm` traz os dados que formam a linha de melhor ajuste, que terá a mesma quantidade de registros dos dados de treino, e os residuais, que são a diferença entre o melhor ajuste e os dados usados para o treino. Dessa forma, a diferença entre os valores de melhor ajuste e os residuais, resultam nos valores originais do modelo. O próximo bloco de código mostra como consultar residuais e valores de melhor ajuste de um modelo.

```
> modelo$residuals
            1           2           3           4           5
6
-0.75711680 -0.33161526 -0.19336294 -0.05511062  0.08314170
0.22139402
            7           8           9          10          11
12
 0.35964634  0.49789866  0.34890175  0.48715407  0.33815716
0.18916026
           13          14          15
 0.04016335 -0.39608278 -0.83232892
> modelo$fitted.values
            1           2           3           4           5           6           7
8
```

```
58.75712  59.33162  60.19336  61.05511  61.91686  62.77861  63.64035
64.50210
        9        10        11        12        13        14        15
65.65110  66.51285  67.66184  68.81084  69.95984  71.39608  72.83233
```

Regressão Linear Múltipla

Do ponto de vista de implementação, regressão linear múltipla no R é somente uma questão de informar mais de uma variável independente. No exemplo a seguir, usamos o conjunto de dados `stackloss`, nativo do R, tendo `Air.Flow` e `Water.Temp` como variáveis independentes e `stack.loss` como variável de resposta, ou seja, que queremos prever. Ao inspecionarmos o modelo, temos o valor de interceptação do eixo e os dois valores de incremento, para `Air.Flow` e `Water.Temp` respectivamente. Por fim, fazemos uma previsão, passando como valores para a função `predict`: `Air.Flow` com 49 e `Water.Temp` com 20. O resultado é uma previsão de 8,43.

```
> modelo = lm(stack.loss ~ Air.Flow + Water.Temp, stackloss )
> modelo

Call:
lm(formula = stack.loss ~ Air.Flow + Water.Temp, data = sta-
ckloss)

Coefficients:
(Intercept)      Air.Flow     Water.Temp
   -50.3588        0.6712         1.2954
> predict(modelo, data.frame(Air.Flow=49,Water.Temp=20))
        1
8.434755
```

Regressão Logística

Recordando brevemente nossos estudos, a regressão logística, tendo uma ou mais variáveis independentes, é capaz de prever uma variável dependente lógica em termos de probabilidade. Os dados "eleicao.csv" exibidos parcialmente na figura 15.2, devem ser baixados no site da publicação ou da editora, e mostram, em milhares de reais, quanto o candidato investiu em campanha e se foi eleito ou não, sendo que a situação 1 indica eleito.

Candidato	Situação	Despesas
George Turner	0	10
Victor Johnson	0	100
Jerry Perry	1	1600
Shirley Cook	1	1500
Carolyn Bailey	1	3300
Susan Sanders	0	200
Anthony Harris	1	1800
Philip Richardson	1	1700
Eugene Phillips	0	300

Figura 15.2: Candidatos e Despesas de Campanha

O R possui a função glm para a criação de modelos lineares diversos, por isso, ao usar a função, é preciso informar a família de modelo linear que está sendo aplicada. No código seguinte, primeiramente, importamos os dados da eleição, em seguida, usando a função glm, informamos "SITUACAO" como variável dependente e "DESPESAS" como independente, o objeto eleicao é a família binomial para regressão logística, por fim, visualizamos o modelo criado.

```
> eleicao = read.csv("Eleicao.csv",sep=";",header=T)

> modelo = glm(SITUACAO~DESPESAS,eleicao,family="binomial")

> modelo

Call:  glm(formula = SITUACAO ~ DESPESAS, family = "binomial",
data = eleicao)

Coefficients:

(Intercept)      DESPESAS

  -4.602880      0.004984

Degrees of Freedom: 46 Total (i.e. Null);   45 Residual

Null Deviance:      65.13

Residual Deviance: 18.54

AIC: 22.54
```

Podemos agora prever, a partir do valor planejando de investimento de outros candidatos, se eles serão eleitos ou não. No primeiro exemplo do código a seguir, um investimento de 1000 (um mil reais) resulta em uma probabilidade de ser eleito de 59%. Já investindo 1300, a probabilidade sobe para 86%.

```
> predict(modelo, data.frame(DESPESAS = 1000), type="response")
        1
0.5940597
> predict(modelo, data.frame(DESPESAS = 1300), type="response")
        1
0.867136
```

16. CLASSIFICAÇÃO

Nos exemplos de classificação, vamos utilizar dois conjuntos de dados: iris e credit. O conjunto de dados de avaliação de crédito alemão, credit-g.arff, vem por padrão na instalação do Weka (formato arff). Já o R, não traz esse conjunto de dados. Você pode baixar, no site desta publicação ou da editora, estes dados convertidos para csv, ou importar o arquivo arff diretamente para o R, conforme o código abaixo:

```
> library(foreign)
> credito = read.arff("credit-g.arff")
```

Os exemplos das próximas seções supõem que você já tenha este conjunto de dados importados para um objeto de nome crédito.

Curso de R

Se você não tem um mínimo de proficiência na linguagem do software R, é altamente recomendável que, antes de continuar, faça o curso de R existente no Capítulo 11 desta publicação.

Naïve Bayes

Para classificação com Naïve Bayes, vamos utilizar o pacote e1071[1].Este não é um pacote nativo do R, portanto, caso você ainda não o tenha instalado, deve executar a instalação usando a função `install.packages`. Para mais informações sobre instalação de pacotes, consulte o Capítulo 11. Lembramos novamente, você já deve ter seu conjunto de dados credit importado para uma variável crédito. Primeiramente, carregamos o pacote:

```
> library(e1071)
```

---

[1]http://cran.r-project.org/web/packages/e1071/index.html

Vamos dividir nossos dados em 70% para treino e 30% para teste, usando assim, a técnica hold out, já estudada. Observe o bloco de código a seguir. Usamos a função `sample` para construir uma matriz com mil posições, onde cada posição estará preenchida com o valor 1 ou 2, porém, 1 tem 70% de probabilidade de estar na matriz, enquanto 2 tem 30%. O primeiro argumento da função `sample` nos indica a população de onde nossa amostra poderá ser retirada: 2, o segundo argumento nos diz que queremos mil valores na nossa amostra, pois esta é a quantidade de registros de crédito. `Replace` como verdadeiro indica que haverá reposição, e finalmente, `prob` é um conjunto de probabilidades para os dois valores: 70 e 30% respectivamente. Depois de construído, o vetor é armazenado na variável `amostra`, basta criarmos duas variáveis, `creditotreino` e `creditoteste`, que vão receber a instância de crédito onde o valor de amostra é igual a 1 e 2, respectivamente. Dessa forma, `creditotreino` deverá ter aproximadamente 700 registros, e `creditoteste`, 300.

```
> amostra = sample(2,1000,replace=T, prob=c(0.7,0.3))
> creditotreino = credito[amostra==1,]
> creditoteste = credito[amostra==2,]
```

Podemos confirmar as dimensões de `creditotreino` e `creditoteste` usando a função `dim`, como no exemplo abaixo:

```
> dim(creditotreino)
[1] 727  21
> dim(creditoteste)
[1] 273  21
```

Note que agora os processos de treino e teste serão executados com os dois objetos criados: `creditotreino` e `creditoteste`, não usaremos mais o objeto crédito original. Observe o código a seguir. A função para criação do modelo é `naiveBayes` e tem dois argumentos principais: a fórmula e o conjunto de dados. Na fórmula, definimos a coluna "class" como variável de resposta, e os demais atributos como variáveis dependentes, representadas pelo ponto. Importante lembrar que estamos treinando nosso modelo, portanto, devemos usar o conjunto de dados `creditotreino`.

```
> modelo <- naiveBayes(class ~., creditotreino)
```

16. CLASSIFICAÇÃO

253

Temos agora o modelo construído e armazenado no objeto de nome `mo-delo`. Se digitarmos a variável no console, o R vai imprimir todo o modelo. O próximo bloco de código é um pequeno fragmento deste modelo. Ele nos mostra os pesos que serão aplicados na classificação de novas instâncias. Por exemplo, ter cheque "a" <0 tem um peso de 43% para uma classificação de crédito ruim, e de apenas 18% para uma classificação de crédito boa.

```
      checking_status
Y            <0        >=200    0<=X<200  no checking
 bad  0.43518519 0.04166667 0.36111111   0.16203704
 good 0.18786693 0.05870841 0.23287671   0.52054795
```

Você pode visualizar o modelo criado digitando "modelo" no console do R. Com o modelo criado, vamos agora fazer a classificação dos dados em `cre-ditoteste` para avaliar o desempenho do modelo. Sabemos que `credito-teste` são dados históricos que já possuem a coluna `class` e, portanto, já estão classificados, porém, a nossa função de previsão não vai olhar esta coluna, a previsão será feita exclusivamente baseado no modelo construído com os dados de treino. O bloco de código abaixo chama a função genérica `predict`, tendo como argumentos o objeto `modelo` e os dados de `creditoteste`, o resultado cria uma variável denominada `predicao`. A linha seguinte exibe os primeiros registros de `predicao`, podemos observar que o resultado nada mais é que um vetor com um dos dois valores possíveis para a classe, em cada posição: `good` ou `bad`.

```
> predicao <- predict(modelo,creditoteste)
> head(predicao)
[1] good bad  good bad  good bad
Levels: bad good
```

Feita a previsão, é hora de avaliar o desempenho do modelo construído. Temos em `creditoteste` a coluna com a classe e o vetor com a previsão deste mesmo conjunto de dados. Tudo a fazer é criar uma tabela de contingência com as duas colunas. Usamos a função `table` e atribuímos o resultado a uma variável `confusao`. O resultado nos mostra que a precisão foi de 74%, e a taxa de erro de 26%.

```
> confusao = table(creditoteste$class,predicao)
> confusao
       predicao
        bad good
  bad    45   39
  good   27  162
> taxaacerto = (confusao[1] + confusao[4]) / sum(confusao)
> taxaerro = (confusao[2] + confusao[3]) / sum(confusao)
> taxaacerto
[1] 0.7418301
> taxaerro
[1] 0.2581699
```

Árvore de Decisão com Rpart

Nosso primeiro exemplo com árvore de decisão utiliza o pacote rpart[2], que deve ser instalado no R. Diferente do Naïve Bayes e outros algoritmos que estudaremos em seções posteriores, rpart não vai classificar novas instâncias diretamente com a classe, mas vai atribuir a probabilidade da nova instância ser classificada com cada um dos valores possíveis.

Vamos supor que você executou a classificação da seção anterior e já tem os dois conjuntos de dados de treino e teste, creditotreino e creditoteste, em memória. O código do bloco abaixo cria o modelo da árvore usando a função rpart. Novamente, os argumentos são a fórmula e os dados de treino. Em seguida, usamos duas funções para imprimir a árvore construída. A saída da plotagem não é mostrada aqui.

```
> library(rpart)
> modelo = rpart(class ~., creditotreino)
> plot(modelo)
> text(modelo,use.n=T)
```

Já podemos usar a função genérica predict para prever os dados de teste, conforme o código a seguir. Informamos dois parâmetros: o modelo e os dados, para previsão creditoteste. Na próxima linha, imprimimos as primeiras

---

[2] http://cran.r-project.org/web/packages/rpart/index.html

16. CLASSIFICAÇÃO

255

linhas da previsão, e podemos observar que a saída é a probabilidade de cada linha ser classificada como "bom" ou "ruim".

```
> predicao = predict(modelo,creditoteste)
> head(predicao)
         bad       good
1  0.1020408 0.89795918
11 0.9090909 0.09090909
13 0.2093023 0.79069767
15 0.2093023 0.79069767
16 0.6794872 0.32051282
17 0.1222571 0.87774295
```

Agora queremos de fato atribuir ao nosso conjunto de dados `creditoteste` a previsão `bad` ou `good` de acordo com a maior probabilidade e, posteriormente, medir o desempenho do modelo. Existem muitas formas de se fazer essa classificação. No exemplo seguinte, usamos a função `ifelse` para atribuir, em uma nova coluna do conjunto de dados `creditoteste` chamada `classeprevista`, `bad` ou `good`, de acordo com a maior probabilidade, em seguida, geramos a matriz de `confusao`. Neste caso, teremos o valor original e previsto no mesmo conjunto de dados, por isso, a matriz de `confusao` é gerada com colunas dela mesmo. Nossa precisão neste modelo ficou em 72%, como podemos ver na última linha do código.

```
> creditoteste$classeprevista = ifelse(predicao[,1] > 0.5,
"bad","good")
> confusao = table(creditoteste$class,creditoteste$classeprevi
sta)
> confusao


      bad good
  bad   42   47
  good  37  179
> taxaacerto = (confusao[1] + confusao[4]) / sum(confusao)
> taxaerro = (confusao[2] + confusao[3]) / sum(confusao)
> taxaacerto
[1] 0.7245902
```

Árvore de Decisão para Regressão

Recordando rapidamente nossos estudos da Parte I, em classificação, nossa variável dependente de resposta, mais conhecida como classe, é um valor nominal, ou seja, não numérico. Na regressão, que estudamos no capítulo anterior, a variável dependente é numérica. Podemos utilizar alguns algoritmos de árvores de decisão também para tarefas de regressão, com o diferencial de que nossas variáveis independentes podem ser nominais.

No exemplo abaixo, usamos a mesma função da seção anterior com rpart para prever "Sepal.length" usando todas as demais variáveis, "Sepal.Width", "Petal.Length", "Petal.Width" e "Species" como variáveis independentes, em seguida, visualizamos a árvore de decisão construída pelo modelo de forma textual:

```
> modelo = rpart(Sepal.Length ~ Sepal.Width + Petal.Length +
Petal.Width + Species ,data=iris)
>
n= 150

node), split, n, deviance, yval
      * denotes terminal node

 1) root 150 102.1683000 5.843333
   2) Petal.Length< 4.25 73   13.1391800 5.179452
     4) Petal.Length< 3.4 53    6.1083020 5.005660
       8) Sepal.Width< 3.25 20    1.0855000 4.735000 *
       9) Sepal.Width>=3.25 33    2.6696970 5.169697 *
     5) Petal.Length>=3.4 20    1.1880000 5.640000 *
   3) Petal.Length>=4.25 77   26.3527300 6.472727
     6) Petal.Length< 6.05 68   13.4923500 6.326471
      12) Petal.Length< 5.15 43    8.2576740 6.165116
        24) Sepal.Width< 3.05 33    5.2218180 6.054545 *
        25) Sepal.Width>=3.05 10    1.3010000 6.530000 *
      13) Petal.Length>=5.15 25    2.1896000 6.604000 *
     7) Petal.Length>=6.05 9    0.4155556 7.577778 *
```

Agora podemos fazer a previsão. Vamos prever usando o próprio conjunto de dados iris. Após a previsão dos 150 registros visualizamos os 6 primeiros, conforme o exemplo a seguir:

```
> predicao = predict(modelo, iris)
> head(predicao)
       1        2        3        4        5        6
5.169697 4.735000 4.735000 4.735000 5.169697 5.169697
```

Por fim, vamos comparar a previsão com a coluna prevista de iris, "Sepal.Length". Criamos um objeto comparacao e adicionamos três colunas, a predicao, o valor original de Sepal.Length e a diferença entre o valor original e predicao na terceira coluna. Visualizamos os 6 primeiros registros do objeto criado: podemos ver que as diferenças são muito pequenas. Por fim, com a função max visualizamos a maior diferença entre as 150 previsões realizadas, que foi de 1,15. O código pode ser visto a seguir:

```
> comparacao = cbind(predicao,iris$Sepal.Length,predicao -
iris$Sepal.Length )
> head(comparacao)
  predicao
1 5.169697 5.1  0.06969697
2 4.735000 4.9 -0.16500000
3 4.735000 4.7  0.03500000
4 4.735000 4.6  0.13500000
5 5.169697 5.0  0.16969697
6 5.169697 5.4 -0.23030303
> max(comparacao[,3])
[1] 1.154545
```

Árvore de Decisão com Party

Party é outro algoritmo de árvore de decisão que também produz, em seus nodos terminais, a probabilidade de uma instância ser classificada com os valores da classe, porém, a diferença aqui é quando usarmos a função `predict`, ela já vai nos retornar a classificação, e não as probabilidades. Você deve instalar o pacote party[3] para utilizar a função. Novamente, supomos que você já tenha os dados de treino e testes prontos. Conforme o código logo abaixo, usamos a função `ctree` para construir o modelo da árvore. O restante do código é semelhante à classificação que fizemos com algoritmos anteriores: executamos `predict` passando o modelo e os dados de teste para prever a classificação, construímos a matriz de confusão e calculamos a precisão, que ficou em 72%.

```
>library(party)
>modelo <- ctree(class ~ . ,creditotreino)
>predicao = predict(modelo, creditoteste)
>confusao = table(credito$class,predicao)
>taxaacerto = (confusao[1] + confusao[4]) / sum(confusao)
>taxaerro = (confusao[2] + confusao[3]) / sum(confusao)
>taxaacerto
[1] 0.7245902
```

Você pode imprimir a árvore de forma textual simplesmente digitando a variável do modelo no console. Também existem funções para exibir a árvore através de diagramas. Observe o código a seguir. A primeira linha gera a árvore que pode ser vista na figura 16.1, já a segunda linha, com um argumento para gerar uma árvore simplificada, gera o diagrama da figura 16.2.

```
>plot(modelo)
>plot(modelo, type="simple")
```

---

[3] http://cran.r-project.org/web/packages/party/index.html

16. CLASSIFICAÇÃO

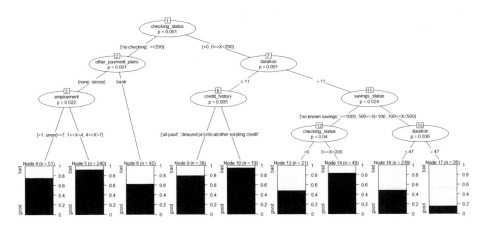

Figura 16.1: Árvore de Decisão

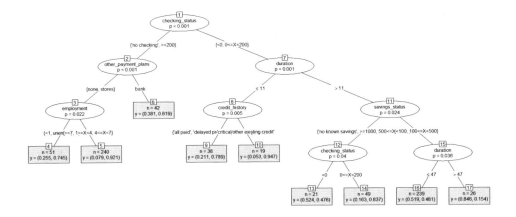

Figura 16.2: Árvore de Decisão Simplificada

> ## Seleção de Atributos
>
> No Capítulo 7, na seção sobre Seleção de Atributos, falamos que alguns algoritmos selecionam automaticamente quais atributos têm maior peso na classificação e podem utilizar apenas estes na construção do modelo. Observe o diagrama da árvore construída na figura 16.1: são utilizados apenas três atributos dos 20 existentes. Em seção posterior neste capítulo, vamos confirmar que estes são os três atributos com maior significado na construção do modelo.

Máquina de Vetor de Suporte

Nesta seção vamos aprender a usar máquina de vetor de suporte. Os princípios do algoritmo podem ser relembrados no Capítulo 7. Um pacote para implementar esta técnica é o já conhecido e1071, que utilizamos para a classificação com Naïve Bayes. A utilização de máquina de vetor de suporte no R é bastante semelhante à criação de outros modelos, exceto que usamos a função svm durante a criação do modelo. No próximo exemplo, podemos ver o código em R para construir e testar o modelo. A precisão neste exemplo foi de 72%.

```
>modelo <- svm(class ~., creditotreino)
>predicao <- predict(modelo,creditoteste)
>confusao = table(creditoteste$class,predicao)
>taxaacerto = (confusao[1] + confusao[4]) / sum(confusao)
>taxaerro = (confusao[2] + confusao[3]) / sum(confusao)
>taxaacerto
[1] 0.7292994
```

Para entender máquina de vetor de suporte mais a fundo, sugiro explorar o modelo construído: a função atribute mostra todas as propriedades do modelo, usando a sintaxe com $, você consulta qualquer item da lista.

Seleção de Atributos

Nesta seção, vamos utilizar uma técnica de seleção de atributos, depois, vamos refazer a classificação da seção anterior com um subconjunto de atributos e comparar o desempenho dos dois modelos. As funções utilizadas estão no pacote FSelector[4], que deverá ser instalado caso ainda não esteja. Caso não estejam claros os objetivos da seleção de atributos, sugiro consultar o Capítulo 7.

O pacote FSelector contempla vários algoritmos de seleção de atributos, como "chi.squared", "oneR" e "random.forest.importance". No nosso exemplo, vamos usar este último, que atribui pesos baseado no algoritmo random forest. O uso de qualquer uma destas funções é bastante similar a argumentos informando a fórmula e os dados. Como saída, os atributos são listados com pesos. Observe o exemplo:

```
> random.forest.importance(class~.,credito)
                         attr_importance
checking_status               47.768887
duration                      27.753516
credit_history                22.714351
purpose                       11.370038
credit_amount                 20.099017
savings_status                14.547169
employment                     8.187626
installment_commitment         7.526118
personal_status                4.382570
other_parties                 12.028587
residence_since                5.579856
property_magnitude            10.197321
age                           10.072661
other_payment_plans           10.847509
housing                        6.608242
existing_credits               6.109831
job                            3.722850
num_dependents                 1.760846
own_telephone                  4.790524
foreign_worker                 3.572618
```

Vamos então refazer o exemplo da seção onde estudamos máquina de vetor de suporte. Já temos em memória as variáveis "creditotreino" e "creditoteste", se você fechou o R entre esta seção e a anterior sem salvar o estado da área de

---

[4] http://cran.r-project.org/web/packages/FSelector/index.html

trabalho, você pode facilmente recriá-las. O processo é simples: em vez de criar o modelo usando todos os atributos, vamos utilizar apenas os sete atributos que tiveram o peso maior que 10:

- `checking _ status`
- `duration`
- `credit _ history`
- `purpose`
- `credit _ amount`
- `savings _ status`
- `other _ parties`

A única mudança em nosso código com relação à seção anterior é fornecer a lista de atributos separados pelo operador de adição, ao invés do ponto. Observe o código a seguir:

```
>modelo = svm(class ~ checking_status + duration + credit_his-
tory + purpose + credit_amount + savings_status + other_parties
,credito)
>predicao = predict(modelo,creditoteste)
>confusao = table(creditoteste$class,predicao)
>taxaacerto = (confusao[1] + confusao[4]) / sum(confusao)
>taxaerro = (confusao[2] + confusao[3]) / sum(confusao)
>taxaacerto
[1] 0.7611465
```

Na seção anterior, a precisão do modelo foi de 72%. Já com a seleção de atributos, 76%. Se você fizer um teste com apenas os três atributos mais bem colocados, "checking_status", "duration" e "credit_history", teremos uma precisão de 75%. Mesmo que a precisão tivesse sido a mesma, ou que a diferença não tenha significância estatística, estamos criando um modelo com menos atributos, desta forma, requererá menos poder computacional e serão mais simples. Os processos de captura e transformação de dados também podem ser simplificados.

Aprendizado Baseado em Instância: Vizinho mais Próximo

O aprendizado baseado em instância, em vez de construir um modelo, coloca os dados de treino em memória e classifica as novas instâncias pelo dado em memória que estiver mais próximo. Para saber mais, consulte o Capítulo 7.

Neste exemplo, vamos utilizar o algoritmo do vizinho mais próximo. Este tipo de algoritmo apenas funciona com os atributos numéricos. A classe obviamente deve ser nominal. O algoritmo, ao encontrar o vizinho mais próximo, vai olhar qual a sua classe e vai classificar a nova instância com a mesma classe. Para nosso exemplo, vamos utilizar o pacote class[5], lembrando que se você ainda não o tem instalado, deve instalá-lo.

Observe o próximo código de exemplo. Separamos o conjunto de dados iris em dois grupos com 70 e 30% dos dados respectivamente: "iristreino" e "classificar". De cada instância a classificar, o algoritmo vai buscar o vizinho mais próximo em memória. A função knn recebe quatro argumentos principais: os dados para treino; os dados para teste; uma variável do tipo fator com a classificação real dos dados de treino; uma variável "k", que define quantos vizinhos mais próximos devem ser considerados. Para treino, informarmos os quatro primeiros atributos de "iristreino", e para classificar, os quatro primeiros atributos de "classificar". O fator de referência é a quinta coluna do conjunto de dados "classificar", onde estão as espécies de iris. Em seguida, construímos a matriz de confusão. A precisão em encontrar o vizinho mais próximo foi de 98%.

```
> library(class)
> amostra = sample(2,150,replace=T, prob=c(0.7,0.3))
> iristreino = iris[amostra==1,]
> classificar = iris[amostra==2,]
> previsao = knn(iristreino[,1:4],classificar[,1:4],iristreino[,5],k=1)
> confusao = table(classificar[,5],previsao)
> confusao
            previsao
             setosa versicolor virginica
  setosa         15          0         0
  versicolor      0         16         1
```

---

[5] http://cran.r-project.org/web/packages/class/index.html

```
   virginica          0             0            18
> taxaacerto = (confusao[1,1] + confusao[2,2] + confusao[3,3])
/ sum(confusao)
> taxaerro = (sum(confusao) - (confusao[1,1] + confusao[2,2] +
confusao[3,3])) / sum(confusao)
> taxaacerto
[1] 0.98
> taxaerro
[1] 0.02
```

Métodos de Grupos

Nesta seção, vamos utilizar dois algoritmos de classificação por métodos de grupos: random forest e adaboosting.

Para uso de randon forest, usaremos o pacote randomForest[6] que deve ser instalado no R. Do ponto de vista de implantação, não existem diferenças significativas, porém, o argumento `ntree` define o número de árvores que serão induzidas e não deve conter um valor muito baixo. Observe o código a seguir:

```
> modelo = randomForest(class ~ . ,creditotreino, ntree=500)
> predicao = predict(modelo,creditoteste)
> confusao = table(creditoteste$class,predicao)
> taxaacerto = (confusao[1] + confusao[4]) / sum(confusao)
> taxaerro = (confusao[2] + confusao[3]) / sum(confusao)
> taxaacerto
[1] 0.7639344
```

`Adaboost` é um algoritmo que adapta novos modelos a partir de instâncias classificadas incorretamente em interações anteriores. No R, podemos implementar `adaboost` com o pacote Adabag[7], que deve ser instalado. O código logo a seguir é semelhante às demais rotinas de classificação. Na construção do modelo, o parâmetro `mfinal` é o número de interações que o algoritmo vai executar, lembrando que a cada interação, o modelo será ajustado.

```
> library(adabag)
```

---

[6] http://cran.r-project.org/web/packages/randomForest/index.html

[7] http://cran.r-project.org/web/packages/adabag/index.html

```
> modelo = boosting(class ~., data = creditotreino, mfinal =
100)
> predicao =    predict(modelo, creditoteste)
> taxaacerto = (confusao[1] + confusao[4]) / sum(confusao)
> taxaerro = (confusao[2] + confusao[3]) / sum(confusao)
> taxaacerto
[1] 0.7639344262
```

Redes Neurais Artificias

Nas próximas duas seções, utilizaremos o software Weka. Para mais informações, consulte o Capítulo 12.

Um dos algoritmos de classificação presentes no Weka é o MultilayerPerceptron[8], que é um tipo de classificador de Redes Neurais Artificiais. Observe a figura 16.3. Para executar o classificador, efetue as etapas a seguir:

- Abra o Weka, clique em "Explorer" e importe o arquivo credit-g.arff;
- Clique na guia "Classify";
- Clique no botão "Choose";
- Selecione "MultilayerPerceptron" em "classifiers", "functions", conforme a figura 16.3;
- Em "cross-validation", altere o valor da opção "Folds" para 5, para reduzir um pouco o tempo de processamento;
- Clique em "Start" e aguarde o processamento;
- O resultado pode ser visto na janela "Classifier output". "Correctly Classified Instances" nos mostra que a precisão foi de 72.4%. Bem ao final do resultado, é gerada ainda uma matriz de confusão.

---

[8] http://weka.sourceforge.net/doc.dev/weka/classifiers/functions/MultilayerPerceptron.html

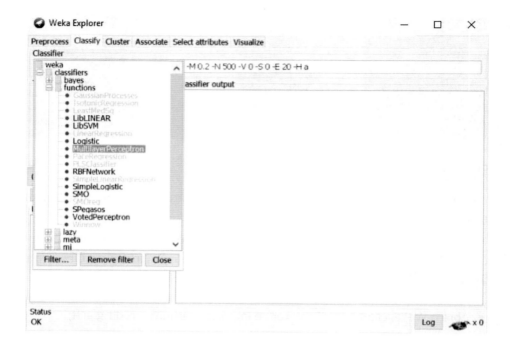

Figura 16.3: MultilayerPerceptron

Regras de Classificação

Neste exemplo, vamos classificar crédito usando o algoritmo de regras de classificação "decision table"[9], porém, em vez de usar o aplicativo Explorer, vamos construir um fluxo usando o KnowledgeFlow. Este ambiente funciona colocando-se elementos na área de layout, ligando estes elementos e configurando suas propriedades. Um fluxo construído pode ser salvo para utilização futura. Antes de construirmos o fluxo, vamos entender os elementos que serão utilizados neste exemplo:

- **Arrf Loader**: Permite carregar um arquivo arff salvo em disco.
- **Class Assigner**: Define qual atributo é a classe dos dados. Por padrão, pressupõe que a classe é a última coluna.

---

[9] http://weka.sourceforge.net/doc.dev/weka/classifiers/rules/DecisionTable.html

- **Cross Validation Fold Maker**: Divide os dados em treino e teste, e divide no número de folds ou partições, especificados.

- **Decision table**: Executa o algoritmo de classificação "decision table" para construção de um modelo.

- **Classifier performance evaluator**: Avalia a performance de um classificador após a execução de uma tarefa de classificação.

- **Text viewer**: Permite visualizar textualmente o resultado de um processo de aprendizado de máquina.

Vamos agora construir o fluxo para classificar os dados. Siga as etapas a seguir:

- Abra o Weka e clique em "KnowledgeFlow";

- Na guia "DataSources", clique sobre o elemento "Arff Loader" e em seguida clique sobre a área "KnowledgeFlow Layout" para criar um elemento;

- Dê um duplo clique sobre o elemento "Arff Loader" que você acabou de criar. Uma caixa de diálogo será aberta. Localize em seu computador o arquivo credit-g.arff, selecione e clique em "abrir".

- Agora clique na guia "Evaluation", clique sobre o elemento "ClassAssigner" e coloque-o sobre a área de fluxo;

- Agora volte ao elemento "Arff Loader" colocado anteriormente, clique com o botão direito sobre o mesmo e, no menu de contexto, selecione "dataset". A ponta de seu mouse terá uma linha conectada ao "Arff Loader", leve esta linha até o elemento "Class Assigner" e a solte. Se você fez o procedimento corretamente, uma seta vermelha deve estar ligando "Arff Loader" ao "Class Assigner";

- Agora clique sobre o "Class Assigner". Uma janela vai permitir que você selecione a coluna que contém a classe. Por padrão, já estará selecionada a coluna "class" por ser a última do nosso conjunto de dados "credit". Porém, você deve saber que é possível alterar, se a classe não estiver na última coluna;

- Agora adicione um elemento "Cross Validation Folder Maker" para dividir os dados em treino e teste. Se desejar o número de "folds", que por padrão é 10, basta clicar sobre o elemento e alterar a propriedade "folds";

- No elemento "Class Assigner" já na área de fluxo, clique com o botão direito sobre o mesmo e, no menu de contexto, selecione "dataset". Leve esta linha até o elemento "Cross Validation Folder Maker" e a solte;

- Na guia "Classifiers", localize e coloque sobre a área de fluxo o elemento "Decision Table", que pode ser encontrado dentro do grupo "rule";

- No elemento "Cross Validation Folder Maker", já na área de fluxo, clique com o botão direito sobre o mesmo e, no menu de contexto, selecione "trainingSet". Leve esta linha até o elemento "Decision Table" e a solte. Repita o procedimento, porém, em vez de "trainingSet", escolha agora "testSet" e conecte com "Decision Table". Desta forma, "Decision Table" terá duas linhas sobrepostas ligadas à "Cross Validation Folder Maker";

- Adicione um elemento "Classifier Performance Evaluator", que pode ser encontrado na guia "Evaluation";

- No elemento "Decision Table" já na área de fluxo, clique com o botão direito sobre o mesmo e, no menu de contexto, selecione "batchClassifier". Leve esta linha até o elemento "Classifier Performance Evaluator" e a solte;

- Por fim, adicione um elemento "Text Viewer" ao fluxo;

- No elemento "Classifier Performance Evaluator" já na área de fluxo, clique com o botão direito sobre o mesmo e no menu de contexto selecione "text". Leve esta linha até o elemento "Text Viewer" e a solte;

- No primeiro elemento do fluxo, "Arff Loader", clique com o botão direito do mouse e selecione "Start Loading". Neste momento, o fluxo todo começa a ser executado;

- Acompanhe o processamento na área de status;

- Quando o processamento terminar, clique com o botão direto sobre o elemento "Text Viewer" e selecione "Show Results". O log de execução do processamento será exibido. Você poderá ver dados diversos como a precisão, que foi de 71%.

Se desejar, clique em "Save Layout", na parte superior esquerda do KnowledgeFlow para salvar o fluxo para reutilização futura. A figura 16.4 mostra o fluxo depois de concluído.

16. CLASSIFICAÇÃO

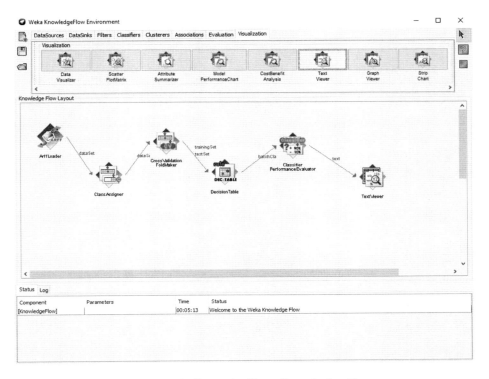

Figura 16.4: Fluxo do Weka KnowledgeFlow

17. AGRUPAMENTOS

Todas as técnicas de agrupamentos estudadas na Parte I da obra são apresentadas aqui através de implementações no software R.

K-means

Embora agrupamento sejam tarefas de aprendizado de máquina não supervisionadas, ou seja, não há um parâmetro ou uma classe com que se possa avaliar o resultado, no exemplo desta seção, vamos utilizar o conjunto de dados já conhecido, iris, passando para o algoritmo apenas os 4 primeiros atributos: "Sepal.Length", "Sepal.Width", "Petal.Length" e "Petal.Width". Após o processamento, vamos avaliar quão os grupos criados se assemelham com os três valores possíveis da classe "Species". Porém, um algoritmo de agrupamentos vai criar grupos e numerá-los, enquanto a classe "Species" de iris pode ter três valores nominais: "setosa", "versicolor" e "virgínica". Tudo a fazer após a execução do algoritmo é criar uma matriz de confusão entre as classes de iris e os grupos criados.

K-means pode ser executado com a função `kmeans`, que pertence ao pacote nativo do R, Stats, portanto, não é preciso instalar pacote adicional para sua utilização.

Observe o próximo código. A função `kmeans` recebe dois argumentos principais: os dados que serão utilizados para a criação dos grupos, onde informamos as 4 primeiras colunas de iris e o argumento `centers`. Lembre-se que uma das características do K-means é que devemos informar a quantidade de grupos que devem ser construídos. O resultado do processamento fica armazenado no objeto `cluster`. Este objeto é uma lista com uma série de elementos, mas o que nos interessa no momento, `cluster$cluster`, que tem um vetor com 150 posições, por esta ser a quantidade de registros de iris, onde a cada posição está atribuído um número inteiro entre 1 e 3, que é o agrupamento a qual a instância da posição pertence. Tudo a fazer é montar uma matriz de confusão entre os agrupamentos e a classe de iris.

```
> cluster = kmeans(iris[1:4],centers=3)
> table(iris$Species,cluster$cluster)

              1   2   3
  setosa     50   0   0
  versicolor  0   2  48
  virginica   0  36  14
```

Podemos notar que todas as flores do tipo `setosa` foram classificadas no mesmo grupo. `Versicolor` teve 48 em um grupo e 2 em outro, e `virginica`, 36 em um grupo e 14 em outro. Podemos observar também que não houve sobreposição de grupos onde a espécie teve maior agrupamento: `setosa` no grupo 1, `virginica` no grupo 2 e `versicolor` no grupo 3. Assim, a precisão do algoritmo foi de 89%.

Se você executou o exemplo anterior, há uma chance de o resultado ser diferente, por exemplo, `setosa` ser disposto no agrupamento 2. Isso acontece porque K-means é um algoritmo não determinístico. Para garantir que algoritmos não determinísticos apresentem o mesmo resultado sempre que executados, você pode usar a função estudada no Capítulo 11, `set.seed`, passando sempre o mesmo valor para o argumento semente. Observe o código a seguir. Se você reproduzir o código com o mesmo valor para a semente, deverá obter o mesmo resultado.

```
> set.seed(2014)
> cluster = kmeans(iris[1:4],centers=3)
> table(iris$Species,cluster$cluster)
```

Você pode visualizar como os grupos foram posicionados gerando uma matriz de diagramas de dispersão com as medidas de iris, atribuído à cor de cada ponto ao grupo em que foi apresentado. O código pode ser visto a seguir, e o diagrama resultante, na figura 17.1.

```
> plot(iris[,1:4],col=cluster$cluster)
```

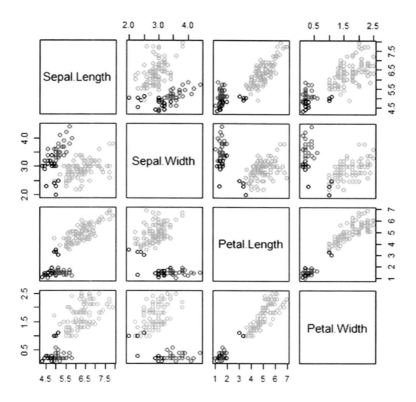

Figura 17.1: K-means

Fuzzi C-Means

Fuzzi C-Means é semelhante à K-means, porém, em vez de simplesmente atribuir o elemento a um agrupamento, este algoritmo vai produzir uma matriz com a probabilidade de cada instância pertencer a um dos grupos, porém, a função também retorna uma classificação absoluta baseada na maior probabilidade. Para nosso exemplo, vamos utilizar o já conhecido pacote e1071 e a função cmeans. O argumento centers é a quantidade de agrupamentos que devem ser criados. No próximo exemplo, criamos três agrupamentos. Em seguida, visualizamos os primeiros seis registros da matriz de probabilidade de cada instância de iris pertencer a cada um dos três agrupamentos. Execute o comando sem limitar o número de resultados para observar que a probabilidade varia ao longo das instâncias. Finalmente, geramos uma matriz de confusão com precisão de 89%.

```
> library(e1071)
> cluster = cmeans(iris[,1:4], centers=3)
```

```
>  head(cluster$membership)
                   1          2          3
[1,] 0.002304389 0.9966236 0.001072018
[2,] 0.016651065 0.9758505 0.007498465
[3,] 0.013760515 0.9798246 0.006414913
[4,] 0.022467097 0.9674247 0.010108203
[5,] 0.003761765 0.9944703 0.001767928
[6,] 0.044809483 0.9345697 0.020620841
>  table(iris$Species, cluster$cluster)

                1  2  3
  setosa        0 50  0
  versicolor   47  0  3
  virginica    13  0 37
```

K-medoids

Seguindo o mesmo princípio do agrupamento criado na seção anterior, vamos agora criar um agrupamento usando K-medoids. Para este exemplo, devemos instalar o pacote Fpc[1]. Observe o código abaixo. Utilizaremos a função pam para formação do agrupamento. Os argumentos mínimos são os mesmos: os dados sobre os quais serão construídos os agrupamentos é um valor inteiro para K, que indica quantos agrupamentos queremos criar. Podemos ainda imprimir os agrupamentos cujo diagrama pode ser visto na figura 17.2. Ao final do código, construímos a matriz de confusão para comparar o resultado do agrupamento com a classe de iris. Seguindo o mesmo princípio da seção anterior, temos neste exemplo a mesma precisão, 98%.

```
> library(fpc)
> cluster = pam(USArrests,k=3))
> plot(cluster)
> table(iris$Species,cluster$clustering)

              1  2  3
setosa       50  0  0
versicolor    0 48  2
virginica     0 14 36
```

---

[1] http://cran.r-project.org/web/packages/fpc/index.html

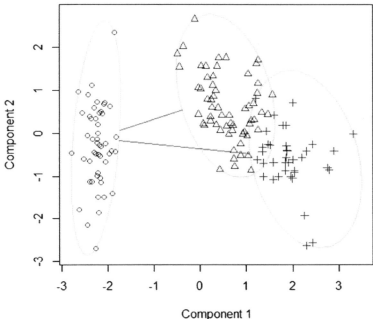

Figura 17.2: K-medoids

Você pode explorar o objeto `cluster` criado de diversas formas: simplesmente digitando o nome do objeto na console ou imprimindo partes específicas. Por exemplo, no código seguinte, é listado o vetor que compõe os agrupamentos, ou seja, para cada uma das 150 instâncias de iris é atribuído um número de 1 a 3, que equivale ao agrupamento em que a instância é classificada.

```
> cluster$clustering
 [1] 1 1 1 1 1 1 1 1 1 1 1 1 1 1 1 1 1 1 1 1 1 1 1 1 1 1 1 1 1
 1 1 1 1 1 1 1 1 1 1 1 1 1 1 1 1 1 1 1 1 1 2 2 3 2 2 2 2 2 2 2
 2 2 2 2 2 2 2 2 2 2 2 2 2 2 2 2 3 2 2 2 2 2 2 2 2 2 2 2 2 2 2
 2 2 2 2 2 2 3 2 3 3 3 3 2 3 3 3 3 3 3 2 2 3 3 3 3 2 3 2 3 2 3
 3 2 2 3 3 3 3 2 3 3 3 2 3 3 3 2 3 3 3 2 3 3 2
```

DBScan

Para criamos um agrupamento usando o algoritmo DBScan, podemos utilizar o mesmo pacote Fpc usado no exemplo com k-medoids, mas desta vez, usando a função DBScan. Como na verdade temos as classes e queremos ajustar o algoritmo, para ficar o mais próximo possível destas, podemos usar pelo menos dois argumentos: eps e MinPts. O primeiro é quantidade mínima de pontos que o algoritmo deve alcançar e eps, a distância a ser alcançada. No exemplo a seguir, criamos o agrupamento utilizando os valores 0,6 e 4, respectivamente. Na próxima linha usamos a função unique para verificar quantos agrupamentos foram criados: dbscan tem a característica de não incluir elementos em agrupamento, e pela saída de unique, podemos ver que foram criados três agrupamentos, mas alguns elementos não foram agrupados, pois temos um valor zero.

```
> library(fpc)
> cluster <- dbscan(iris[,1:4], eps=0.6, MinPts=4)
> unique(cluster$cluster)
[1] 1 0 2 3
```

No próximo código, imprimimos o agrupamento. O resultado pode ser visto na figura 17.3. Observe que triângulos em três cores representam os agrupamentos, enquanto círculos pretos são os elementos que não foram agrupados.

```
> plot(cluster,iris[1:4])
```

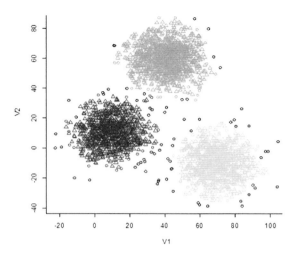

Figura 17.3: DBScan

Produzimos então uma matriz de confusão com o resultado do agrupamento a seguir. Usando o critério de que a instância pertence à classe onde houve um maior agrupamento, diferente dos exemplos anteriores, temos cinco elementos não agrupados e quatro agrupados em classes erradas. A precisão do algoritmo foi de 94%.

```
> table(iris$Species,cluster$cluster)

              0   1   2   3
   setosa     1  49   0   0
   versicolor 0   0  46   4
   virgínica  4   0  46   0
```

Hierárquico

Para construir agrupamentos hierárquicos, usaremos a função `hclust`. Um agrupamento hierárquico requer a distância entre os elementos para construir a hierarquia. No R, a função `dist` computa esse cálculo, conforme podemos observar no próximo exemplo. Em seguida, geramos o dendrograma do agrupamento, que pode ser visto na figura 17.4.

```
> cluster = hclust(dist(iris[,1:4]))
> plot(cluster, hang=-1, label=iris$Species)
```

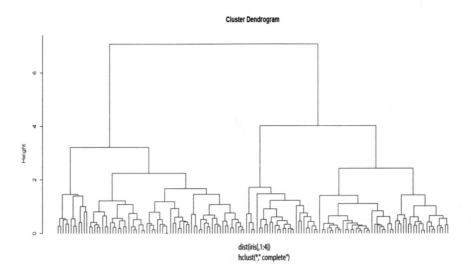

Figura 17.4: Dendrograma

18. REGRAS DE ASSOCIAÇÃO

Neste capítulo, mostramos a implementação prática de regras de associação, usando o software R para implementar o algoritmo `apriori` e o software Weka para implementar `FP-Grow`.

Apriori

Para minerarmos regras de associação com `Apriori`, usaremos o pacote Arules[1], que deve ser instalado. Em nosso exemplo, vamos utilizar um formato de arquivo de transações denominado "basket", onde cada linha representa uma transação, com os itens da transação separados por vírgula. Você pode baixar o arquivo de exemplo no site da publicação ou da editora, "cestacompras.txt" ou criar o seu próprio arquivo de transações. Como regras de associação são um processo de alto custo computacional, e mesmo um número reduzido de transações pode criar um grande conjunto de regras, nosso arquivo de exemplo, que pode ser visualizado a seguir, possui apenas seis transações, o que para fins didáticos são suficientes.

```
Cerveja,Carvão,Pão
Carvão,Pão
Cerveja,Carvão,Maionese
Cerveja,Carvão,Pão,Maionese
Cerveja
Carvão
```

---

[1] http://cran.r-project.org/web/packages/arules/index.html

Inicialmente o pacote Arules deve ser carregado. Uma variável `transacoes` recebe a importação das transações pela função `read.transactions`, onde informamos o arquivo, o formato e o separador. Em seguida, digitamos o nome do objeto, e o R retorna um resumo das transações importadas. Observe o código de exemplo:

```
> library(arules)
> transacoes = read.transactions("Cestacompras.
txt",format="basket",sep=",")
> transacoes
transactions in sparse format with
 6 transactions (rows) and
 4 items (columns)
```

Podemos ainda visualizar um resumo das transações usando a função `summary`, conforme código a seguir. Ainda não mineramos regras, mas já podemos observar, por exemplo, que "carvão" é o item mais frequente, seguido por "cerveja".

```
> summary(transacoes)
transactions as itemMatrix in sparse format with
 6 rows (elements/itemsets/transactions) and
 4 columns (items) and a density of 0.5833333

most frequent items:
  Carvão  Cerveja      Pão Maionese  (Other)
       5        4        3        2        0

element (itemset/transaction) length distribution:
sizes
1 2 3 4
2 1 2 1

  Min. 1st Qu.  Median    Mean 3rd Qu.    Max.
 1.000   1.250   2.500   2.333   3.000   4.000

includes extended item information - examples:
    labels
```

18. REGRAS DE ASSOCIAÇÃO

```
1   Carvão
2   Cerveja
3   Maionese
```

Se você quiser ver o conjunto todo de transações, pode usar a função `inspect` ou a função `image` passando como argumento o objeto de transações e obter uma matriz destas, como na figura 18.1.

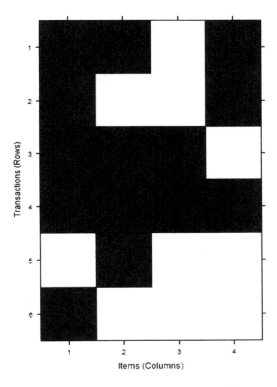

Figura 18.1: Matriz de transações

Para minerar regras, usamos a função `apriori`, passando como argumentos a lista de transações e dois parâmetros, o suporte e a confiança mínimos. Estes parâmetros são importantes para que sejam produzidos apenas um conjunto de regras com valor para o negócio. Logo após a função, no código a seguir, podemos ver o log de processamento da mineração das regras.

```
> regras <- apriori(transacoes, parameter= list(supp=0.5,
conf=0.5))
```

```
parameter specification:
 confidence minval smax arem  aval originalSupport support min-
len maxlen target    ext
        0.5     0.1     1 none FALSE                 TRUE        0.5
1     10   rules FALSE

algorithmic control:
 filter tree heap memopt load sort verbose
    0.1 TRUE TRUE  FALSE TRUE    2     TRUE

apriori - find association rules with the apriori algorithm
version 4.21 (2004.05.09)        (c) 1996-2004   Christian Bor-
gelt
set item appearances ...[0 item(s)] done [0.00s].
set transactions ...[4 item(s), 6 transaction(s)] done [0.00s].
sorting and recoding items ... [3 item(s)] done [0.00s].
creating transaction tree ... done [0.00s].
checking subsets of size 1 2 done [0.00s].
writing ... [7 rule(s)] done [0.00s].
creating S4 object  ... done [0.00s].
```

Pronto, agora temos o conjunto de regras produzido. Você pode visualizar as regras usando a função `insepect`, conforme código de exemplo a seguir. `Lhs` é acrônimo para *Left Hand Size* ou lado esquerdo, e `Rhs` é *Right Hand Size* ou lado direito. `Lift` mede o quão frequentes `lhs` e `rhs` ocorrem juntos, se comparados, estatisticamente, independentes. Observe que as regras "Pão => Carvão" e "Carvão => Pão" têm o mesmo suporte. Estes tipos de regras sempre terão o mesmo suporte, pois esta é a própria definição do conceito — transações de um item que contenham também o outro. Já a confiança de "Pão => Carvão" é 1 e "Carvão => Pão" é 0,83. Isto porque todas as transações que têm Pão tem Carvão. No entanto, nem todas as transações que têm Carvão têm, também, Pão.

```
> inspect(regras)
   lhs           rhs         support confidence lift
1 {}         => {Pão}     0.5000000  0.5000000  1.0
```

18. REGRAS DE ASSOCIAÇÃO

```
2  {}         => {Cerveja}  0.6666667  0.6666667  1.0
3  {}         => {Carvão}   0.8333333  0.8333333  1.0
4  {Pão}      => {Carvão}   0.5000000  1.0000000  1.2
5  {Carvão}   => {Pão}      0.5000000  0.6000000  1.2
6  {Cerveja}  => {Carvão}   0.5000000  0.7500000  0.9
7  {Carvão}   => {Cerveja}  0.5000000  0.6000000  0.9
```

Existe ainda um pacote especializado para visualizar regras de associação, ArulesViz[2], que deve ser instalado no R. Os gráficos das figuras 18.2, 18.3 e 18.4 foram gerados pelo próximo código: uma linha de comando gerou cada gráfico.

```
> library("arulesViz")
plot(regras, method="graph", control=list(type="items"))
plot(regras, method="matrix", control=list(type="items"))
plot(regras, method="grouped")
```

O gráfico da figura 18.2 mostra as regras em um grafo onde cada aresta é uma regra e os vértices são os produtos. Quanto maior o diâmetro do vértice, maior o suporte da regra. Já a confiança é representada pelo tom do cinza do vértice.

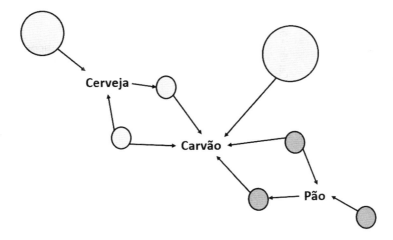

Figura 18.2: Demonstração Gráfica das Regras

---

[2] http://cran.r-project.org/web/packages/arulesViz/index.html

O gráfico na figura 18.3 mostra as regras na forma de uma matriz, onde o tom do cinza representa o suporte da regra.

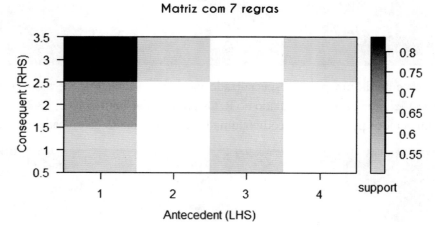

Figura 18.3: Matriz de Regras

O último gráfico, na figura 18.4, mostra as regras agrupadas, onde, novamente, o tamanho do círculo reflete o suporte e o tom de cinza a confiança.

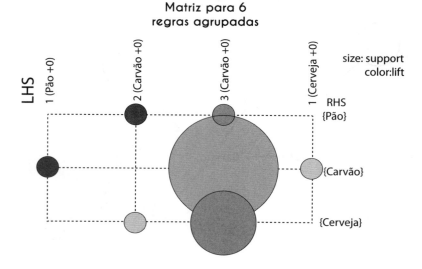

Figura 18.4: Matriz Agrupada de Regras

FP-Grow

Nesta seção, vamos estudar regras de associação com o algoritmo `FP-Grow`, desta vez, usando o software Weka. Se você estudou o Capítulo 12, sabe que junto com a ferramenta acompanha um arquivo de exemplo de transações de um supermercado, supermarket.arff. Você deve executar o Weka, o aplicativo Explorer, e carregar este arquivo. Qualquer dúvida neste procedimento, consulte o curso de Weka no Capítulo 12.

Clique na guia "Associante", clique em "Choose" em "Associator" para escolher `FP-Grow`. Clicando no nome do algoritmo ao lado do botão "Choose", você pode alterar parâmetros do algoritmo. Por exemplo, "numRulesToFind", que tem o valor padrão 10, define o número de regras que devem ser exibidas, se o algoritmo encontrar mais, apenas as 10 melhores serão exibidas. Nesta tela, você ainda pode definir suporte e confiança mínimos. Clique em "Start" e aguarde o final do processamento.

Se você manteve os parâmetros com os valores padrões, 10 regras serão exibidas. Na listagem a seguir, podemos ver o conjunto de regras. O número antes do símbolo "==>" indica a cobertura absoluta, e após, indica as instâncias que têm a regra. `Conf` é o suporte da regra.

```
1. [fruit=t, frozen foods=t, biscuits=t, total=high]: 788 ==>
[bread and cake=t]: 723   <conf:(0.92)> lift:(1.27) lev:(0.03)
conv:(3.35)
  2. [fruit=t, baking needs=t, biscuits=t, total=high]: 760 ==>
[bread and cake=t]: 696   <conf:(0.92)> lift:(1.27) lev:(0.03)
conv:(3.28)
  3. [fruit=t, baking needs=t, frozen foods=t, total=high]:
770 ==> [bread and cake=t]: 705   <conf:(0.92)> lift:(1.27)
lev:(0.03) conv:(3.27)
  4. [fruit=t, vegetables=t, biscuits=t, total=high]: 815 ==>
[bread and cake=t]: 746   <conf:(0.92)> lift:(1.27) lev:(0.03)
conv:(3.26)
  5. [fruit=t, party snack foods=t, total=high]: 854 ==> [bre
ad and cake=t]: 779   <conf:(0.91)> lift:(1.27) lev:(0.04)
conv:(3.15)
  6. [vegetables=t, frozen foods=t, biscuits=t, total=high]:
797 ==> [bread and cake=t]: 725   <conf:(0.91)> lift:(1.26)
lev:(0.03) conv:(3.06)
```

```
 7. [vegetables=t, baking needs=t, biscuits=t, total=high]:
772 ==> [bread and cake=t]: 701    <conf:(0.91)> lift:(1.26)
lev:(0.03) conv:(3.01)

 8. [fruit=t, biscuits=t, total=high]: 954 ==> [bread and
cake=t]: 866    <conf:(0.91)> lift:(1.26) lev:(0.04) conv:(3)

 9. [fruit=t, vegetables=t, frozen foods=t, total=high]:
834 ==> [bread and cake=t]: 757    <conf:(0.91)> lift:(1.26)
lev:(0.03) conv:(3)

10. [fruit=t, frozen foods=t, total=high]: 969 ==> [bread and
cake=t]: 877    <conf:(0.91)> lift:(1.26) lev:(0.04) conv:(2.92)
```

19. BENFORD, GRAFOS E MINERAÇÃO DE TEXTO

Das outras técnicas apresentadas na Parte I, três foram selecionadas para a demonstração de casos práticos neste capítulo: Lei de Benford, Teoria dos Grafos e Mineração de Texto.

Lei de Benford

Existem diversos pacotes que permite executar testes da Lei de Benford no R. Nesta seção, vamos utilizar o pacote Benford.analysis[1], que deve ser instalado em sua instância do R. Os dados para este exemplo, "Faturas.csv", estão disponibilizados exclusivamente no site da obra ou da editora e devem ser baixado deste local. No bloco de código logo a seguir, primeiramente carregamos o pacote Benford.analysis. Em seguida, importamos o arquivo "Faturas.csv". Este arquivo possui dados reais de faturamento, porém, o que nos interessa é apenas a coluna "VALOR", por isso, separamos esta coluna na variável dados. Por fim, executamos o método benford, que recebe dois parâmetros principais: a variável e o número de dígitos que serão analisados, no nosso exemplo, o primeiro dígito. A figura 19.1 é a impressão parcial obtida através da função genérica `plot`. A linha pontilhada indica a frequência esperada de cada dígito, enquanto as barras indicam a frequência encontrada em nossa variável.

```
> library(benford.analysis)
> teste = read.csv("Faturas.csv",sep=",",header=T)
> dados = as.numeric(teste$VALOR)
> modelo = benford(dados,number.of.digits=1)
> plot(modelo)
```

---

[1] http://cran.r-project.org/web/packages/benford.analysis/index.html

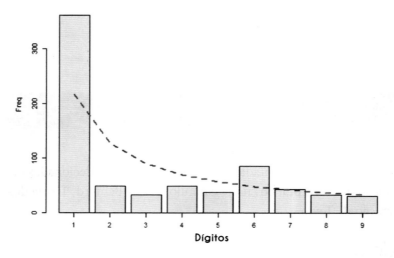

Figura 19.1: Análise do Primeiro Dígito

Grafos

O R possui o pacote Igraph[2], bastante abrangente para tarefas com gráficos, desde a execução de algoritmos até sua impressão. Este pacote não é nativo do R e, portanto, deve ser instalado.

Neste exemplo, vamos criar três grafos a partir de dados importados dos arquivos de exemplo da publicação, "Grafo1.csv", "Grafo2.csv" e "Grafo3.csv", vamos plotá-los, e em seguida, testar se são isomórficos. Recordando, grafos isomórficos são aqueles que possuem equivalência entre vértices e arestas. Os arquivos, em texto plano, são bastante simples, possuem um conjunto de valores separados por ponto e vírgula em cada linha. Cada conjunto, ou seja, cada linha vai gerar no grafo dois vértices unidos por uma aresta. Por exemplo, os itens abaixo produzem o grafo da figura 19.2.

A;B
B;C
C;A

---

[2] http://cran.r-project.org/web/packages/igraph/index.html

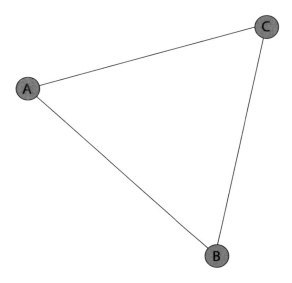

Figura 19.2: Grafo

Na nossa atividade, vamos importar e imprimir dois grafos, em seguida, vamos testar se os mesmos são isomórficos. Em seguida, vamos importar um terceiro grafo levemente modificado, e faremos um novo teste. No código do próximo exemplo, primeiramente carregamos o pacote Igraph e importamos o primeiro arquivo, "Grafo1.csv". Em seguida, transformamos os dados importados em um objeto do tipo igraph usando a função graph.data.frame: o primeiro argumento são os dados importados, o segundo argumento, booleano, informa se o grafo será direcionado ou não, o que informamos ser falso. Finalmente, chamamos a função genérica plot para imprimir o grafo, que pode ser visto na figura 19.3.

```
> library(igraph)
> dados<-read.csv("Grafo1.csv",sep=";", header=FALSE)
> rede1 <- graph.data.frame(dados, directed=FALSE)
> plot(rede1)
```

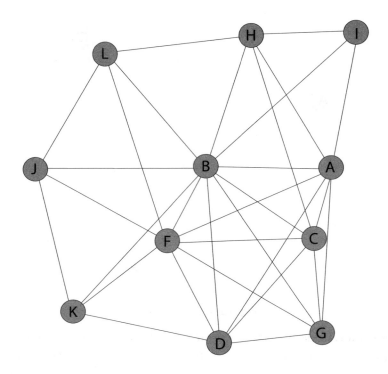

Figura 19.3: Grafo1

O próximo exemplo importa o segundo arquivo, "Grafo2.csv", converte para o tipo Igraph, e imprime, cujo resultado pode ser visto na figura 19.4. Mesmo sendo um grafo simples, é difícil visualmente avaliar se são isomórficos.

```
> dados<-read.csv("Grafo2.csv",sep=";", header=FALSE)
> rede2 <- graph.data.frame(dados, directed=FALSE)
> plot(rede2)
```

19. Benford, Grafos e Mineração de Texto

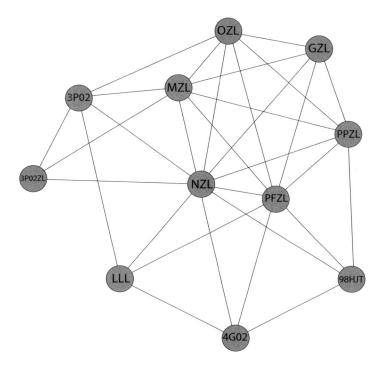

Figura 19.4: Grafo2

Agora, finalmente, podemos testar se os dois grafos, rede1 e rede2, são isomórficos. Para isso, usamos a função `graph.isomorphic`, que retorna um valor lógico. No nosso exemplo, podemos observar, no código a seguir, que o resultado é verdadeiro.

```
> graph.isomorphic(rede1,rede2)
[1] TRUE
```

O arquivo "Grafo3.csv" possui uma pequena modificação em relação ao grafo "Grafo2.csv". Importe o mesmo, transforme em um objeto Igraph e utilize a função `graph.isomorphic` para testar se são isomórficos.

Mineração de Texto

Para minerar textos, vamos utilizar o pacote TM[3], que deve ser previamente instalado. Os conceitos relacionados já foram estudados, mas antes de iniciar, vamos entender como funciona o pacote TM. Nosso objetivo nesta seção será criar uma lista de termos frequentes que, posteriormente, poderá ser utilizada, por exemplo, para criar uma nuvem de palavras.

Primeiramente, você vai precisar construir um corpus, que é a coleção de um ou mais documentos. O pacote TM tem uma função para manter este corpus em memória de forma volátil, ou fisicamente, em um sistema de arquivos ou banco de dados. Para um corpus volátil, usamos a função VCorpus, e PCorpus para um não volátil. As vantagens e desvantagens de ter um objeto em memória ou fisicamente são conhecidas: a memória é mais rápida, mas é volátil e reduzida, já um disco ou um banco de dados são mais lentos, porém não voláteis e normalmente suportam volumes de dados maiores.

Para criar um corpus, você deve informar uma fonte, conforme a localização do arquivo, e usar um leitor adequado ao tipo de dado. Exemplos de fontes são data frames do R, um diretório ou uma URL. Já exemplos de leitores são para documentos, pdf, texto plano, entre outros. Você pode consultar as fontes e leitores disponíveis através das funções getSources e getReaders, como no exemplo a seguir:

```
> library(tm)
> getSources()
[1] "DataframeSource" "DirSource"        "URISource"        "Vec-
torSource"    "XMLSource"
> getReaders()
[1] "readDOC"                   "readPDF"                  "rea-
dPlain"              "readRCV1"                 "readRCV1as-
Plain"          "readReut21578XML"
[7] "readReut21578XMLasPlain" "readTabular"              "rea-
dXML"
```

Vamos iniciar nosso exemplo usando um corpus volátil com VCorpus de texto plano em um diretório do computador. Portanto, vamos usar o leitor "rea-

---

[3] http://cran.r-project.org/web/packages/tm/index.html

19. Benford, Grafos e Mineração de Texto

293

dPlain" e a fonte de dados "DirSource". Nos arquivos de exemplo no site da publicação, você encontra um arquivo com textos sobre aprendizado de máquina para minerar: "Corpus.txt", mas você pode usar seu próprio arquivo, se assim desejar. "DirSource" vai importar para o corpus todos os arquivos que estiverem no diretório especificado. No exemplo a seguir, o objeto criado recebe o corpus da função VCorpus, do diretório especificado no argumento, seguida pela codificação do texto. O argumento readerControl recebe uma lista com o tipo de fonte, e o idioma desta fonte, no exemplo, recebe de português:

```
> corpus = VCorpus(DirSource("E:/Mineração de dados/
Textmining/texto", encoding = "UTF-8"),readerControl =
list(reader=readPlain,language = "por"))
```

Com o corpus criado, você pode visualizá-lo com a função inspect. Inicialmente, são exibidos metadados do corpus, seguidos pelos documentos, que estarão separados pela sintaxe [[]]. No próximo código, podemos ver o primeiro documento em [[1]], porém, o documento em si foi suprimido no exemplo.

```
> inspect(corpus)
<<VCorpus (documents: 1, metadata (corpus/indexed): 0/0)>>

[[1]]
```

Como o corpus criado, podemos agora iniciar uma série de transformações usando a função tm _ map. No próximo exemplo, primeiramente removemos stopwords, em seguida, espaços em branco, pontuação e números.

```
> corpus = tm_map(corpus , removeWords,
stopwords("portuguese"))
> corpus = tm_map(corpus , stripWhitespace)
> corpus = tm_map(corpus , removePunctuation)
> corpus = tm_map(corpus , removeNumbers)
```

O argumento removeWords pode remover qualquer lista de palavras, basta você informar no terceiro argumento esta lista. Stopwords é apenas uma função que retorna uma lista pré-definida de palavras a remover. Se você quiser consultar quais são as stopwords do português, basta digitar `sto-pwords ("portuguese")` no console.

Podemos agora finalmente criar nossa matriz de termos frequentes. Para isso, o pacote TM tem duas funções: `TermDocumentMatrix` e `Docu-mentTermMatrix`. A primeira função lista os termos na linha e os documentos na coluna, a segunda faz o contrário, os documentos na linha e os termos na coluna. `RemoveSparseTerm` remove termos com pouca frequência. No exemplo seguinte, criamos uma matriz de termos frequentes e removemos os termos com menor frequência.

```
> freq <- TermDocumentMatrix(corpus)
> removeSparseTerms(freq, 0.4)
<<TermDocumentMatrix (terms: 95, documents: 1)>>
Non-/sparse entries: 95/0
Sparsity           : 0%
Maximal term length: 15
Weighting          : term frequency (tf)
```

Por fim, transformamos a relação de itens frequentes em um data frame, e após, removemos itens cuja frequência seja inferior a oito, utilizando a função `subset` e imprimimos a lista de termos mais frequentes resultantes, conforme exemplo a seguir.

```
> tf = as.data.frame(freq$v,freq$dimnames$Terms)
> tf = subset(tf,freq$v>8)
> tf
           freq$v
dados          34
exemplo        11
informação     10
letra          10
mineração      17
padrões        19
pode           14
processo        9
```

REFERÊNCIAS

A Guide to the Project Management Body of Knowledge: (PMBOK® Guide). 5th Edition. Newtown Square, PA: PMI – Project Management, 2013.

ADLER, J. *R in a Nutshell.* 2nd Edition. Sebastopol, CA: O'Reilly Media, 2012.

Big Data Now: Current Perspectives from O'Reilly Radar. Sebastopol, CA: O'Reilly Media, 2012.

Cameron, S. *Microsoft SQL Server 2008 Analysis Services:* Step by Step. 1st Edition. Redmond, WA: Microsoft Press, 2009.

Cleveland, W.; McGill's, R. *Graphical Perception:* Theory, Experimentation, and Application to the Development of Graphical Methods. Disponível em: Aug. 2005. <https://web.cs.dal.ca/~sbrooks/csci4166-6406/seminars/readings/Cleveland_GraphicalPerception_Science85.pdf> Acesso em: Maio, 2015.

Codd, F. E. *The Relational Model for Database Management:* Version 2. Reading: Addison-Wesley, 1990.

Coderre, D. G. *Internal Audit:* Efficiency through Automation. Hoboken: John Wiley & Sons, 2009.

Conway, D.; White, J. M. *Machine Learning for Hackers.* Sebastopol: O'Reilly Media, 2012.

English, L. P. *Information Quality Applied:* Best Practices for Improving Business Information, Processes, and Systems. Indianapolis: John Wiley & Sons, 2009.

Few, S. *Information Dashboard Design*: The Effective Visual Communication of Data. Beijing: O'Reilly Media, 2006.

Gardener, M. *Beginning R the Statistical Programming Language*. Indianapolis: John Wiley & Sons, 2012.

Iliinsky, P. N.; Steele, J. *Designing Data Visualizations*. Sebastopol: O'Reilly Media, 2011.

Inmon, W. H. *Building the Data Warehouse*. New York: John Wiley & Sons, 2002.

Kaplan, R. S.; Norton D. P. *The Balanced Scorecard:* Translating Strategy into Action. Boston: Harvard Business Review Press, 1996.

Kimball, R.; Caserta, J. *The Data Warehouse ETL Toolkit:* Practical Techniques for Extracting, Cleaning, Conforming, and Delivering Data. Indianapolis: John Wiley & Sons, 2004.

Larose, D. T. *Discovering Knowledge in Data:* An Introduction to Data Mining. Hoboken: John Wiley & Sons, 2014.

Linoff, G. S.; Berry, M. J. A. *Data Mining Techniques:* For Marketing, Sales, and Customer Relationship Management. Indianapolis: John Wiley & Sons, 2011.

Lublinsky, Boris; Smith, K. T.; Yakubovich, A. *Professional Hadoop Solutions*. Birmingham, U.K.: Wrox, 2013.

Mosley, M.; Brackett, M. H.; Earley, S.; Henderson, D. *The DAMA Guide to the Data Management Body of Knowledge: (DAMA-DMBOK Guide)*. Bradley Beach: Technics Publications, 2010.

Myatt, G. J. *Making Sense of Data I. a Practical Guide to Exploratory Data Analysis and Data Mining*. Hoboken: John Wiley & Sons, 2014.

Nigrini, M. *Forensic Analytics:* Methods and Techniques for Forensic Accounting Investigations. Hoboken: John Wiley & Sons, 2011.

Payton, T.; Claypoole, T.; Schmidt, H. A. *Privacy in the Age of Big Data:* Recognizing Threats, Defending Your Rights, and Protecting Your Family. Lanham: Rowman & Littlefield, 2014.

Tan, P.; Steinbach, M.; Kumar, V. *Introduction to Data Mining*. Boston: Pearson Addison Wesley, 2005.

Tufte, E. R. *The Visual Display of Quantitative Information*. 2nd Edition. Cheshire: Graphics, 1983.

Tukey, J. W. *Exploratory Data Analysis*. Reading: *Addison-Wesley* Publishing, 1977.

Turban, E. *Business Intelligence*: A Managerial Approach. Upper Saddle River: Pearson Prentice Hall, 2008.

Vona, L. W. *Fraud Risk Assessment:* Building a Fraud Audit Program. Hoboken, John Wiley & Sons, 2008.

Witten, I. H.; Frank, E. *Data Mining Practical Machine Learning Tools and Techniques*. Amsterdam: Morgan Kaufman, 2005.

Yau, N. *Visualize This: The FlowingData Guide to Design, Visualization, and Statistics*. Indianapolis: John Wiley & Sons, 2011.

Zikopoulos, P. *Understanding Big Data:* Analytics for Enterprise Class Hadoop and Streaming Data. New York: McGraw-Hill, 2012.

ÍNDICE

A

ACID – Atomicity, Consistency, Isolation, Durability, 25
ações judiciais, 11, 133
Adobe Ilustrator, 54
Agência Nacional de Segurança Americana, 141
Agrupamento, 108
  difuso, 109
  hierárquico, 109
algoritmo de classificação, 114
Amazon, 82, 113
análise
  explícitas, 61
  implícita, 61
Analistas de Negócios, 17
Antijunções, 73
AOL, 140
Apple, 13
apply, 203
Aprendizado
  Baseado em Instância, 96, 263
  de Máquina, 81
  de máquina computacional, 81
apriori, 279, 281, 282
apropos, 159
args, 151
argumento
  decreasing, 177
  ordered, 190
  OutDec:, 161

Arrays, 172, 180
Árvores de Decisão, 87, 99
as.data.frame, 195, 294
as.Date, 169
as.list, 195
associação, 81
Association of Certified Fraud Examiners, 138
attach, 191, 192

B

backup, 23, 198
Balanced Scorecard - BSC, 54
Banco de Dados Orientado a Objetos, 30
Barings Bank, 139
barplot, 227
Benford, 122
Biblioteca do Congresso Americano, 3
Big Data, 3
Blue Ray, 23
bolsa de valores de Nova York, 136
boosting, 265
bootstrap, 91
boxplot, 228, 229
BSC, 54
Business Activity Monitoring, 53
Business Intelligence, 49

C

Caras de Chernoff, 70
cbind, 257
Ciclo de Vida, 6, 17
Cientista de Dados, 13
class, 156
Classe, 83, 172
  Rara, 95
Classificação, 216
Cleveland, 129
cloud computing, 13
cmeans, 273, 274
Codasyl, 25
colnames, 201
comando
  args, 151
  getwd, 151
  chelp.start, 159
Complex Event Processing - CEP, 53
Comprehensive R Archive Network - CRAN, 153
Computer Assisted Auditing Techniques - CAAT, 137
controladores de domínios, 8
cor, 97, 243, 66
corpus, 117, 294
correlação, 105
  Correlação e Regressão, 104
CRISP-DM, 84
Cross Industry Standard Process for Data Mining, 84
ctree, 258
Cubos, 50
cummax, 203
cumsum, 202

D

dado eletrônico, 4
Dados não estruturados, 33
Dados semelhantes, 77

Dashboards, 51
data, 3, 59
  datafication, 9, 135
  Data Frame, 180
  data-ink ratio, 132
  Data Marts, 41
  DataNodes, 59
  data warehouse, 30, 136
DBA, 16
DBSCAN, 99
depósitos de dados, 40
Designer, 17
Desvantagens do Modelo MapReduce, 60
detach, 158, 191
Diagrama
  deCaixa, , 130, 68
  de Dispersão, 64
dim, 183, 252
Dimensões, 42
dimnames, 182, 294
dir, 160, 197
Distância
  de Levenshtein, , 77
  euclidiana, 96
Distorções, 78
Drilling, , 51
  drill down, 51
  drill up, 51

E

Ecossistema Hadoop, 59
edit, 188
Eduard Snowden, 141
Eduard Tufte, 132
elementos heterogêneos, 185
else, 207
ENIAC, 7
Equipes de Extração, 16
ERP, 13, 14, 14

esquema estrela, 45
Estratificação, 76
Estruturas de Objetos, 172
ETL, 5, 16, 19, 35
ETL – Extract, Transform and Load, 5

F

Facebook, 9, 120
faces, , 70, 235
factor, 187, 195
Fatores, 172, 190
fatores do R, 190
Fatos, 42
file.choose(), 196
fix, 188, 189
for, 5, 84, 185, 207
format, 171, 280
formato analógico ou digital., 4
Frank Benford, 122
    função apply, 203
    função as.Date, 170
    função as.integer, 164
    função attach., 190
    função class, 162, 184
    função colanames, 201
    função detach, 158
    função edit, 187
    função file.choose, 196
    função getOption, 160
    função getwd, 160
    função installed.packages, 155
    função is.numeric, 163
    função length, 176, 192
    função library, 157
    função list, 165, 185
    função load, 162
    função matrix, 182
    função message, 210
    função objects, 165
    função order, 178
    funçao paste, 163
    função q, 161

função read.table, 196
função remove.packages, 158
função rm, 165
função rownames, 201
função sample, 205
função save, 198
função save.image, 161
função scan, 193
função sd, 159
função search, 158
função setwd, 160
função summary, 200
função table, 204
função warning, 210
função with, 191
funções cumulativas, 201
function, 209
Fundação Oswaldo Cruz, 153

G

getOption, 158
getReaders, 292
getSources, 292
getwd, 151
ggplot2, 156
glm, 248, 249
Google, 12, 57
Governança de Dados, 18, 135
Gráfico de Setores, 132
Grafos, 32, 117, 288

H

Hadoop, 16, 59
hclust, 277
HDFS, 16, 59
HDFS Hadoop Distributed File System, 35
head, 19, 253
Head e tail, 199
help, 159
    help.start, 159
Heritage Prize, 86

Herman Chernoff, 70
hist, 230
Histograma, 69, 130, 231
history, 151
hold out, 91
HTML, 117

I

If, 206
igraph, 288, 289
impedance mismatch, 31
Indicador de Performance, 44
Infográficos, 54
inspect, 281, 282, 293
install.packages, 156, 251
Instância, 96, 263
Integração de Dados, 37
inteligência
    artificial, 81
    de Negócios, 49
Internet das Coisas, 12, 13
Internet Explorer, 108
is.numeric, 163
isomorfos, 120

J

J48, 98, 217
Jeffrey Dean, 57
JobTracker, 58
John Wilder Tukey, 64
Junções, 73
    junção cruzada, 75
    junção natural, 74

K

Key-Value Store, 31
Kindle, 82
K-means, 98, 272

K-medoid, 109
knn, 263
KVS, 31, 60

L

Lacunas, 78
Larry P. English, 136
Lei
    de Benford, 124, 287
    Sarbanes-Oxley, 136
Lembrança, 92
length, 157, 193, 232
Limites do Aprendizado, 98
linguagem R, 149
list, 165
    list.files, 197
    lm, 150, 247
    load, 161

M

maldição da dimensionalidade, 95
MapReduce, 8, 39, 60
Máquina de Vetor de Suporte, 260
Marco Civil da Internet, 141
Mars Climate Orbiter, 137
matrix, 182, 210
matriz, 180
Matrizes, 171
max, 152, 175, 257
McGill, 129
mean, 221
median, 203, 221
medida aditiva, 42
Medidas, 42, 221
memória
    flash, 23
    RAM, 18, 23, 117
metadados, 58
Métodos de Grupos, 104, 264

Mineração
de Dados, 84, 86
de Texto, 117, 287, 292

Minerador de Dados, 16

modelo
dados Codasyl, 25
estrela, 45
floco de neve, 45
multidimensional, 42
Relacional, 25, 26, 29
de armazenamento, 24
Pré-Relacionais, 24
Multidimensional, 47

N
NA, 166, 210

naiveBayes, 252

Naïve Bayes, 62, 94, 251

NameNode, 58

natural language processing - NLP, 118

Nearest-neighbor classification, 96

Netflix Prize, 86

NoSQL, 13, 31

NSA, 141

nuvens de palavra, 70

NYSE (New York Stock Exchange), 136

O
object-relational mapping software - ORM, 31

objects, 164, 165, 166

On-line Analytical Processing - OLAP, 47

On-line Transaction Processing - OLTP, 48

Open source, 82

options, 160, 216

Orange, 82

order, 178, 233

ORM, 31

overfitting, 95

P
Pacotes, 152

pam, 274

para Business Intelligence, 49

parâmetro
dependencies, 157
file:, 162

particionamento, 100

paste, 163, 209

plot, , 222, 275

Precisão, 92

predicado, 76

Predicados, 76

predict, 244

print, 152, 206

Processo de ETL, 36

processos de análise dos dados, 4

Programador, 16

R
R, 82, 90, 149

randomForest, 264
random.forest.importance, 261

read.table, 196, 197

recalls, 11

Redes Neurais Artificiais, 101, 266

redes sociais, 4, 8, 33, 81, 118

Regras de Associação, 87, 98, 99

Regressão, 104, 247
linear múltipla, 106, 247
linear simples, 106, 243

Regressão Logística, 107, 248

Relatórios, 49

remove.packages, 158

repeat, 208

Resumos, 76

revolução industrial, 12

Rgui, 150

rm, 164, 180

rownames, 201
rpart, 156, 254

S

sample, 205, 263
Sanjay Ghemawat, 57
save, 161
save.image, 161
scan, 193
sd, 159, 179, 210, 221
Seleção de Atributos, 97, 219
seq, 192, 232
Séries Temporais, 131, 172
set.seed, 206, 272
setwd, 160
Simon Newcomb, 122
Simulação Paralela, 78
Sistemas de recomendação, 113
sort, 176, 282
SQL, 5, 25, 238
sqldf, 238
steming, 118
stop words, 117
summary, 200, 280
Superajuste, 95
Suport Vector Machine - SVM, 102

T

table, 196, 202
TaskTracker, 58
Taxa
    de Negativos Falsos, 92
    de Negativos Verdadeiros, 92
    de Positivos Falsos, 92
    de Positivos Verdadeiros, 92
tecnologia RFID, 12
Teoria dos Grafos, 117
TermDocumentMatrix, 294

Thomas Bayes, 101
tm, 292
tm_map, 293
TripAdvisor, 140
tweets, 9

U

Universidade
    de São Paulo, 153
    de Yale, 132
    Federal do Paraná, 153

V

Validação cruzada , 91
var, 194
VCorpus, 292
Vetores, 102, 174

W

wearable devices, 13
Weka, 82, 220
    Weka Explorer , 214
    Weka KnowledgeFlow, 220, 251
while, 208
WikiLeaks, 141
with, 191
wordcloud, 231
Workflow, 83

X

XML, 5, 32, 144

Y

YouTube, 9

Z

ZeroR, 88